スカラ座から世界へ

南條年章／林康子

TEATRO ALLA SCALA
ENTE AUTONOMO

STAGIONE D'OPERA E BALLETTO 1985/86
(397ª dalla fondazione del Teatro)

Rappr. N. 20

FUORI ABBONAMENTO

GIOVEDI 9 GENNAIO - ORE 20
SETTIMA RAPPRESENTAZIONE

MADAMA BUTTERFLY

Tragedia giapponese in tre atti - Libretto di GIACOSA e LUIGI ILLICA
Musica di
GIACOMO PUCCINI
(Proprietà G. & Co. Milano)

Personaggi	Interpreti
Madama Butterfly (Cio-cio-san)	YASUKO HAYASHI
Suzuki, servente di Cio-cio-san	
Kate Pinkerton	ANTONACCI
F. B. Pinkerton, Tenente della Marina degli U.S.A.	
Sharpless, Console degli U.S.A. a Nagasaki	
Goro, Nakodo	GAVAZZI
Il Principe Yamadori	
Lo zio Bonzo	SERGIO FONTANA
Yakusidé	CLAUDIO GIOMBI
Il commissario imperiale	SILVESTRO SAMMARITANO
L'ufficiale del registro	SAVERIO PORZANO
La madre di Cio-cio-san	MILENA PAULI
La zia	NELLA VERRI
La cugina	LUCIANA REZZADORE

Parenti, amici di Cio-cio-san - Servi

Concertatore e direttore d'orchestra
LORIN MAAZEL

Direttore del coro
GIULIO BERTOLA

Scene di
ICHIRO TAKADA

Regia di
KEITA ASARI

Costumi di
HANAE MORI

Danzatrice e coreografa
HIDEJO KANZAKI

Direttore dell'allestimento scenico
GIORGIO CRISTINI

Luci di
SUMIO YOSHII

Lighting designer
VANNIO VANNI

Direttore musicale del palcoscenico
CARLO CAMERINI

Regista stabile e direttore della produzione
ANTONELLO MADAU DIAZ

Maestro collaboratore di sala
VINCENT SCALERA

Assistenti del regista
KEIICHI NISHIZAWA HIROMU ISANI

Regista collaboratore
LORENZA CANTINI

Assistente alla regia
MARK HIRSCH

Maestro rammentatore
LUCIANO BERENI

Altro maestro del coro
BRUNO CASONI

Maestri collaboratori di palcoscenico
MASSIMILIANO BULLO STEFANO CELEGHIN MAURIZIO MAGNI GIUSEPPE MORASCHI

Pittore scenografo realizzatore
GIANNI MONTONATI

Maestro alle luci
PAOLO ARATA

Responsabile archivio musicale
CORRADO ABRIANI

Capo serv. macchinisti
Luciano Spaolonzi

Realizzatore delle luci
Gianni Mantovanini

Capo serv. sartoria
Luigi Benedetti

Capo serv. laboratori
Aldo Gilardoni

Direttore di scena
Paolo Tomaselli

Capo rep. elettricisti
Salvatore Mancinelli

Capo rep. falegnami
Mario Fontanini

Capo rep. attrezzisti
Luigi Metaldi

Capo rep. meccanici
Giancarlo Astorri

Scena realizzata dalla SCENOTEK di Firenze

L'OPERA SI RAPPRESENTA IN DUE PARTI CON INTERVALLO DOPO IL PRIMO ATTO

1981 年イタリア・トリエステ・ジュゼッペ・ヴェルディ市立歌劇場《イル・トロヴァトーレ》

1976年ドイツ・ミュンヘン・バイエルン国立歌劇場《椿姫》

1988年イタリア・ベルガモ・ドニゼッティ歌劇場《ルクレツィア・ボルジア》

1985 年イタリア・マチェラータ・マチェラータ野外劇場《アイーダ》

1983 年イタリア・ベルガモ・ドニゼッティ歌劇場《アンナ・ボレーナ》

1985 年イタリア・ミラノ・スカラ座《蝶々夫人》

1985年イタリア・ミラノ・スカラ座《蝶々夫人》

1985年イタリア・ボローニャ・ボローニャ市立歌劇場《蝶々夫人》

スカラ座から世界へ・目次

外国語固有名詞の仮名表記について

多くの人名、地名など外国語の固有名詞がでてきますが、日本語の仮名表記は慣習的に使用されているもの、筆者の感覚によるものなどが混在しています。読者の皆様にはそれぞれご意見がおありと思いますがご了解いただければ幸いです。

第1章　オペラ歌手への道　16

第2章　世界で歌う　113

林康子公演記録

TEATRO ALLA SCALA

第1章
オペラ歌手への道

1943年母と

◆歌の好きな少女

幼少時代

四国の東北部に位置する香川県、瀬戸内海に面する県庁所在地である高松市からほぼ三十キロほど行った海沿いに、三本松の町はある。現在は東かがわ市三本松といい、今でも自然の美しさが残る地である。当時はまだ大川郡三本松町という名称だったこの地で林康子は育った。

一九四三年（昭和十八年）七月十九日、生を受けたのは母親の郷里である神奈川県であった。戦時中のことで、実の父親（親博《むつひろ》）は特攻隊員として出征し一九四四年に戦死してしまう。母、生子《いくこ》は、やがて夫の弟である林賢《まさる》にのぞまれて再婚し、父方の郷里である三本松に住むことになった。康子は実の父親を知らないまま賢と生子の子供として育ったのである。

海と山、そして川に恵まれた自然豊かな、温暖な気候に恵まれたこの小さな町で、康子は両親の愛情をいっぱいに受けて成長する。兄弟は妹（洋子）と弟（廣太郎）がおり、妹もまた美しいソプラノの声に恵まれ、後に国立音学大に進学している。しかし林家の中でプロの音楽家となったのは康子ただひとりであった。天真爛漫で快活なこの少女が、後に日本を代表する国際的なオペラ歌手になろうとは、当の本人はもちろん、周囲の誰もが想像すらしなかった。

林家は昭和二十年代のふつうの家庭のほぼすべてがそうであったように、子供に対して特別に音楽教育を施すような環境にあったわけではない。しかし家族、親族を含め音楽好きであったことは事実だったようである。母親は時折口ずさむ程度で特に歌が得意であったわけではなかったが、父親はよく響くバリトンの声を持っていたという。また林家の男兄弟は歌が好きでよく歌い、上手で良い声をしていた。また父親や叔父は横笛、尺八などを得意とし、音感には優れたものを持っていた。母方の祖母や伯母たちは甲高く艶のある良い声をしていたという。明治生まれの曽祖母はヴァイオリンを嗜んでいたというから、当時としては非常に珍らしいことである。音楽好きの林家ではあったが、幼い康子が育った当時、特に家の中にクラシック音楽が流れ、その中で成長したというわけではなかった。これは第二次世界大戦が終わった復興期の日本の、ごく一般的な家庭のあり方であった。

［回想］

私は幼い頃から歌うことが大好きで、親戚の人たちによると、歌ってばかりいたとか。私自身も父の実家の宴会で、大人たちに混じって「月が出た出た…」などと得意になって歌っていたのを覚えています。

小学校時代

三本松小学校に入学した康子は、明るく活発で、健康満点の児童生活を送った。歌が好きなことは相変らずで、ラジオから流れてくる美空ひばりの歌や、当時全国的に絶大な人気を誇っていたラジオドラマ「笛吹童子」「紅孔雀」の主題歌などを好んで歌っていた。

二年生のある時のことだった。ふとしたきっかけで先生から指名を受けた康子は、クラスメートの前で歌うことになった。それからは幾度となく皆の前に立って歌うことが多くなり、子供心にも自分の歌がクラスメートよりも何か一つ抜きん出ているという感覚を味わった。以後ことあるごとに皆の前で歌を披露することに喜びを見出すようになっていく。やがて康子の声と歌が、当時三本松小学校の音楽担任教諭だった六車《むぐるま》光子の耳に留まる。康子の歌に非凡なものを認めた最初の人物である。

四年生になると音楽クラブに入り、六車教諭の指揮のもとアコーディオンを演奏するようになる。いわゆる音楽的な素養はこの頃から育まれたといえるだろう。学校でのクラブ活動とは別に、三年生の頃から生田流の個人教授について琴のお稽古を始めた。琴は基本的に自分で調律して演奏しなければならない。琴の調律を通して和音の美しさに目覚めたという。康子にとって琴を演奏しながら歌うことは、非常に魅力的なことだったようだ。上達は早く、短期間に「千鳥」を弾きながら歌う水準までになったという。琴の発表会にも参加し、師匠の友国京子先生に「将来はお琴の先生になりたい」と子供らしい夢も語った。

小学校高学年の頃、当時日本のオペラ界を代表するプリマドンナ長門美保が三本松を訪れたことがあった。地元の三本松高校の講堂で演奏を披露したのである。訓練された声というものに康子が接した初めての出来事であった。子供なりに「何てきれいな声だろう」と感銘を受けた。その時、長門美保がオペラの曲を歌ったかどうかさだかな記憶はないが、康子にとってのクラシック音楽との初めての出会いであった。

学科の方はかなり良い成績であった。体操も得意科目であり、絵画や習字では県の賞を獲得したこともあった。天体や植物など、あらゆることに興味を持つ少女に成長していった。

小学校六年生の時、康子に小さいながらも初めて挫折のようなものが訪れた。それまでずっとクラス一番だった康子の前に、成績で彼女と並ぶ人物が現れたのである。あまり勉強をしない康子を見かねて、担任だった鈴木雅雄教諭は放課後「努力は天才に勝る」という言葉を何度も何度も毛筆で練習させたという。個性を大切に伸び伸びと育てる鈴木の教育は、今でも康子の胸に忘れられない思い出として刻み込まれているという。

［回想］

小学校へ行くようになってからのことで思い出すのは、ともかくよく遊んだことです。当時の学校の校庭は常に開放されており、暗くなるまで遊び、夏になると海でよく泳ぎました。四季を通じて、山も川も折々に格好の遊び場でした。

小学校に入ってからも、とにかく歌うことが好きでした。みんなの前で「月見草の歌」とか「べこの子、牛の子」などを歌って、ちょっとしたスター気分もまんざらではなく思っていました。私が自分の声に関して初めて意識したのは、小学校二年生の頃だったと思います。それにしても一生歌うことになろうとは…。

長門美保先生のことは今でもはっきりと覚えています。人の声はなんて美しいのだろうと思いました。

小学生になって世界が広がり、私の興味はあらゆることに向いていったようです。それほど努力することもなく常にトップでいられたあの頃は、本当に無邪気で幸せな時代だったと思います。

私は身体もクラスで一番大きく、非常に健康で運動も得意でした。六年生の時には女子の健康優良児に選ばれ、大川郡の代表になりました。でも、その後に虫歯があることがわかって県大会には落選してしまいました。男子の健康優良児はクラスメートの田中勝弘さんで、田中さんは県大会の代表にまでなったのです。現在郷里で、田中印刷の社長さんをつとめられ、今でも大内町の「林康子を囲む会」の会長さんとして応援して下さっています。

それから六年生の時に私と成績で肩を並べた優秀な女の子、中野克子さん、私に多大な影響を与えた彼女は私の一生の親友です。

中学校時代

小学校で「歌が得意な女の子」だった康子が、たまたまどこかの学校の集会で歌っているのを聴いて驚いた人物がいた。大川中学校の音楽教諭、笠井敏郎である。笠井はいち早く康子の音楽的才能に気づいた人物であった。彼は三本松小学校の六車光子教諭と話し合った。そして康子の知らないところで、父親に是非大川中学校に進学するよう懇願した。「香川大学付属高松中学校へは絶対に行かせないでほしい」とまで言ったという。笠井は康子の指導をしたいと強く望んでいたのである。地元の大川中学校に進学するのが当然であった状況で、何故わざわざこのような話になったのかというのには訳があった。

実はこの頃、康子は、学業成績も優秀だったことから、ひそかに女医を目指すという希望を抱き始めたのであった。しかし、女医を目指すには大学の医学部に進学しなければならない。そのためには香川県一の進学校である県立高松高校に進むことが必須条件であった。そして名門高松高校へ進むためには、高松市内の中学校からでなければ合格するのは非常に難しいとされていたのである。

小学校を総代で卒業するほどの成績を収めていた康子が、いずれ高松高校へ進むであろうことは予想できた。そのため笠井と六車には、ここで康子が大川中学を選ぶのか、それとも高松市内の中学に進むのか非常に気がかりだったのである。しかしまだ六年生の康子にはそんなことはまったく知らず、地元の大川中学校へ進学した。思えばこの選択こそが「オペラ歌手林康子」への第一歩となったのである。

大川中学校へ進学した康子は、笠井の授業に魅惑されていく。それは感動的なものであったという。合唱部にも所属し、笠井の指導を受けて音楽を勉強する楽しさに目覚めていく。笠井から放課後に音楽のレッスンを受け、香川県の独唱コンクールに出場した。一年生で平井康三郎の「平城山」を歌って第三位、二年生で山田耕筰の「松島音頭」を歌って第二位、三年生ではシューベルトの「アヴェ・マリア」を原語で歌って優勝を果たすという成績を残している。笠井は自分の夢を託すごとくに、ことあるごとに「ヤッコは上野の音楽学校に行かんといかん」と言っていた。

ところが当の康子は相変わらず女医志望で、高松高校へ入るために毎日真夜中まで勉強していた。運動も遊びもぴたりとやめた。自由になる時間は、友人たちとの登下校の三十分だけであった。それでいながら、当時大ヒットし、第一回レコード大賞を受賞した水原弘が歌う「黒い花びら」にしびれていたという。

康子の映画好きは今でもかなりのものがあるが、それも小学校時代に培われたものである。小学校の頃から夏になると氷水屋に入り浸り、その隣にあった映画館で三本立ての東映チャンバラ映画を見ていたらしい。映画好きは中学、高校時代も続き、長ずるに興味は洋画へと移っていった。

［回想］

大川中学校で笠井敏郎先生と出会ったことは、何よりもとても大きな出来事でした。笠井先生のご指導で独唱を勉強し、放課後にコンクールの曲をくり返しながらいろいろ工夫し、感性を高めていったと思います。音楽コンクールでの審査委員長は当時大御所ともいわれた城多又兵衛先生でした。でも私は音楽の道に進むなどとは考えてもいませんでした。あくまでも好きでやっているという程度のものでした。でもそれがとても楽しく、しかも負けず嫌いな性格なので、一生懸命に練習に励んだのです。もちろんオペラ歌手になるなどとは夢にも思っていませんでした。

笠井先生がいつもお話されていた「上野の音楽学校」のことも、高校に入学してから「東京藝術大学」のことだと知ったくらいです。でも笠井先生が声楽の魅力を私に気づかせ、少女だった私の声を伸ばして自信をつけ、今日の私の道の第一歩を切り開いてくださったことは間違いありません。そして音楽への情熱というものを私に植え付けてくださったのです。もし笠井先生が小学生時代に私を見出してくださらなかったら、オペラ歌手「林康子」はなかったかもしれません。

◆突然の声楽志望

高校時代

女医を目指していた康子は猛勉強のかいあって、県下の秀才が集まる香川県立高松高校に、いわゆる「区外入学」することができた。しかし小さな町の中学校で常にトップの成績を収めていた康子は、ここで大きなカルチャーショックを受けることになる。特に数学のレベルは非常に高く、今のように塾も存在せず、どのように勉強すればいいのかもわからない状況になった。最初の学期末試験の成績はクラスで二十何番目かで、康子にとってこの現実は大きなショックであった。やはり高松市内の中学校へ進んでおくべきだったと後悔したという。

歌の勉強だけは続けていた康子は、一年生の終わり頃、ＮＨＫのど自慢のクラシック部門の香川県代表に選ばれた。当時のＮＨＫのど自慢には「歌曲・オペラ部門」というのがあったのである。そして愛媛県松山市で行われた四国大会に出場した。しかし落選、全国大会への出場は果たせなかった。この結果は心に大きな挫折感を与えた。

進学校である高松高校では大学入試のために、二学年から理系と文系のクラスに分けられるシステムを取っていた。ＮＨＫのど自慢の落選の時期とこの選択の時期が重なった。そこで康子は大胆な選択をすることになる。歌で失意を味わったにもかかわらず、女医への夢を捨て、東京藝術大学の声楽科に進むという道を選んだのである。

医学部志望から百八十度転換して音楽の道に進むことに関しては、両親にも友人の誰にも相談せずに、自分一人で決めたことであった。両親の反対は全くなかった。当時、香川県から現役で東京藝術大の声楽科に入学した人がいたという噂は聞いたことがなかったし、周囲も、声楽の道に進むというのがどんなことか、正確に理解していたものはいなかったのだろう。

声楽への道を選択したものの、それまで東京藝術大を受験するための音楽的な基礎勉強は何もしていなかった。最初は高松高校の音楽教師、加藤操に、その後、岡山出身で当時香川大学の助教授をつとめていた藤原高夫とその夫人の教えを乞うことにした。藤原は香川県で唯一の藝大師範科卒業者であり、夫人は武蔵野音大の出身であった。藤原高夫からはピアノと声楽を、夫人からはソルフェージュ、聴音、和声などを週に二回学ぶことになった。康子の生活は一変した。常に学校の教科書と楽譜などの教本が入った重いカバン二つを手にして登校し、授業が終わると藤原夫妻のもとに通った。当時三本松から高松高校までは汽車通学で一時間半。その往復の時間のみを高校の勉強に当て、試験前の三日間の猛勉強で期末試験に臨む状態であった。それでも文科系のクラスでは常に上位の成績であった。

両親はそんな康子を黙って温かく応援した。その頃三本松には二台しかピアノがなかったのだが、藝大受験に励む康子のために町で三台目となるピアノを買ってくれたのである。三学年の夏には藤原の紹介で上京し、藝大の現役助教授である女性の先生からレッスンを受けるまでにこぎつけた。

マリオ・デル・モナコとレナータ・テバルディの衝撃

声楽家を目指した康子であったが、オペラに接したことはそれまでなかった。その数年前（一九五六年）からNHKが「イタリア歌劇団」を招聘して、テレビ放送も実現していた。受験勉強に励む康子は高校三年の時偶然、初めて本場のオペラ歌手に接する。一九六一年十月に上野の東京文化会館で上演されたジョルダーノの《アンドレア・シェニエ》の放映は、日本全国にオペラがどんなものかを知らしめた記念碑的な公演であった。絶頂期にあったマリオ・デル・モナコのシェニエ、レナータ・テバルディのマッダレーナ、アルド・プロッティのジェラールという、当時これ以上はないというほどのキャストで上演されたのである。テレビで接した初めての本格的なオペラというものに、康子は心の底から深い感動と衝撃を覚えた。

このNHK招聘イタリア歌劇団の公演に影響を受けた日本人オペラ歌手たちは数えきれない。

［回想］

医学志望を突然音大志望に切り換えたことについて、両親は常に協力的でした。いわば勝手に宣言したようなもので、親友の中野克子さんも「セイガク？」「音楽の先生になるんかな？」という反応だったし、両親も実のところはよくわかっていなかったのだと思います。今思えば私自身もよくわかっていなかったのです。それまで実際にオペラを聴いたこともなかったのですから。私は敢えてよくわからない未来を選んだのでした。素晴らしい道を選んだのではないかという漠然とした思いはあったと思います。そのくらい歌が好きだったのでしょう。

それにしても小さい頃から人前で歌うのが好きで、美空ひばりに憧れ、水原弘に夢中になっていた私が歌謡曲の歌手になろうと思わなかったのは何故でしょうね。きっと笠井先生の言葉が私を、音楽といえば声楽、そして東京藝術大へと導いてくれたのだと思います。

高校時代、文科系を選んだ二学年目からは、学校から帰れば寸暇を惜しんで、期末試験前三日間の勉強以外は、音楽の勉強だけを必死にしていました。週二回の藤原先生夫妻のレッスンも、当時レッスン料が幾らだったのか…、かなりの額だったろうと思います。でも両親はひと言も愚痴めいたことも言わず、非常に高価で分不相応とも思われる町で三台目のピアノを買ってくれたのです。今にして思えば、どんなに苦労をかけてしまったことかと感謝しています。

高校時代の三年間、高松市に在住し、いっしょに食事したり、親しくしてくれたのが三宅（旧姓大林）加代子さんです。今も高松の「林康子ファンクラブ」の会長として応援してくれています。

高校三年の夏休みに藤原先生のご紹介で、藝大の助教授だったソプラノの先生のレッスンを受けました。でも「音楽性がない」「ソプラノかメゾかもわからない」と言われて、お先が真っ暗になりました。基礎的な勉強もなしに、いきなり藝大を目指したのですから無茶ではありました。それでも私はどうしても藝大に現役で入らなければと思い、必死に勉強を続けたのです。

高校三年生の時ＮＨＫが招聘したイタリア歌劇団のテレビ放送がありました。終幕のデュエットで、テバルディとデル・モナコが足を踏ん張り、胸を張って歌いあげているのを聴いているうちに、私の身体に電撃のようなものが走るのを感じたのです。それが私とオペラとの最初の出会いであり、私の感性そのもの、私がやるべきものだと直感したのです。その時の感動、感激は今でも身体が記憶しています。テバルディの素晴らしい声、デル・モナコが目をカーッと見開いて凄い声で歌う姿に身体が震え、中庭に飛び出して、私も叫ぶように大声を出していました。

◆東京藝術大学／柴田睦陸先生

東京藝術大学入学

いよいよ東京藝術大学の入試となった。そのため康子は高校の卒業式にも出席できないまま、一人で上京した。実の父親の戦死という特別な理由もあって、当時の九段会館に宿泊して受験に臨んだ。滞在はおよそ二十日間ほどであった。この時期に生涯の師ともなる人物と出会う。テノールの柴田睦陸である。康子に初めてのレッスンをした柴田は、それ以前から康子を見ていた女性助教授同様、一年浪人して勉強することを勧めている。しかし康子にしてみれば、今回のように一人で上京して受験することだけでも大変なことで、東京で一年間の浪人生活を送ることは考えられもしないことであった。そんな余裕はない。絶対に合格しようと強い決意を固めるが、それは運次第でもあることを覚悟していた。試験間近になった頃、柴田は「もしかしたら合格するかもしれないけれど、あんたの行く末のことを考えたら浪人した方がいいね」と言った。

柴田のレッスンを受けながら心細い孤独な東京生活を送っていたが、試験が始まると同時に、郷里三本松から母が上京した。どれだけ心強く感じられたことであろう。歌が好きだというだけで、幼少期からピアノを習っていたわけでもなく、ましてや本格的な音大受験の勉強は高校二年生になってから始めた康子にとって、極度の緊張を強いられることとなった。

学科に関してはかなりの自信があったが、声楽とピアノの実技試験では死ぬほどの緊張を味わったという。

一次試験は歌の実技で、自由曲として歌ったのはモーツァルトの《フィガロの結婚》で伯爵夫人が歌うアリア『愛の神様、慰めの手を差し伸べてください』であった。これは楽に、非常にスムーズに歌えたと記憶している。準備していたあと一曲は、同じ《フィガロの結婚》から『楽しかったあの日々はどこへ』であった。康子が練習していたオペラのアリアといえば、この二曲だけであった。二次試験のソルフェージュでは、コールユーブンゲン（声楽の基礎を作るための教則本）を丸暗記して臨んだ。三次試験は学科とピアノであった。三次試験では強い記憶が残っている。ピアノや和声などの不得意な試験が連続し、余りの緊張の重なりで、奏楽堂の前のベートーヴェンの銅像の前で吐いてしまったというのである。一九九六年藝大の助教授に着任した後も、今も校内に残るこの銅像の前を通る度に、その時のことが蘇ったという。

康子は合格発表の掲示板を見に行く勇気がなく、先に母親が見に行った。そして後から恐る恐る歩いてくる康子のもとに、満面の笑みを湛えた母親が「あったよ、あったよ」と駆け寄ってきたのであった。こうして康子の東京での大学生活が始まることになる。

必死の頑張りもあって運を味方につけた康子は、東京藝術大学声楽科に入学を果たした。藝大では幸運なことに、柴田睦陸のクラスに入ることができた。受験前にレッスンを受けていた女性の助教授との間に若干の問題が生じたものの、柴田の計らいで彼の受け持ちの学生となったのである。この学年の柴田クラスにはソプラノが二人、メゾソプラノが二人で、もう一人のソプラノは、卒業後めきめきと頭角を現して日本のオペラ界で大活躍することになる島田祐子である。島田は幼い頃から音楽教育を受けピアノも初見で弾けるほどの優等生であった。歌曲もオペラアリアもすでに何曲もマスターしていた。二人のメゾソプラノも基本的な発声の基礎も身につけたうえでの入学であった。

一方康子は「一年浪人した方がいい」と言われたくらいであるから、ピアノもろくに弾けない、曲も知らない、付け焼き刃の、受験のためだけの勉強であった。しかし柴田は焦らなかった。康子にとって今何が必要であるかを的確に見抜いていた。「君は早く入りすぎた。それを克服するためにはマイペースで勉強しなければいけない。他の人がどんなものを勉強していようと、僕の言う通りやっていきなさい」と告げた。クラスメートが次から次へと歌曲やアリアをマスターしていく中、なんと康子は最初の二年間「コンコーネ」だけを続けさせられた。「コンコーネ」というのは声楽を志す者が必ず通過すべき教則本で、十九世紀前半に活躍した声楽教師パオロ・コンコーネが著した母音歌唱の練習曲集である。ここには基礎的な音符の読み方、リズムの正確な捉え方、そして声の使い方などを習得するあらゆる要素が込められている。音大の受験生ともなれば、「コンコーネ」は高校の段階で済ませているものであった。優秀なクラスメートに囲まれた康子の不安と焦燥は、いかばかりであっただろう。

コンコーネ、コンコーネ

柴田睦陸は藤原義江の後、当時日本を代表するテノールの一人であるばかりでなく、非常に優れた声楽教師でもあった。劣等感に苛まれ続ける康子に、年一回の試験のために選んだトスティの歌曲を与えた以外は、ただひたすら「コンコーネ」を勉強させた。今の康子に必要なものは、歌曲やアリアを歌うことではなく「コンコーネ」こそが何よりの進歩への近道であり、勉強のすべてだと確信していた。康子は不安と焦りの中で、ひたすら柴田の教えを信じて「コンコーネ」を続けた。

わずか二年ばかりしかやっていないピアノでも大変な苦労をした。ピアノの成績が悪いと卒業できないとも言われていたからである。仮性近視になるほど楽譜とにらめっこをしながら練習に励んだ。歌のレッスンでは基礎的な勉強しかさせてもらえない康子は、実技試験でどのような評価を受けるのか見当もつかなかった。そこでせめて得意の学科では良い成績を収めようと勉強し、常に良い成績を収めていた。四年次の初めに康子の成績を知った柴田から「ヤッコ、藝大には歌うために入学したのだから、学科はそんなにやらなくてもいいんだよ」と冗談まじりに言われ「それならそうと、もっと早く言ってくださればいいのに」と、いささか恨めしく思ったと語っている。しかしその時に努力した語学の勉強こそが、後に大いに役立つことになる。

もう一つの学校

当時の藝大には音源の整った資料室がなかった。そんな大学生活の中にあって、康子は暇さえあれば東京文化会館の資料室に通った。そこでは、あらゆるオペラのレコードを鑑賞することができたからである。オペラの知識も余りなかった康子にとってこの場所は、知識を深め耳を育てる唯一の場所でもあった。いろいろな歌手の声を聴く施設は、当時はここしかなかったのである。生涯かけて憧れの歌手となるマリア・カラスを初めて聴いたのもここであった。学内コンサートで《蝶々夫人》の『花の二重唱』を歌うことになり、参考にカラスのレコードを文化会館の資料室で聴いた。この時にはカラス独特の声に少しばかり違和感のようなものを感じ、決して熱狂したわけではなかった。それよりもライバルであったレナータ・テバルディの方がずっと好ましく思えたという。カラスの中に理想的な歌唱を見出し価値を認めるには、まだ経験が必要であった。ましてや後年、カラス本人の知己を得るようになるなどとは、夢にも想像できないことであった。

メサイア出演

三年生になった時、柴田は初めて康子にオペラのアリアを与えた。プッチーニの《トスカ》で歌われる名曲『歌に生き、恋に生き』である。ようやくオペラの勉強が始まったわけである。康子にとっては、やっと人並みの勉強ができるようになったという思いだったであろう。その頃には康子の声は格段の進歩を遂げており、高音域もそれほど苦労もなく歌えるようになっていた。恵まれた声ではあったものの、人と比べて上手いのかどうかもわからず、相変わらずコンプレックスを抱いたまま最終学年の四年生となった。

東京藝術大では今でも、毎年十二月にヘンデルの《メサイア》の演奏会を開催するのが恒例となっている。そしてそのソリストは四年生の中からオーディションで選ばれる。学生にとってこのソリストに選ばれるということは大変な栄誉であり、認められた証でもあった。劣等感の中で大学生活を続けていた康子に、最終学年になって奇跡が起きる。オーディションで、何と康子がソプラノのソリストに選ばれたのである。ソプラノのソロの中には『リジョイス（喜べ）』という難しいコロラトゥーラの装飾的なフレーズが散りばめられた曲が含まれるが、この曲さえ難なくこなすまでに進歩していた。今までの勉強が間違っていなかったと確信が持てたことであろう。後に知ったことであるが、この時のオーディションでは、わずか一点差で康子が選ばれたという。しかしこの一点の差は康子にとって非常に大きな意味を持つもので、彼女の中での最初の、そして重要なターニングポイントになったのである。

二年後のことになるが、この《メサイア》の演奏会にもう一度出演している。大学院二年生の時、当時の学部の学生の中に該当者がいないということで呼ばれたのであった。声楽家、林康子の歩みが始まろうとしていた。

［回想］

幸運にも大学に受かったとはいえ、基礎的な勉強ができていなかった私は、柴田先生から「コンコーネ」だけをやるようにと厳命されました。三年生になって初めて与えられた『歌に生き恋に生き』は難曲のひとつで、コンコーネからの突然のこの飛躍には、私自身大丈夫だろうかと思いました。でも不思議とまがりなりにも歌えたのは、「コンコーネ」のおかげであったと今では納得できることです。一音一音大切に、きれいに歌い上げることは本当に難しく、とても価値あるレッスンだったと思います。柴田先生にとっても大変な忍耐力のいることだったでしょう。

ずっと何年も経ってから、柴田先生がお亡くなりになられた後に、奥様の柴田喜代子先生からお聞きしたのですが、先生は「あの子は右を向いていなさいと言えば半年でも向いているような子だ。それにいい声を持っているからこそ人一倍注意して指導しなければいけない子だ」とお話されておられたそうです。私を最大の注意を払いながら大切に育ててくださっていたのだと改めて感謝の気持ちでいっぱいになりました。

大学四年生の時に《メサイア》のソリストに選ばれた時は、その発表を見て、大袈裟でも何でもなく「世界がひっくり返ったような」気持ちでした。嬉しくて、興奮して、どうやって下宿まで帰ったのかも覚えていないほどでした。

恩師の柴田睦陸

1965年東京・東京文化会館：東京藝術大学《メサイア》公演

◆初めてのオペラ出演

大学院・二期会研修所

学部の実技試験を三番か四番の成績で卒業した康子は、大学院オペラ科に進む。それと同時に二期会の研修所（現在の「二期会オペラスタジオ」）にも通いながらオペラの勉強を続けた。大学院一年次のオペラ公演はモーツァルトの《ドン・ジョヴァンニ》であった。康子はそこで、後に彼女にとって《蝶々夫人》に次いで最も重要な持ち役となり、世界中で二百回以上も演じることになるドンナ・アンナを歌うことになった。二十三歳のときのことである。当時のオペラ科教授であったローマ出身の指揮者ニコラ・ルッチの指導は非常に厳しいものであったらしい。ルッチの余りにも厳しい指導に泣き出すクラスメートもおり、怒られる度にお互いに慰め合ったという。

大学院で学ぶと同時に、二期会のオペラ研修所にも通った。二期会研修所での勉強はオペラのデュエットが中心であった。演技をつけて歌い演じる授業が行われており、講師である栗山昌良の演技指導が主体となっていた。ここで康子は、オペラの演技というのがどのようなものであるか徹底的な指導を受けた。栗山のひと言ひと言が、まさに「目からうろこ」であり、演技についての発見、開眼であった。特に「人間の動きは心の動きから発する」という栗山の言葉は、それまで自分の不器用さに苛立つことが多かった康子にとって、一生の演技の指針となった。

ワーグナー体験

二期会研究生の時に、康子はプロのプロダクションによるオペラの舞台に立っている。一九六七年に二期会本公演の《パルジファル》で合唱の一員として舞台に立った。当時二期会では舞台経験をさせるために、本公演の合唱に研究生を起用していた。康子が合唱でオペラの舞台に立ったのはそのためで、後も先にもこのときの一度きりである。一九六九年にはワーグナーの《ラインの黄金》で、二期会の先輩二人（ソプラノの阿部容子とメゾソプラノの木村宏子）と一緒に「三人のラインの乙女」のヴェルグンデを歌っている。ワーグナーのオペラを体験したのは、現在に至るまでこの二つのみである。ドイツ語によるオペラにも魅力を感じていたし、ウェーバーの《魔弾の射手》のアガーテのアリアや《魔笛》のパミーナのアリアなど、胸をわくわくさせながら勉強した。

語学に関しては初めからセンスがあったようである。中学校では英語の教師から会話のセンスがあると言われたこともあったし、高松高校時代の英語の成績もかなり良かったという。大学のイタリア語の授業では中級までしかとらなかったが、その頃から会話の個人レッスンを受けていた。当時は今と違い、イタリア人はほとんどいなかったので、ネイティヴな発音を習得するのはさぞ大変なことであったろう。大学ではイタリア語に加えてドイツ語は上級まで、英語は中級まで授業を受け好成績で単位を獲得した。フランス語とロシア語の授業も聴講した。彼女自身は、語学の勉強はそれほど苦痛ではなかったという。

いくつかの言語を学び、ドイツ語のオペラも勉強してはいたものの、康子の中には初めから、イタリアオペラが最も合っているという思いが強くあった。もしかしたら高校生の時に体験したテレビでの《アンドレア・シェニエ》の印象が、心の奥深くに残っていたからかもしれない。

■チマローザ《秘密の結婚》

柴田の勧めで大学院を三年間に延ばし、最終学年となった演目はチマローザの《秘密の結婚》で、康子は主役の一人エリゼッタを歌っている。この頃にはあれほど叱られたルッチからもほめられるようになり、レチタティーヴォ（せりふのように歌う部分）がよくできるようになったと評価され、イタリア人のようだというニュアンスを込めた意味で、会う度に康子のことを「ナポレターナ（ナポリの女）」と呼んだ。康子自身もイタリア語の発音が上達しセンスが磨かれてきたと実感するようになったと語っている。ルッチの指導を得た大学院での《ドン・ジョヴァンニ》と《秘密の結婚》で身につけた財産は、後にスカラ座研修所へ入ってから、そしてイタリア各地で活躍するようになってから大きな実を結ぶことになる。

［回想］

ニコラ・ルッチ先生

大学院でのニコラ・ルッチ先生のご指導は、本当に「厳しい」のひと言でした。七四年にロンドンのコヴェント・ガーデン王立歌劇場に《ドン・ジョヴァンニ》でデビューすることになるのですが、ルッチ先生のご指導を受けていたことがどれほど自信になっていたかは言うまでもありません。ローマ出身の実力派指揮者であり指導者でもあったルッチ先生のもとで、イタリアでも経験することが難しいほどの貴重な勉強ができたことは、本当に幸運なことでした。どれほど叱られても、それらはすべて私の宝物となりました。ルッチ先生のおかげで三年間の大学院生活は非常に充実したものとなったのです。イタリアで歌い始めてからの自分の中に生まれた自信は、この頃の積み重ねがあってのことだと確信しています。本物の勉強がどんなものかを経験した上でイタリアに渡ったのです。

■世界のオザワと《コシ・ファン・トゥッテ》

大学院三年の一九六八年五月、康子のキャリアで重要な出来事が起こる。演奏会形式ではあるものの、日本フィルの定期演奏会で、小澤征爾によるオーディションを受け、モーツァルトの《コシ・ファン・トゥッテ》で主役のフィオルディリージに抜擢されたのである。「世界のオザワ」との共演は後にも先にもこの時の一回だけで、康子は今でもとても残念に思っているという。ずっと後のことになるが一九七四年、フィリップス社から小澤指揮によるベー

1968年 東京文化会館《コシ・ファン・トゥッテ》指揮：小澤征爾

トーヴェンの《第九》のレコーディングの話があった。しかし、その頃の康子は多忙なスケジュールを抱えていたことで調整がつかず、実現には至らなかった。かえすがえすも残念なことである。

［回想］

小澤征爾先生とはたった一度きりの共演でした。八〇年に小澤先生がスカラ座で《トスカ》を振られた時、ちょうど私はストラヴィンスキーの《道楽者のなりゆき》に出演していたので、ゲネプロを拝見させていただきました。小澤先生とはその後オペラでのご縁がなかったこと、つくづく残念に思っています。

◆イタリア留学へ

日伊声楽コンコルソ優勝

イタリア留学への扉

大学院に進学した康子は一九六七年、毎日新聞社とＮＨＫ共催による第三十六回「日本音楽コンクール」に三位入賞。続いて、一九六八年「第五回日伊声楽コンコルソ」で優勝を果たした。本人は知らなかったのだが、当時このコンクールの優勝者は、イタリア大使館の語学試験に合格すると、イタリア政府給費留学生として選ばれるという特典があった。こうして思いがけなくイタリアへの留学が実現することになった。月額九万リラ（当時イタリアで留学生活を送るには十五万～二十万リラ、どんなに節約した生活を送っても最低十万リラは必要とされていた）の給付金で期間は六か月、しかも旅費は自分持ちという条件での留学であった。海外留学などよほど恵まれた人にしかチャンスがなかった時代に、ともかく康子に留学の道が開けたのである。

柴田睦陸のもとで勉強を続けていた康子は、恩師から離れるのが心配であった。しかし柴田は「今ならいろいろなことを吸収できるようになっているはず。気を張らず、イタリアの空気を吸ってくるつもりで行っておいで」という言葉をかけた。この言葉を康子は、未知の困難に立ち向かわなければならないだろう自分に対して、気持ちをほぐしてあげようという配慮だったのではないかと思ったという。実際この言葉で、康子の気持ちは落ち着き、楽になった。

■民音コンクール入賞

初めての《蝶々夫人》

イタリア留学を控えた康子は、一九六九年五月「第二回民音コンクール」で二位に入賞した。そして八月から九州各地での「民音オペラ公演《蝶々夫人》」に参加することになった。この公演は宗近昭（柴田睦陸のペンネーム）訳による日本語によるもので九回行われ、四人のソプラノが交互に主役を演じ、康子は三回を務めた。留学前で、準備期間もほとんどなく、康子は当初自信を持って十全に歌い切る確信がなかったという。しかし柴田はこの仕事を受けることを勧めた。「イタリアへ行ってから役立つかもしれないから、やっておいた方がいい」という助言を与えた。こうして康子は、恩師でもある栗山昌良の演出による《蝶々夫人》の三回の公演で、見事大役をやり抜いたのである。この時の経験が、後に大きな財産になったことは言うまでもない。日本を発つ前に栗山による徹底した訓練を受けた《蝶々夫人》デビューの経験が、この先康子の「蝶々さんの日本人としての魂」を主張するという一貫して変わらない姿勢となり、国際社会で認められ評価されることになった。

こうして才能の片鱗を見せ始めた康子は、いよいよイタリアへ旅立つことになる。東京へ

1969 年民音オペラ公演《蝶々夫人》

出てからの康子は、学業のかたわら歌やピアノを教えるアルバイトをしながら貯金をしていた。留学に際しては、イタリア政府からの六か月分の給費と貯金を合わせれば、もしかしたら一年か二年くらいは滞在できるのではないかと漠然と考えていたようである。

郷里では公民館に町長をはじめ友人や町の人たちが大勢集まって、盛大な歓送会を開いてくれた。六九年当時、海外留学などはまだ非常に珍しく、ましてや三本松のような地方の小さな町では初めてのことであった。高松駅では多くの友人たちが紙テープで送り出し、羽田空港には親戚のほとんどが集まって「万歳」の声で見送った。

一九六九年十月四日、三年間の大学院を終了した二六歳の秋のことであった。

〔回想〕

藤原義江先生

日伊声楽コンコルソの審査委員長は、藤原先生でした。その時にはただ遠くからお姿を拝見するだけでしたが、一九七一年、一時帰国して藤原先生が会長をされていた日伊協会のご協力でソロリサイタルを開きました。その折に、藤原先生が定宿されていた帝国ホテルに、柴田先生と共にお招きに預かりました。藤原先生は「この子は砂原美智子以来の存在感のあるソプラノだ」とおっしゃってくださいました。砂原先生といえば日本を代表するソプラノですし、イスラエル国立歌劇場の専属歌手として欧米でも大活躍されていた、雲の上のような存在の方です。過分なお褒めには唯々恐縮するばかりでした。そして藤原歌劇団の《ラ・ボエーム》への出演をお勧めくださったのですが、しばらくして藤原先生がお亡くなりになり、残念ながらその公演が実現することはありませんでした。藤原先生は「藤原歌劇団」を創設された大スター、柴田先生は二期会の創設メンバーであり、もう一人の大テノール、世間的にはお二人はライバル関係にあったのです。それに当時私は、二期会に所属していましたのに、そんなことにはお構いなく、日本のオペラ界全体のことを考えて励ましてくださったのです。藤原先生は本当に器の大きな、人格的にも優れた大スターだったと思います。

民音の《蝶々夫人》は、柴田先生の「留学前に経験しておくといい」というお言葉に励まされての出演でした。まさかその二年半後にこのオペラでスカラ座にデビューすることになろうとは思いもしないことでした。柴田先生はいずれイタリアで《蝶々夫人》を歌うことになるだろうと予感されていたのでしょうか。イタリア出発も間近だったし、先生のご助言がなかったら民音公演には出演していなかったと思います。でもこの時の経験がスカラ座デビューの礎となったのです。

郷里での盛大な歓送会

この時代すでに、何人かの日本人歌手がイタリアやアメリカのメトロポリタン歌劇場で歌っていたことは知っていました。でも、欧米で歌えるチャンスが自分にも訪れるかも知れないなどという考えは夢のまた夢でした。具体的にどのようなイタリア生活が待っているかもわからず、経済的にも大丈夫なのだろうかという思いもあり、ただ何もわからないままに、柴田クラスの先輩の知己を頼ってミラノへと出発することになったのです。

郷里での歓送会は盛大なものでした。何しろ町始まって以来のことでしたから。私は感極まって涙を流しながら挨拶したのを覚えています。当時、海外留学をするのは大変なことでした。おそらく町の人たちは、私が何をしにイタリアへ行くのかよく理解していなかったと思います。だって私自身も、どんなところへ行くのか、どんな生活が待っているのか、まったく想像もつかない状態だったのですから。故郷を挙げての歓送は懐かしい思い出であり、今でもその時の故郷の方々の温かい心への感謝と、そのとき味わった感激を忘れることはありません。

■イタリアへの旅立ち

一九六九年十月四日、康子は羽田空港からイタリアへ向かった。この当時モスクワを経由する航路はなく、ヨーロッパへ行くにはアラスカのアンカレッジを経由する「北回り」か、東南アジアから中東を経由する「南回り」しかなかった。アンカレッジ経由の最短航路でも二十四~五時間が必要であった。ドルのレートは三百六十円であったし、持ち出しも五百ドルまでと、今では考えられないような時代であった。イタリアでもまだ日本人留学生は数えるほどしかおらず、多くの商社がこぞってイタリア支社を開くのは、高度経済成長期に向かう一九七〇年代に入ってからである。

飛行機はエア・フランスのパリ行きであった。パリからミラノ行きの飛行機に乗り換えなければならなかった。パリには藝大のクラスメートだった立木稠《しげ》子氏が留学していた。彼女の手配でペンションに宿泊し、憧れのパリで三日間を過ごした。澄んだ空気に満たされたパリは日本と全く異なる光に輝いている感じで、かつ衝撃的で、初めてのヨーロッパに大きな希望を与えるものであった。すべてのものが日本で見慣れたものとは違い、街を歩いていても何もかもが新鮮で、心が浮き立つようであった。写真や映画でしか見たことがなかったノートルダム寺院は特に大きな印象を与えたようで、巨大な建物の中は真っ暗で蠟燭《ろうそく》の炎が無数にゆらめき、身が引き締まるような荘厳さで康子を敬虔な気持ちにさせた。ノートルダム寺院で時間を使いすぎて、ルーブル美術館で絵画を鑑賞する時間が削られてしまったことが非常に残念であったという。パリでの楽しい三日間を過ごした後、意気揚々とミラノへ向かった。

［回想］

イタリアに留学が決まった時は夢のようだとしか思えませんでしたが、二年くらいの期間に何ができるかはわからないけれど、とにかく本場で本物を聴きながら、素晴らしい先生から手ほどきを受け、イタリアオペラの神髄に迫りたいと思っていました。

貧乏学生ながら一日も油断しないで吸収しようという意気込みでした。一日でも勉強を怠れば三六五分の一、つまり〇・二七パーセントを失ってしまうのだとまで考えていました。今思えば生真面目すぎるくらいの留学生だったのです。毎日五つの言葉を覚えることを目標に、結局は三つくらいしか覚えられなかったのですが、とにかく早く言葉を覚えることが生活や勉強に一番大切だと思っていたことは事実です。

◆失望の中の留学生活

憧れのミラノは薄暗く

目的地である憧れのミラノの第一印象は、康子にとって決して良いものではなかった。天候のせいもあったのだろうが、パリとは違ってどんよりと薄暗く、市の中心にある有名なドゥオーモ（大聖堂）は黒く薄汚れていた。今でこそ白亜の大理石に輝いているが、この建物が数百年にわたる汚れの清掃、修復を行ったのは一九八〇年代に入ってからである。現在のドゥオーモしか知らない人には、汚れに汚れて黒ずんだ陰気な印象は想像もできないだろう。すでに北イタリア名物の霧が出始めた陰気な雰囲気の漂うミラノに、先行きの悪い予感を感じたという。

悲しいことにこの予感は的中する。つてを頼って用意してもらったアパートは風呂もなくトイレは共同のもので、希望を抱いてやってきた康子を打ちのめすようなものであった。みじめな思いを抱えながらの生活は、通じない言葉、今までと違う生活習慣、食料品ひとつ買うのにも不自由な思いをするものであった。日本でイタリア語を勉強していたとはいえ、慣れるまでは大変な苦労をした。言葉の不自由さに加えミラノの方言の壁もあって、買い物は、できるだけ喋らないで済むスーパーマーケットでしていたという。

ミラノ音楽院

たった五分のレッスン

肝心の歌の勉強はコンセルヴァトーリオ（国立ミラノ音楽院：ヴェルディ音楽院とも呼ばれる）で始められた。康子の教師はエットレ・カンポガッリアーニであった。カンポガッリアーニは、ミレッラ・フレーニやルチアーノ・パヴァロッティを育てた教師として、イタリアオペラ界では最も有名なコレペティトーレ（歌い手の伴奏をしながら、いかに歌うべきかを指導する専門家）として知られていた人物であった。イタリアオペラ界のボス的存在と言ってもいい人物である。康子の期待はいやがうえにも高まったことだろう。しかし現実は違うものであった。授業に行ってもレッスンといえばわずかに五分程度、カンポガッリアーニの前でアリアを一曲歌って、「ブラーヴァ、ブラーヴァ」と褒められた後ちょっとした意見を言われるだけ、レッスンとも呼べないものであった。そのうえ毎日学校へ行っても長いこと待たされたあげく、聴いてもらえないこともしばしばあった。これでは日本で勉強していた時の方が充実しており、このような状態ならば帰国する方が良いのではないかとまで考えていたという。

一九七〇年、康子は初めてのイタリアでの正月を迎えた。この当時まだミラノには商社も留学生も少なく、在ミラノ総領事館では在留邦人のために新年会を催すのが恒例となっていた。今と違って日本食の食材も滅多に手に入れることができなかった当時にあって、日本食がふるまわれるこの新年会は在留邦人たちにとって大きな楽しみでもあった。この新年会は、やがて日本人が多くなったことから、この二年後には廃止された。ここで康子は初めて東敦子と出会っている。といっても、東が家族や総領事と話をしているのを遠くから眺めていただけであった。イタリアでデビューを果たした東は日本人歌手の期待の星であり、少し前に留学先のパルマからミラノに居を移したばかりであった。まだはっきりとした希望が見えない康子にとって、東は憧れの人であり、その時には自分自身が東に続く日本人歌手として歩み始めるなどとは夢にも思わなかった。

［回想］

出発前の準備の疲れや到着後のストレスで、ミラノに到着早々に風邪をひいて寝込んでしまいました。天井を見ながら「誰も助けてくれる人はいないのだ」と言い聞かせました。その上、お風呂もなく、アパートの共同トイレが本当にいやでした。お風呂は留学当初お世話してくださった方の家にお邪魔して使わせていただいていたのですが、そちらのご都合が悪くなり、結局「イタリアの風呂屋さん」へ行くことになりました。それがまた遠くて。お風呂屋といっても日本の銭湯とは違って、セメントの壁に囲まれた大きな部屋にポツンと洋式の浴槽が置いてあるだけで、まるで監獄に入っているような感じでした。雪の日などお風呂から帰ってくると身体が芯から冷えてしまい、音楽の勉強と関係ないところで、何故こんな苦労をしなければならないのだろうと涙が流れました。

海育ちの私は、ときどき無性にお刺身が食べたくなるのですが、魚屋に行ってもお刺身にできるような魚はなく、仕方なく鳥のささ身を買って、それをお刺身のように食べたりしていました。

空しい思いばかりで、故郷の友人や両親に「寂しい、寂しい」「何のためにミラノに来たのかわからない」などと度々手紙を書きました。しかし、当時の郵便事情は、その返事が届くのは四週間後のことでした。

◆運命の出会い／リア・グアリーニ

希望の扉

ようやく、留学生活に希望の光が射し始めた。ミラノ音楽院でカンポガッリアーニのもとで勉強とも呼べない日々を過ごしていた頃、同じくカンポガッリアーニに師事していた日本人留学生である高丈二夫妻や田原祥一郎夫妻らと幾度となく演奏会に出演した。しかしこれらはみなカンポガッリアーニがピアノをつとめる演奏会で、無料奉仕であった。そのような六九年の冬を失意のうちに過ごしていた康子に、暮れも押し迫った頃、救いの手が差し伸べられる。ミラノ音楽院に通ううちに各国から来ている幾人かの仲間ができた。勉強に悩む康子に、ギリシアから留学していたテノールが、もしかしたら康子を助けてくれる人がいるかもしれないと話しかけてきた。何もわからないまま彼に連れられて学校からバスに乗り四つ目の停留所で降り、とある住宅街の一画にある立派なアパートメントを訪れた。

建物のエントランスを入り階段を上がった二階、玄関の扉を開けて控えの間に入った途端、絹のように透き通った、気も遠くなるような美しい声が聞こえてきた。

レッスンが終わり部屋に導き入れられた。そこはとても美しく居心地の良い雰囲気に満たされた居間兼レッスン室であった。迎え入れてくれたのは大きな美しい目をした、小柄で少し太った品のいい夫人で、彼女こそ「世界の林康子」を育てることになるリア・グアリーニであった。音楽院の友人であるテノールが、是非声を聴いて欲しいと希望していることを説明すると、グアリーニはピアノの前に座り

「何を歌うの？」と尋ねた。康子は勉強していたヴェルディの《オテッロ》からデズデーモナのアリア『柳の歌』を歌った。

康子の声を聞いたグアリーニは言った。

「あなたの声はとてもいい。ただ中音部が充分に支えられていないから、その点を直せばずっと良くなるでしょう」

すかさず康子は

「どのようなレパートリーで、どのような勉強をしたらいいのかわからないのです。自分としては、もっと軽いアジリタ（速いパッセージ）の曲が出来ると思うのですが…。是非レッスンをしてください」

「それじゃ明日からいらっしゃい。最初はベッリーニの《夢遊病の女》の全曲を勉強しましょう」

康子の人生を運命づけた決定的な出会いは、このような会話で始まったのである。

運命の出会いを康子も感じていた。帰り道は夢見心地で、これでようやく本当の勉強が始められると確信した。「何と温かな人柄なのだろう。この人こそ本当に私を助けてくださる人だ」と直感した。こうして康子の、グアリーニのもとでの勉強が始まったのである。

恩師リア・グアリーニとのレッスン

リア・グアリーニは南イタリアのバーリ出身のソプラノレッジェーロであった。オリーブオイルの大会社を経営する社長令嬢として生まれ、多くの召使いに囲まれ、勉学もすべて専門の家庭教師によって行われるという、まるで前時代の大富豪の生活そのままの少女期を過ごした。しかし歌い手としてのキャリアを始めてまもなく父親が急死した。彼女はキャリアを続けるために母親とミラノに移り住むことを決意したのである。やがてミラノでドイツ人のアントニオ・ヴォルフスグリューバーと結婚する。グアリーニは若くして舞台にデビューし、主として中部イタリアから南のオペラハウスで《ルチア》や《夢遊病の女》で名声を博した。名テノール、ティート・スキーパとの共演も多く、見事なコロラトゥーラとピアニッシモの技術を持っていた。ナポリのサン・カルロ歌劇場での《ルチア》では『狂乱の場』を二回もアンコールするという前代未聞のエピソードを残している。やがて第二次世界大戦に見舞われ、投獄されていたドイツ人の夫を助ける必要もあって、若くして舞台を離れた。残念ながらその活躍の時期は短かったが、六〇年代には声楽教師としての地位を確立していた。

ある日突然に

貧乏生活を強いられていた康子を、グアリーニは徹底的に助けた。レッスン代も名目ばかりの安いものであったし、時間の許す限り数日を置かずにレッスンが行われた。ひどいアパートに住んでいた康子に快適なアパートも紹介した。当初の失望にうちひしがれた留学生活から一転して、希望に溢れた歩みが始まったのである。グアリーニとの出会いがなかったならば、今日の林康子は存在していない。

ある日のことであった。ミラノ音楽院でカンポガッリアーニの指導を受けつつ、グアリーニのレッスンを重ねている時のことである。グアリーニとのレッスンを始めて八か月くらい経った頃であろうか、突然声の出し方で閃いたものがあった。小さな発見だったのかも知れないがまことに大きな悟りのようなものであった。それをきっかけに、声と歌がどんどん変わっていくのが感じられた。アジリタ（コロラトゥーラ）も息の長いフレーズも、無理なく余裕を持ってできるようになった。自分が表現しようとすることに声が応えてくれる喜び、音楽に込めた自らの思いが伝わっていく実感。「林康子」というひとつの楽器を作り上げていくうちに、自分だけにできる感情表現のための音色が確実に身に付いていった。これは後々のキャリアの中で、最も評価される原点となったものである。

〔回想〕

グアリーニ先生との出会いはまさに運命とも言うべきものでした。グアリーニ先生から授かった発声の基本、もっと遡ると柴田睦陸先生によるコンコーネの時代からの、一つ一つの音の出し方の重要性を基本としたお教えが、私の発声を格段に発展させてくれたのです。グアリーニ先生の発声がわかったのは、留学しておよそ十一か月、ミラノ音楽院での一年間の留学が終わり、スカラ座のオペラ研修所に通い始めた頃でした。

言葉で説明するのは難しいのですが、今でもはっきり覚えています。夢のようなレッスンを受け始めて八か月目くらいの頃だったでしょうか、ある日突然、レッスン中に先生のおっしゃっている声の始まりのテクニックがわかったのです。息を吸い終わって声になる瞬間の感覚をつかんだのです。

この発見は小さなことのようでしたが、私にとってはすべてを指し示しているような大きな発見でした。長い間の勉強でいろいろな面の準備が整った後での発見だったのです。フレーズの初めから終わりまで難なく歌えるようになり、それは自分でもあっけにとられるほどの結果をもたらしてくれたのです。

外国で日本人が成功するにはその国の誰かの助けがないと難しいことです。その最初の一人がグアリーニ先生でした。歌のレッスンばかりでなく、プライヴェートでもとても可愛がってくださいました。緊張の連続だった留学生活の中で、南イタリア独特の明るいユーモアで笑わせて心を解き放ってくださいました。ご自宅での食事やアパートの世話や、よりグレードの高いコンクール参加の手助けやスカラ座養成所の入学を勧めてくださったり、劇場への出演のきっかけを作っていただいたりと、まさに私の「ミラノのお母さん」であり、最初の素晴らしい「マネージャー」だったのです。

コンクール荒らし

一九七〇年は康子にとって実りの年となった。

ミラノ音楽院でのカンポガッリアーニの指導とグアリーニのレッスンを続けながら、コンクールで優秀な成績を収め始める。四月に、留学生活を続けるために受けたシチリアのパレルモにあるテアトロ・マッシモの奨学金オーディションに合格し、二年間の奨学金による研修が認められた。しかしグアリーニとの勉強が軌道に乗り始めたことと、その後スカラ座の養成所試験に合格したことで、結局パレルモのこの奨学金は辞退することになる。余談になるが、パレルモで勉強を収め、後に世界的に活躍することになる日本人指揮者が菊池彦典である。

五月に「モンテキアーリ国際コンクール」で第一位、六月には「ロヴィーゴ国際コンクール」で第一位、「エンナ国際コンクール」で第一位、そしてヴェルディの生地ブッセートで開催された「ブッセート・ヴェルディ国際コンクール」で第二位。

同じ六月、スカラ座養成所二年間コースのオーデションに合格。七月はサン・ヴァンサンの「音楽のヴァカンスマスターコース」を獲得。ここで名ソプラノ、マグダ・オリヴィエロと面識を得た。

九月はトリノ王立歌劇場が企画したオーケストラ伴奏による「若い歌手たちのためのコンサート」に出演する歌手を募集するオーディションに参加した。このオーディションで、後に世界的なプリマドンナとなるカティア・リッチャレッリと出会っている。当時から目を瞠る美人で、男性を引きつける魅力に溢れていたという。ここでも合格し参加資格を得た康子は、オーケストラの伴奏で、バスとのジョイントコンサートに出演し《運命の力》の二重唱や《ウィリアム・テル》の『暗い森』など何曲かを歌って喝采を博した。おそらくこれが、プロとして契約を交わしたイタリアでの初めてのコンサートである。ちなみにこのオーディションでのリッチャレッリは合格したものの、悔し涙を流したという。

十月には「ヴィオッティ国際コンクール」で第二位、そして「パルマ国際コンクール」ではカティア・リッチャレッリと第一位を分け合った。

この頃にはイタリアでオペラを勉強している若者たちの間で「ヤスコ・ハヤシ」の名前はかなり広く知られるようになっていた。日本でいう「コンクール荒らし」としてである。こうして留学のためにコンクールでの賞金を「軍資金」として貯えた康子は、十月からイタリアオペラの殿堂スカラ座に併設されている養成所で本格的にオペラを学ぶことになった。

1970 年 エンナ国際コンクールで１位。往年の名歌手フェルッチョ・タリアヴィーニから表彰される。彼の左に、作曲家コンファロニエリと指揮者ミケランジェロ・ヴェルトリ

1970 年 ブッセート・ヴェルディ国際コンクールの入賞者：左から２人目が林康子、ジョルジョ・ザンカナーロ、ナンシー・シェイド、往年の大テノール、アレッサンドロ・ジリアーニ

◆スカラ座養成所／ジュゼッペ・ディ・ステファノ

スカラ座養成所

スカラ座養成所への入学はグアリーニの勧めによるものであった。数多くのコンクールで優秀な成績を収めても、それがすぐにキャリアに繋がるわけではない。十月に行われたパルマのコンクールでは優勝者に舞台デビューのチャンスが与えられることになっていたのだが、この年の優勝者は二人、康子とリッチャレッリであった。そしてリッチャレッリには翌年舞台出演の機会が与えられたのに対し、康子にはそのチャンスが与えられなかった。優勝者が二人であったことと、外国人であることが原因だろうと推察される。そしてこの後も外国人であるというデメリットを、幾度となく味わうことになる。ちなみに翌年優勝したのがホセ・カレーラスで、彼とリッチャレッリの二人には《ラ・ボエーム》で出演の機会が与えられた。

スカラ座養成所の入所オーディションは舞台公演が行われる大劇場で行われた。康子は初め、そこがスカラ座の大舞台だとは知らなかった。ピアノ伴奏によるオーディションはすんなり合格した。前述のように四月に合格していたテアトロ・マッシモの奨学生としてのパレルモ行きは、このスカラ座養成所の合格によって辞退することにした。何故なら、スカラ座は奨学金こそ出すことはなかったものの、それ以上に大きく素晴らしい経験が約束されていたからである。

スカラ座養成所の研修生たちはレナート・パストリーニとエンツァ・フェッラーリという二人のピアニストのもとで勉強を始めた。この二人の教師は「コレペティトーレ」と呼ばれるピアニストで、オペラに精通しており、ありとあらゆるオペラ演唱に必要な事柄を徹底的に教え込むことが仕事である。コレペティトーレとは別に、往年の大歌手マルゲリータ・カロージオが発声の先生として就任していたが、康子はグアリーニに師事していることを申告し、カロージオの教えを受けることはなかった。グアリーニの名声はよく知られていたおかげで、これに関しては何の問題もなかった。日本の養成機関では考えられないことである。康子はほぼ毎日のようにスカラ座に通った。養成所はスカラ座の五階席、最上階の奥にあり、その行き帰りに舞台での練習風景も好きな時に思う存分見学することができた。ここで、第一線で活躍する歌手たちによる本格的なオペラの舞台作りを見聞きするという貴重な体験を積み重ねた。そして、努力すれば自分にもできるのではないかと感じ始めたと語っている。

毎日の厳しいレッスンを受ける一方で、研修生たちはミラノ近郊の小学校や中学校へ派遣されてコンサートに出演した。いわゆる「スクールコンサート」と呼ばれるものである。こうしたコンサートへの出演はスカラ座養成所へ通う二年間に数十回にも及んでおり、演奏経験を積むという意味で大きな財産となった。この頃の康子の声は比較的軽いレッジェーロ系のソプラノだと認識されていたようで、コンサートで歌う《ラ・ボエーム》の重唱では、いつもムゼッタのパートを歌っていたという。実際この後ピッコラ・スカラ座でオペラの舞台を踏むことになるモーツァルトの《偽の女庭師》やチマローザの《秘密の結婚》では通常ソプラノレッジェーロが歌う役が与えられている。

■ピッコラ・スカラ座での初舞台
《ノアの方船》と《偽の女庭師》

一九七一年一月には、留学して初めて、デンマークのコペンハーゲンでオーケストラ伴奏によるソロリサイタルに、同時期にコペンハーゲンの日本文化会館でもコンサートに出演した。そして四月、康子はスカラ座に併設されたピッコラ・スカラ座で、イタリアでのオペラの初舞台を踏む。研修生を中心にキャストが組まれ、大勢の子どもたちが参加したブリテンの《ノアの方船》である。康子はセム夫人の役を歌った。これはスカラ座の公式の上演史にも記載されている公演であり、林康子のイタリアデビューと言ってもよいだろう。留学から一年五か月でのピッコラ・スカラ座へのデビューであった。

そして同年六月には、正規のピッコラ・スカラ座公演であるモーツァルトの《偽の女庭師》で、セルペッタ役に抜擢された。この公演はプロの歌手たちに混じっての本格的な第一歩となった。スカラ座養成所の研究生の中でも、このような幸運に恵まれるのは、特に外国人は限られている。養成所での康子の評価がいかに高かったかという証である。

1971 年イタリア・ミラノ・ピッコラ・スカラ座《偽の女庭師》

ピッコラ・スカラ座について述べておこう。スカラ座正面に向かって左側にある小路を進み楽屋口を通り過ぎたところにピッコラ・スカラ座はあった。というのは現在の、二〇〇四年に新装されたスカラ座にはもうないからである。十八世紀や二十世紀の小規模なオペラを上演するために一九五六年に開設された収容人員六百名ほどの劇場で、白と金色で彩られたまことに美しい空間を誇っていた。オープニングはニーノ・サンヅォーニョ指揮、ジョルジョ・ストレーレル演出による《秘密の結婚》で、グラツィエッラ・シュッティ、ジュリエッタ・シミオナート、ルイージ・アルヴァといった当代きっての名歌手たちを集めた公演であった。ここではモーツァルトの《コシ・ファン・トゥッテ》や《後宮からの逃走》《皇帝ティトゥスの慈悲》、ロッシーニの《イタリアのトルコ人》や《オリー伯爵》、ドニゼッティの《ドン・パスクァーレ》などが第一級の歌手とスタッフによって上演されていた。エリザベート・シュワルツコップやアントン・デルモータなどの名歌手たちの出演や、ストレーレルやゼッフィレッリの演出など、まことに贅沢でかつ理想的な時代だったと言えるだろう。一九七〇年代に入ってからは、これらのオペラは大スカラ座で上演されるようになったが、ピッコラ・スカラ座は大スカラ座と同じランクの劇場として認識されていたのである。

ジュゼッペ・ディ・ステファノ

このピッコラ・スカラ座での初舞台後に、リア・グアリーニに次いで康子の運命を決した一人の人物と出会う。テノールのジュゼッペ・ディ・ステファノである。ディ・ステファノはスカラ座総支配人であったアントニオ・ギリンゲッリの要請によって、スカラ座養成所で舞台のためのディクションを指導することになった。ちょうど康子の一年目の後期の頃であった。

ディクションというと単純に発音と解釈されることが多いが、オペラの場合は、発音からくる表現を追求するのが目的であり、基本的な発声の仕方と密接に結びついている。ディクションの指導が言語の専門家ではなく歌い手出身の教師に委ねられるのはそのためである。

ジュゼッペ・ディ・ステファノといえば、一九四〇年代からマリオ・デル・モナコと雄を競ったイタリアオペラ界の歴史的な大テノールであり、数々のマリア・カラスとの共演は伝説となっている。オペラ歌手の卵たちにとっては憧れの的、仰ぎ見るような偉大な存在であった。彼の舞台でのディクションの素晴らしさは世界中が認めていた。ディ・ステファノは実際の舞台で培った経験と知識を、情熱を持って若い歌手たちに伝えようとした。希望に燃えた康子はその教えを全身で受け止めようと努力し、萌え出ようとする才能は暖かな太陽の光と新鮮な水を与えられて成長するがごとく、大輪の花を咲かせようと準備を始めていった。

スカラ座養成所試験公演《蝶々夫人》

こうして頭角を示しはじめた康子は養成所の試験公演に臨むことになった。七一年四月、大スカラ座の舞台で、スカラ座オーケストラを従えて《蝶々夫人》の第二幕を演じた。試験公演はアリアを中心とした場面を演じるのが通常であったから、今回の康子は破格の扱いだったわけである。これはディ・ステファノの推薦によるものであったと思われる。康子の抜きん出た才能をいち早く見抜いたこの歴史的大テノールは、総支配人ギリンゲッリに聴かせようと図っていたのである。

一九九〇年に来日した折のディ・ステファノのインタビュー記事を引用しよう。

「私がスカラ座で教えた時、二十一人の学生がいたが、二十人は何も歌わなかった。つまり旋律だけ歌って内容がない。一人だけキャリアを作れると思えたソプラノがいた。歌のハートが具わっていた。内容が歌えた。たった一人だけ。それは日本から来た林康子だった。そしてその通りになった。彼女は今プリマドンナのキャリアを重ねています」

（「音楽の友」一九九〇年九月号）

養成所の研修生でありながら活躍の場を与えられた康子は、翌七二年の二月にもピッコラ・スカラ座で《秘密の結婚》でキャスティングされる。役はカロリーナであった。大学院時代には姉娘エリゼッタを演じていたが、今回は純然たるヒロインであり、より軽い声質の役柄のカロリーナが与えられた。指揮は大ベテランのニーノ・サンヅォーニョ、カロリーナ役は最初の五回公演を絶頂期にあったともいえるマルゲリータ・グリエルミが歌い、康子はグリエルミとダブル・キャストを組むことで、彼女の歌や演技から多くのものを吸収した。テノールはルイージ・アルヴァであったが、彼の完璧ともいえるレチタティーヴォと歌には感服した。

そしていよいよ康子に大チャンスが巡ってくる。

ディ・ステファノが養成所試験公演で《蝶々夫人》の第二幕を大スカラ座の舞台で演じさせたのには、実は一つの思惑があった。七一年十二月に始まる新シーズンに《蝶々夫人》がプログラミングされており、そこで康子のスカラ座デビューを目論んでいたのである。しかしこれは簡単なことではなかった。ピッコラ・スカラ座で主役を歌ったとはいえ、他にはイタリアでのオペラの経験はなく、そのうえまだ養成所の研修生である人間に大スカラ座の正規の公演で主役を歌わせるというような前例はなかったからである。

しかしここでも運命が康子に味方をする。ひとつは養成所の試験公演を聴いた総支配人ギリンゲッリが康子の実力を認めていたらしいこと、そしてもうひとつは今回の《蝶々夫人》が十七回もの公演回数を組んでいたことであった。このような公演回数は当時でも滅多にないことであり、現在では望むべくもない。ガブリエッラ・トゥッチ、ライナ・カバイヴァンスカがヒロインに名を連ねていたが、十二月末から三月中旬までの十七回もの公演をこなすためには、あと数人のソプラノが必要であった。ここに康子の名が候補として挙がったのである。

［回想］

あの時のことは今でもはっきりと記憶に残っています。ディ・ステファノ先生は最初の授業においでになるやいなや、全員に歌わせたのです。そして、皆を前にして「みんな聞きなさい。このヤスコ・ハヤシのように歌いなさい。発声もイタリア語のディ

1971年イタリア・ミラノ・スカラ座養成所1年時の公開試験公演《蝶々夫人》

1971 年・試験公演《蝶々夫人》の後、大テノールのジュゼッペ・ディ・ステファノとスカラ座の舞台上で

クションも」とおっしゃったのです。そして私には「今の歌い方を変えないでずっと歌っていきなさい」と言われたのです。これで私は一躍、研修所の代表のようになってしまいました。研修生のほとんどがイタリア人である手前、もったいないやら恥ずかしいやらという思いでしたが、やっと一流の方に正面から認められたのだと思うと夢のようでした。

ローマでソロリサイタル

ピッコラ・スカラ座でのブリテンの《ノアの方船》と養成所の試験公演を終え、六月にモーツァルトの《偽の女庭師》を控えた五月に、康子はソロリサイタルをローマの日本文化会館で開いた。イタリア古典および近代の歌曲に、シューマンとリヒャルト・シュトラウスのリート。後半には《フィガロの結婚》《ウィリアム・テル》《清教徒》《ルチア》《椿姫》からのアリアという大曲をずらりと並べたプログラムで、わざわざ列席したディ・ステファノが「こんな難曲ばかりやる歌手なんかいないよ」と、半ばあきれながらも大成功を祝福してくれた。後にこのリサイタルを思い返して康子は「きっと若かったからできたんでしょうね」と笑いながら語っている。

スカラ座デビューの決定

そして、ついに《蝶々夫人》出演の決定がもたらされる。条件は全ての公演に際してアンダースタディとしてスタンバイするというものであった。先に決定していたピッコラ・スカラ座の

《秘密の結婚》の練習と本番をこなしながらの過酷なスケジュールであったが、康子はこのチャンスを手中に収めた。ガブリエッラ・トゥッチが五回、ライナ・カバイヴァンスカが五回、中堅のエディ・アメーデオが五回、日本での「マダム・バタフライ・コンクール」で優勝したヴィルマ・ヴェルノッキが一回、そして最後の一回を康子が歌うことに決定したのである。

◆マリア・カラスとの出会い

一九七一年七月三十日、ピッコラ・スカラ座での《偽の女庭師》を成功に終えた康子は仲間のテノールと、サンレモでスカラ座の合唱指揮を担当していたロマーノ・ガンドルフィの指揮によるオーケストラ伴奏のジョイントリサイタルの機会を得た。そこで思いもしなかった大きな出会いを持つことになった。康子にとって夢のような出会いであった。

コンサート前日の二十九日、サンレモ劇場の舞台でオーケストラとの合わせのリハーサルの最中のことであった。ちょうどヴェルディの《シチリア島の夕べの祈り》の中のアリア『有難う、親しい友よ』をリハーサルしている時のことであった。客席奥から二人の人物がホールに入ってきた。康子はすぐに、それがディ・ステファノであることがわかった。そして、その後に続いて入ってきた、すらりとした身体にシックな黒のパンタロンスーツをまとった人物はマリア・カラスに違いなかった。それがわかった瞬間、康子はのぼせあがってパニックを起こし、歌詞の一番と二番がごちゃまぜになってしまった。指揮者のガンドルフィにことわって舞台を下りた康子は、尊敬するディ・ステファノと憧れのカラスのもとに駆け寄った。ディ・ステファノはサンレモに別荘を持っており、偶然にもこの時期、カラスは彼の別荘に滞在していたのである。康子は、カラスと親しく話すことが自分の人生に訪れるなどとは夢にも思っていなかった。翌日の野外演奏会本番にも二人は聴衆に隠れた場所で、康子の歌を聴いてくれた。

演奏会を終えた翌日、康子は共演したテノールと一緒に、ディ・ステファノとカラスを表敬訪問をすることを思い立った。しかし住所も電話番号も知らなかった。車で探しまわるうちに幸運にも別荘が見つかり、突然のことであったが玄関のベルを押した。すると現れたのは当のディ・ステファノ自身で、二人の若い歌い手を招き入れた。彼らがサロンで話をしていると、白と黒の二匹のプードルをつれたカラスが入ってきた。カラスは昨日の演奏会の出来を褒め、声の出し方に関して質問したり助言を与えたりしたという。憧れの人であるカラスとの出会いに、どれだけ康子は感激したことだろう。親しく言葉を交わし、歌についても多くの示唆を与えてくれたという。

［回想］

サンレモでの出来事はまさに夢でした。憧れのカラスさんと親しくお話できたのですから。「トリル（二つの音を速く歌うこと）をどのように勉強したの？」とお訊ねになり、私がカラスさんのレコードを何度も何度も聴いて勉強したことを話すと「ああ、そういうふうに聞こえるわ。よくできている」とおっしゃってくださいました。今でもはっきり覚えていることは「ピアノ（最弱音）はフォルテ（強音）と同じポジションでやりなさい」とアドヴァイスしてくださったことです。ピアノといっても小さくしただけでは駄目だということです。身体の使い方は両方とも同じようにという、とても重要な発声の技術に関することでした。これは私の根本的欠点であることがわかり、後々どれほど感謝したことでしょう。これからのレパートリーについてもアドバイスを頂きました。それに加えて「あなたはもっと痩せなくちゃ駄目よ」「サラダとステーキを中心とした食事になさい」と。この日私はパンタロン姿でしたが、もしかしたらこれが格好悪かったのかと思うと、大変恥ずかしい思いをしました。しかし、これは未だに実行出来ず、です。

世評では気が強く攻撃的な女性だと言われていましたが、私がお話したカラスさんは、楚々とした感じで、お話の最中でも大きなジェスチャーなどもなさらず、とてもデリカシーのある方だとお見受けしました。ご意見をおっしゃる時でも批評というのではなく、あくまでもサジェスチョンとしておっしゃってくださるのです。終始もの静かで優しく神秘的でしたが、どこか憂いを含んだような姿や口調だったことが思い出されます。その後（一九七四年十一月）、大阪でのディ・ステファノ先生とのジョイント・リサイタルに来日された折りに大阪空港までお出迎えに行きました。私が妊娠していることを知って「お腹の赤ちゃんを大事にしてね」とおっしゃってくださいました。

サンレモでは「もし機会があったら自宅にいらっしゃい」ともおっしゃってくださいました。レッスンしてくださるということだったのでしょう。そのお気持ちに感激したのですが、私はグアリーニ先生に気を遣い、カラスさんをお訪ねすることがないままになってしまいました。サンレモでお話できたのは一体どのくらいの時間だったのでしょう。夢のようなひと時でした。その後ミラノや日本でお会いしましたが、いずれもサンレモの時のようにゆっくりとお話はできませんでした。あの少しばかり淋し気だったカラスさんの姿は、今でも私だけのカラスさんとして心の中に生き続けています。

私がキャリアを積みながらできるだけ早く子供を作り、幸せな家庭を持ちたいと決心したのは、カラスさんのような才能からはほど遠い自分には、芸術のためにあれほどの孤独な人生を生きる価値はないと思ったからです。

帰国リサイタル

サンレモでのリサイタルを終えた康子は、《蝶々夫人》の出演に備えて衣装と鬘《かつら》を日本で誂えるために二年ぶりの帰国をした。このときかつら専門会社「丸善」の今は亡き社長の卓越した技術で誂えられた鬘は非常に軽く良いできで、これ以後康子と共に世界中を回ることになる。衣装は美容師で、母の妹の三浦悦子の尽力で本物の婚礼衣装を手に入れた。

この一時帰国にはもう一つの目的もあった。柴田睦陸のすすめによって、読売新聞社、日伊音楽協会などの後援のもと、日本で初めてのソロリサイタルを開催することになったのである。九月二十九日に第一生命ホールで開かれたリサイタルには、日伊音楽協会の会長であった藤原義江や評論家の宮沢縦一などの姿もみられ、満員の盛況で、日本にいる時には比較的重いレパートリーを歌っていた康子を知っていた人たちは、その声と音楽の変わりように驚いたという。この演奏会は「音楽の友」十一月号に批評が寄せられたので引用しておこう。評論家、岩井宏之氏の評である。

「すばらしい声の持ち主である。声量が豊かで、しかもその豊かさのなかに、声の輝きと練りがきらめいている。（中略）一時帰国して開いた最初のリサイタルは、留学中にこの人が見違えるほど成長したことを教えてくれた」。そして評の最後をこう締め括っている。「大成するに相違ない」と。

この公演プログラムに寄稿された柴田睦陸の一文も引用しておきたい。

「（ヤッコが錦をかざって―）とゆうには、まだちょっと早いようですが。彼女が、イタリーをはじめとする色々なコンクールなどで、大変優秀な成績をおさめているというニュースは、私達を心から喜ばせてくれました。どうやら『本領を発揮し始めた』とも思わせて、彼女を囲む人達のすべてを勇気づけました。『短期間の帰国だが、リサイタルでも』とゆうことで、その成長ぶりがうかがえることは二重の楽しみでもあります。皆様の御支援を心から御願する次第です。

リモート・コントロールとあだ名されるほど、素直で疑うことを知らぬ彼女の性格は、それが多くの紆余曲折を直線化し、単純化して、最短距離を歩む結果になっているのだと多くの教訓を私に残してくれました。来年はスカラの本舞台にとゆう話も、どうやら真実に近づきつつあるヤッコ。私達はヤッコに限りない誇りと希望を託すと同時に、どんなことがあっても、自分の本当の幸福は逃がさぬよう、自分を大切にしてくれることを、彼女の為に、そして、心からの声援をおしまない多くのファンの方々と共に祈ってやみません」

この一時帰国ではリサイタルの成功以外にも嬉しい出来事があった。この年NHK招聘の「イタリア歌劇団」が来日し、一行は康子のリサイタルの時期に東京に滞在していた。同じ時期、ディ・ステファノもリサイタルのために来日しており、康子は恩師と母国で再会を果たした。そして二人で銀座を散策した。ディ・ステファノが滞在していた帝国ホテルでは、大きなキャリアを築き始めていたバスのルッジェーロ・ライモンディや、ディ・ステファノを神の如く崇めていたルチアーノ・パヴァロッティらの姿もあった。パヴァロッティがふざけてディ・ステファノの前にひざまずいたりする光景も見られた。この公演でパヴァロッティは《リゴレット》のマントヴァ公の歌唱で観客を魅了している。

1972年ミラノ・ピッコラ・スカラ座《秘密の結婚》

◆スカラ座《蝶々夫人》
日本人初、夢のようなデビュー

一九七二年三月十二日

誂えた衣装と鬘を持ってイタリアに戻った康子は、年が明けると《秘密の結婚》の準備をしながら、《蝶々夫人》の稽古のためにピッコラ・スカラ座と大スカラ座を行き来する毎日が始まった。スカラ座専属のコレペティトーレ、ロランディのもとでの《蝶々夫人》の練習は徹底的なもので、温かく励ましながらもしばしば厳しく叱られたという。特別康子にだけ教え込む力の入れようもひとかたならぬものがあった。微々細々にわたり、ひとつひとつのフレーズについて発声や感情の入れ方などを叩き込まれた。スカラ座でのオペラ指導のレベルの高さを実感させられるものであった。このとき、娘のように可愛がってくれたロランディは若くして亡くなっている。

そして一九七二年三月十二日、康子のスカラ座デビューの幕が開いたのである。この時のエディションは藤田嗣治のデザインによる一九五一年に作られた古いセットであった。

イタリアでは「女性の記念日」であるこの日、劇場内は鮮やかなミモザの花で飾られ、テノールの大スター、ジャンニ・ライモンディを相手に康子は全幕を見事に歌いきった。

一九二五年にボローニャで生まれたライモンディは二十三歳で《リゴレット》のマントヴァ

公を歌ってオペラ界にデビューして以来、世界中のオペラハウスで最高の賛辞を勝ち得てきた大ベテランであった。戦後のイタリアオペラ界にあって、カルロ・ベルゴンツィやフランコ・コレッリと並ぶスター歌手であり、前出の二人が下降線をたどり始めていたこの時期、スカラ座では突出した存在感を誇っていた。そのようなスター歌手を相手に舞台経験もほとんどない日本人の無名歌手が、オペラの殿堂で一躍脚光を浴びることになったのである。

この時の公演について、日本でも『真実のマリア・カラス』『音楽家が語る51の物語』などの著作で知られるジャーナリスト、レンツォ・アッレーグリは「スカラ座で本当のバタフライ」と題してこう記している。

「一九七二年のシーズンにスカラ座は《蝶々夫人》をプログラミングした。スカラ座の黄金時代を築いた総裁アントニオ・ギリンゲッリと偉大なジュゼッペ・ディ・ステファノは、その最終日の公演に、スカラ座の養成所で研鑽を積んでいる若い日本人ソプラノをデビューさせようと考えた。この若いソプラノがスカラ座の舞台に挑戦するという噂が広まった途端、ミラノのオペラファンたちは驚きを隠せなかった。これまでもスカラ座では、この難しく繊細な役で新たな新人が登場し、その度に興味と期待とをもって迎えられた。しかし今回の期待には特別に大きなものがあった。何故ならその若いソプラノというのが本物の日本人であったからだ。その日ファンたちは、スカラ座で新しいスターが誕生するか、それともこの若い日本人歌手が、忘れ去られた多くの歌い手の一人となるかを知りたいと思っていた。

ヤスコ・ハヤシの歌は明瞭な発音と品のある表現に満ちた正確かつ温かみのあるもので、それは聴衆の上に香り高く降り注ぐようだった。聴衆はすぐに、彼女自身が蝶々さんであることに気づいた。彼女の声を通して表現された、夢見るような表情に溢れた感動的な蝶々さんは、聴く者に強烈な印象を与えた。（中略）

この上ないほどの成功であった。オペラの幕が下りたとき聴衆は、初めてスカラ座の舞台に登場した日本人歌手に熱狂的な拍手を送った。真に一人のスターの誕生であった」

また、この公演をスカラ座の天井桟敷で聴いた、疋田生次郎氏が「音楽の友」に寄せた原稿を紹介しておこう。

「一九七二年三月十二日は、林康子さんにとって一生忘れられない記念の日になったことでしょう。世界でもっとも権威ある歌劇場の一つで、オペラ歌手として誰もがこの劇場で歌うことを最高の目標としているイタリアのミラノ市にあるスカラ座で日本人として初めての舞台を踏んだのでした。

林さんはもうここで改めて紹介する必要もないほど日本では有名な二期会（当時は二期会所属、その後藤原歌劇団所属となる）のソプラノで国内はもとよりイタリアでも数々のコンクールで一位か上位入賞という輝かしい経歴を持っています。イタリア留学の期間もまだそれほど長くなく、この異例の出世ぶりにも彼女の能力がただものではないことがわかります。

彼女はスカラ座所属の研修生に籍を置きながら、たちまち頭角を現し、すでにチマローザの《秘密の結婚》の主役をピッコラ・スカラでつい一か月前に歌ったばかりでした。この役は軽妙な演技と歌唱を要求されるもので、蝶々夫人とはまったく反対のものでしたが、これもイタリア人歌手達にまじってただ一人の日本人が、不自然さを感じさせず、むしろ歌唱の点では出演者の中でもっともすぐれたものでした。このレッジェーロのテクニックを身につけた林さんが《蝶々夫人》を歌ったことが今回の大成功をもたらした鍵だったと思います。

外国で日本人ソプラノが主役を歌うとすれば、蝶々夫人以外は非常に困難で、劇中の主人公が日本人であるという絶対的な条件の故に仕事ができるという、われわれにとっては残念なきまりのようなものが存在しています。このことは、要するに他の役柄で日本人ソプラノを起用するということはまずないと言っていい状態です。そこまで日本人歌手のレベルが国際的でないことも考えられますが、各国共に、自国の歌手を多く出演させ、外国人はできるだけ排斥しようとする傾向もあります。でも、今回の林さんの出来栄えは、日本人として有利な条件（蝶々さんが日本人）ということをまったく念頭に浮かばせないほど、そしてその線から超越した国際的なものでした。現在の外国人歌手達が蝶々夫人を演じる時、その演技やメークアップはまさに目をみはるばかりのもので、日本人以上に日本人を表現し、もうこれからは好奇心のために日本人のソプラノを起用することも必要なくなると思います。ですから実力だけでしか勝負できなくなると思います。

さて、林さんが大成功をもたらした日は朝から雨で、開演は日曜日なので、午後三時からでした。普通の公演は午後九時からというイタリア独特の遅い開演で日曜日のみマチネになるのです。日曜日は特に切符の入手が困難で、われわれ林さんの友人は一か月以上も前からこの日のために予約したのでした。運よく天井桟敷の最前列に席をとることができ、わくわくしながら開幕のベルを待つ心は、期待と不安でいっぱいでした。

この天井桟敷はGALLERIAまたはLOGGIONEといって、椅子席と立見席をも含めてここに来る客は高い値段の切符を買わず、最も歌手達にこわがられているいわば耳のこえた『通』の連中で、時には口笛を吹き歌手達を怒らせてオペラを中断したり、交替させたり、ブラヴォ（男へ）、ブラヴァ（女へ）、ブラヴィ（男女の複数に対して）を叫び拍手の嵐で幾回となく歌手達を緞帳の前に引き戻し、劇場内を興奮の坩堝と化さしめたりもするのです。彼らの多くはほとんどのオペラをそらんじて歴代の名歌手を限りなく聞いており、その批評はきびしく的確、しかも温かさもあるという熱烈なオペラファンなのです。

われわれ十人くらいまとまってとったためと、またあちこちに日本人の姿が見られ『今日は日本人祭り』だと笑いながらこちらを見て話をしている連中もおり、超満員でもそれでもなお場外で返券を期待している人達が大勢おりました。舞台の両袖と貴賓席には色鮮やかな黄色のミモザが飾られ、これもスカラ座では初めてのことと思いますが、日本領事館からの寄贈と聞きました。

ニーノ・ヴェルキの棒で幕が開き、すぐにあの登場のアリアを自前の真っ赤な振袖で若々しく華やいだ雰囲気を出し、プッチーニの溺れるような愛の二重唱に至るまでの一幕を、幾分おさえぎみの表現で低音が少々聞こえにくかったことを除けば、まずは無難の出来といった所でしょうか。テノールは今をときめくジャンニ・ライモンディで贅沢でたっぷりしたピンカートンで、その美しいテノールを聞かせてくれたことも、この日の大きな成功の力になっていました。その他、スズキやゴローの端役にいたるまで、むらのない強力なキャストで、こんなに登場人物の力量が揃ったのも、スカラ座でさえそんなに多くはないと思われました。

二幕で『ある晴れた日』を、聴衆がかたずをのむような期待にそむかず、最後のＢではたっぷりと余裕を見せて締め括りましたが、私としては少々情感が不足しているように見受けました。

幾分さらりとして表現が学校ふうな感じとでもいいましょうか。それでも後半の劇的な盛り上がりに対する布石とすれば、林さんの万全な作戦は的中したことになり、私の危惧は無用となってしまいました。

船の大砲を聞いてからの林さんは、まるで別人のように集中的な迫力で聴衆をぐいぐい引張るものでした。その声は良く共鳴し、高音はいよいよ輝きと厚みを増し、無駄のない壺を心得た表現は、ソプラノリリックの美しさを満喫させてくれました。あの大オーケストラを乗り越えて、たくさん聞いた蝶々さんの中では、外国人よりもむしろ音量と音色の点でも一歩もひけをとらない出来栄えということができます。

艶を失わず、張りつめてffでは声も身体も心も一体となってわれわれを完全に劇中の主人公として息もつかせずとりこにしてしまいました。ただ残念なのはディミヌエンドや弱声で、少々破綻を見せたところもありましたし、二、三か所重要なポイントを素通りしてしまったのは惜しい気がしました。でもこんなことは林さんにとっては大したことではないようです。あれだけの素質があればこれらの欠点は改められるのは時間の問題と思われます。

最後の場で『可愛い坊や』のアリアは最高潮に達し、舞台中央で自害し、子供の方へ向かって這って行く時、ピンカートンもシャープレスも出て来ず、林さん一人残したまま幕が閉じた瞬間、嵐のような拍手が待っていました。私もつい張り詰めた心が一度に堰を切って、ひいきの気持ちなどなしに、大声で『ブラヴァ！』を叫んでしまいました。

十回位カーテンコールがあったように覚えています。とうとう私は声が変になってしまいました。口うるさい連中も大変なご機嫌で、いつも来ている顔見知りのおばさんは『すべての点で大変素晴らしい蝶々さん』だと絶賛し、未知の二、三人のイタリア人にその感想をたずねたら、異口同音に『あなたが日本人だからお世辞でほめるわけではない』と前置きして、MOLTO（大変）を二度繰り返して、その成功を認めてくれたのでした。

興奮で熱したわれわれを、まだ降り続いている雨が快く冷やしてくれるかのように、場外はもう暗くなっていました。その夜、私は二年半のイタリアでの生活に終止符を打ち、羽田へ向かって立つ飛行機に乗るために、フランクフルト行の汽車に快い感動を受け止めながら

1972 年イタリア・ミラノ・スカラ座デビュー《蝶々夫人》共演：ジャンニ・ライモンディ

身を横たえたのです。確実に将来を約束された林さんの、日本の音楽家の中で最も遅れていると言われている声楽部門での国際的な活躍を期待してやみません」

（※この一文は林康子ファンクラブ主催の懇親パーティに病をおして出席していただいたときに、疋田先生から提供していただいた「音楽の友」のための原稿から引用したものです）

ちなみにスカラ座の上演史記録（『一七七八〜一九七七／オペラ・バレエ・コンサート記録』カルロ・マリア・バディーニ、パオロ・グラッシ、カルロ・メッツァドーリ協力、ラ・グラーフィカ・グーテンベルグ社刊・一九七九年）には、一九四七年六月に上演された四回の《蝶々夫人》の公演で、名歌手マファルダ・ファーヴェロとのダブルキャストとして長谷川敏子の名前が記録されている。長谷川敏子については詳細を知ることはできないがアメリカ生まれの二世で一九四〇年代にイタリアやアメリカで活躍したようである。

こうして、林康子はスカラ座の本舞台で歌った、日本生まれで日本国籍を持つ最初の歌手になった。

［回想］

《蝶々夫人》では全公演でスタンバイをしていたので、主役を歌うソプラノとは、どういう振る舞いをするのか、いろいろ興味深く観察することができました。スタンバイというのがどのような存在であるのかもそれぞれの方々の態度から知ることができました。カバイヴァンスカさんは当時めきめきと売り出してきた美人ソプラノで、インテリジェンスを感じさせる方でした。彼女自身もスカラ座養成所出身だったことからか、後輩の私にもとても優しく親しく接してくださいました。でもスカラ座で主役を歌うプリマドンナの、ことさらにスタンバイを見下したような横柄な態度や無視するような有様を見るにつけ、これから先できればスタンバイなど二度とやりたくないものだと思いました。虐げられているような屈辱は、歌う人間にとって何のプラスにもなりません。とはいえ、スカラ座とピッコラ・スカラ座と、声質の異なるオペラの掛け持ちでとても大変だったのですが、充実した楽しい日々でした。

私の出演日は日曜日、午後三時のマチネ公演でした。劇場内に黄色いミモザの花がいっぱい飾られ、「女性の日」だということも知らずに、誰かが私のために飾ってくれたのだろうと勝手に感動していました。

藤田嗣治画伯の舞台とジャンニ・ライモンディさん

美術が藤田嗣治画伯の手によるものであることは、忙しい中でも認識していました。この装置はそれまでにも幾度となく何年にもわたって使われ続けていたものでした。第一幕では赤い日本的な太鼓橋がかかっており、花が咲き乱れ、とても美しいものでしたが、第二幕は大きなスカラ座の全舞台がひとつの部屋になっていて、とても大きな仏壇がありました。動きの中で音楽的に距離を処理をしなければならない歌い手にとっては、後ろの障子のところに行くためだったり、舞台袖にはけなければならなかったり、とにかく舞台が広すぎて走りまくっていたことを覚えています。第二幕には大変でしたが、第一幕の美しさや、日本で誂えた着物とかつらがぴったりで嬉しかったです。

私との公演だけに出演されたテノールのジャンニ・ライモンディさんはすでに大スターでしたが、とても温かい人柄の方でした。テクニックがあり、美しい声で、どんな高音も難なく出すことのできるテノールでした。稽古や本番中も優しく接して下さいました。一幕の二重唱での最後のハイCを競い合ったのは懐かしい思い出です。

夢のようなスカラ座デビュー

それにしてもイタリアでの本格的なデビューがスカラ座であったことは、今でも不思議でなりません。夢のようです。私のような若輩が、オペラ歌手なら誰でも夢に見るスカラ座に、それもタイトルロールでデビューできたのですから。私のオペラ人生の最初の一歩がスカラ座になろうとは、しかも留学してからわずか二年半足らずで実現するとは、誰が予想できたでしょう。まさに「幾つもの幸運が重なって」実現した出来事だったと思います。そしてイタリア留学前に、一か月の準備で三回の《蝶々夫人》の舞台経験をしていたことが、どれほど私を支えてくれたかわかりません。柴田先生と栗山先生には、どれほどの感謝を捧げても足りないくらいです。そして、スカラ座のロランディ先生の厳しい中にも温かい指導が自信と力を与えてくれました。

このスカラ座デビューのために帰国（七一年夏）した折り、かつらの丸善の社長さんや、叔母の悦子や柴田喜代子先生から舞台衣装、鬘、草履など、数々のものを揃えて頂きました。喜代子先生から頂いた草履と二幕の着物は、先生ご自身が蝶々さんを歌われ成功された時のものでしたので思い入れも深く、可憐なヒロインを感じさせる素敵なものでした。

スカラ座での本番の後は、片付けなどに時間がかかり劇場を出るのが遅くなったのですが、楽屋口では、多くの人たちから山のようになってサインを求められました。自宅に帰った後は親しいお友達と一緒にささやかなパーティーとなりました。グアリーニ先生からもお祝いの果物やシャンパンが入った籠が届き、友人の皆さんの温かな気持ちが伝わって胸がいっぱいになりました。あの日のことは忘れようにも忘れられません。後になって、日本人としての初めてのスカラ座デビューだったことを知りました。

［南條年章の回想］

林さんよりも早く六八年に渡伊していた私は、彼女がミラノ音楽院で頭角を現してきた頃から聴いていました。ピッコラ・スカラ座での舞台も、養成所の試験公演である《蝶々夫人》第二幕も聴いています。彼女が抜きん出た存在であることは疑う余地もありませんでした。試験公演ではプッチーニに要求される中間音域が弱く、強大なオーケストラにかき消されてしまう部分があったのは事実です。この時に着ていた濃紺の着物が素晴らしく品のあるもので、公演後にそのことを彼女に言ったら、柴田睦陸先生の夫人である喜代子先生に頂いたものだとのこと、でも小柄な喜代子先生に合わせて作られているので、ちょっと窮屈だったと笑いながら話してくれました。スカラ座デビューの公演は中間音域もかなり改善され、本当に見事なものでした。しかし、いくらか物足りなさを感じたのも事実です。演技についても、一生懸命さは伝わるものの、まだ「絵」として完成するには至ってはいませんでした。その後の充実した彼女の声と演技しか知らない方には想像もできないでしょうね。

誰もが憧れるイタリアオペラの最高峰スカラ座にいきなり登場して成功を収めた康子であったが、この成功はスカラ座の関係者とミラノの一部のオペラファンたちの間に留まるものであった。世界に発信されるような出来事とはならなかった。しかし康子の中に「オペラ歌手としてやっていけるかもしれない」という自信を与えた。少しずつではあるが、国際的に活躍する康子の歩みが始まろうとしたところであった。

スカラ座における《蝶々夫人》の上演史を記した書籍。マリア・カラスなどとともに林康子の舞台写真も大きく掲載されている。林康子が出演した 1972 年、1978 年、そして 1985 年の三つのエディションの舞台を知ることができる。

◆世界への扉を拓いたロッシーニコンクール

ロッシーニ生誕百八十年記念コンクール

三月に《蝶々夫人》でスカラ座デビューを飾った康子に、この年もう一つの重要な出来事が訪れる。六月から十月にかけて開催されたイタリア放送（ＲＡＩ）主催の「ロッシーニコンクール」である。これは前年に開催されて大評判を呼んだ「ヴェルディコンクール」の後を受けて開催されたものであった。「ヴェルディコンクール」はテレビ放映され、ソプラノ部門で優勝したリッチャレッリが一躍スター歌手の仲間入りをして、ヨーロッパ中で一挙に評判となったものである。「ヴェルディコンクール」はイタリア国内コンクールの形をとっていたが、今回の「ロッシーニコンクール」は国際コンクールとなって内外の若手歌手たちが参戦した。

イタリア語のタイトルは「ロッシーニの新しい声（ヴォーチェ・ヌオーヴァ・ロッシニアーナ）」というもので、ロッシーニの生誕百八十年記念としての開催であった。そして、今回もイタリア放送によってヨーロッパ全土でテレビ放映されることになっていた。そのうえ第一次予選、第二次予選、そして本選と、三回に分けて行われる選考会はオーケストラ伴奏の公開演奏会の形を取っていた。このように大規模なコンクールはいまだに類を見ないものであった。このコンクールはイタリア放送のテレビ放映のために、七二年の六月から秋にかけて、一次審査が二回、二次審査が二回、そして本選と、五回にもわたる一般公開の演奏会形式で、ＲＡＩアウディトーリウムでミラノＲＡＩ専属のオーケストラ伴奏のもとに録画された。放映されたのは七二年の年末からであった。イタリア国営放送ではゴールデンタイムでの放送をするという力の入れようで、イタリア放送傘下にある週刊誌「ラジオ・コッリエーレ」が宣伝に一役買い、イタリア中を巻き込むほどの期待を集めるコンクールとなったのである。

一次予選

審査員にはメゾソプラノのジュリエッタ・シミオナート、バスのニコラ・ロッシ・レメーニ、ソプラノのマファルダ・ファーヴェロといった往年の名歌手や、音楽評論家のグワレルフィ、当時イタリア音楽界の重鎮であった作曲家のルチアーノ・シャイーなどが名を連ねていた。シャイーは、若手指揮者の中で最も将来を嘱望されていたリッカルド・シャイーの父親であり、審査委員長をつとめた。指揮はベテランのラ・ローザ・パローディであった。ヨーロッパをはじめアメリカからもエージェントが駆けつけるという状況の「ロッシーニコンクール」は、こうして幕を開けた。

康子はというと、実はロッシーニのアリアで勉強したことがあるのは《ウィリアム・テル》でヒロインが歌う『暗い森』だけであった。日本にいた当時ソプラノリリコないしはリリコスピントといった、どちらかといえば重めの声のレパートリーを勉強していたためにロッシーニを勉強する機会には恵まれなかった。グアリーニのもとでの勉強もベッリーニの《夢遊病の女》や《清教徒》、ドニゼッティの《ルチア》などが中心でロッシーニはまだ手がけていなかった。しかし、グアリーニの勧めでコンクールへの出場を決めた。そして、第一次予選のために選んだ曲は《セビリャの理髪師》からロジーナが歌うアリア『今の歌声は』であった。一か月後に迫った予選会のために、スカラ座のエンツァ・フェッラーリとグアリーニのもとで準備を重ねてコンクールに臨んだ。康子にとっては初めてのアジリタを駆使したロッシーニのアリアとあって、一か月足らずで仕上げるのは至難の業であったが、カラスのレコードを何度も聴きながら必死の思いで仕上げたという。その結果は予想を超える評価を受けることになった。まだ第一次予選であるにもかかわらず、人気を誇る放送雑誌「ラジオ・コッリエーレ」に取りあげられた。評論家マリオ・ドッティの記事を引用しよう。

「ヤスコ・ハヤシが『今の歌声は』を歌った時、観客は割れるような拍手を送った。ヤスコ・ハヤシはリッチャレッリがヴェルディコンクールで優勝した時のように幸運にも優勝するかもしれない。優勝の見込みがあるのはメゾソプラノのルチア・ヴァレンティーニ、ソプラノではルーマニアから参加のマリアーナ・ニコレスクか日本人のハヤシだろう」

■シエーナでの不運と幸運

第一次予選でその歌声をヨーロッパ中に聞かせた康子は、その時期プロ歌手としての歩み

1972年〈ロッシーニコンクール〉一次予選

を始めていた。第二次予選までの間に、シエーナでのストラヴィンスキー《道楽者のなりゆき》のオーディションと練習、スペインのエルダでの《蝶々夫人》公演が入っていた。さらに暮れにはいよいよスペイン第一のオペラハウス、バルセロナのリセオ大劇場へのデビューも決定していた。

シエーナでの《道楽者のなりゆき》は、指揮者のブルーノ・バルトレッティから直接声をかけられての参加であった。後にバルトレッティが語ったことによると、オーディションで康子の声がベルカントオペラを歌うのに相応しいと見抜いたという。実はこの少し前、ローマ歌劇場でレイラ・ゲンチャー主演による《アンナ・ボレーナ》が公演された。「あと一か月早くヤスコの声を聴いていたなら、歌わせるチャンスがあったのに」と残念がっていたという。バルトレッティはシエーナでの演目以上に、康子にはベルカント歌手としての未来が開けていると予見していたようである。さてこのシエーナ公演合格のチャンスは、康子にとって小さな不運と大きな幸運とをもたらした。不運というのは結局シエーナの舞台には乗れなかったこと、幸運というのは夫となる男性との出会いである。

このプロダクションには将来を嘱望される若い歌い手たちがキャスティングされていた。その中にローマからやってきた若いバス歌手がいた。それがジャンニコラ・ピリウッチで康子の伴侶となる人物である。七二年七月のことであった。

ジャンニコラはイタリア人の父とロシア系イタリア人の母との間に生まれた若いバス歌手

で、当時まだ三十歳を越えたばかりの、将来を嘱望されていた新進オペラ歌手であった。現在まで数えきれないほどの名歌手を輩出しているスポレートのコンクールで、ローマ大学法学部卒業後、若干二十三歳にして優勝を勝ち取った逸材で、早くからオペラ界にデビューし、歌手としては康子よりも十年も先輩であった。当初二人の間には、全く恋愛感情はなかったという。

康子は指揮者バルトレッティから直接に参加を呼びかけられたことから、当然のことながらヒロインを歌うつもりでやってきた。ところがふたを開けてみると、康子が受けたオーディションの前に決まっていたというソプラノがアメリカからやってきていた。彼女もまたバルトレッティから参加を呼びかけられたもので、後から判明したことであるが、すでに初日組にキャスティングが約束されていた。この若いアメリカ人ソプラノの名はレッラ・クーベルリといった。彼女もその後イタリアオペラ界で活躍するようになる。二人とも舞台に立つつもりで稽古に入ったが、実際には稽古のほとんどをクーベルリがやる状況になった。これはシエーナのプロダクションの問題もあって、もしかしたら二組目の公演は実現しないかもしれないという噂が流れ始めていたからである。このようなことは小さなフェスティヴァルなどでは時折起こることで、康子の交わした契約書には、そのようなことは全く明記されていなかった。クーベルリや共演者たちが稽古を続ける間、康子はクーベルリの後ろに立って、彼らと同じ立ち稽古を黙々と続けたという。いつ自分に役が回ってきてもいいようにという準備であった。

しかしこれは他の歌手たちには特別なこととして映っていたようである。普通イタリア人ならば黙って稽古を見ているか、あるいは現状に不満を抱いてその場から立ち去るかどちらかするはずであった。ところが康子は、内心では大いなる葛藤があっただろうが、不満の言葉一つ吐くこともなく稽古を続けた。結局この《道楽者のなりゆき》でヒロインのアンを歌ったのはクーベルリであった。

初日組として出演したジャンニコラは稽古中の康子の様子を見て、彼らの常識ではありえない、彼女のただものではない行動に感動すら覚えたという。しかし彼らの間に恋の感情が芽生えるのには、あと数か月待たなければならない。

■スペイン・エルダ
熱狂的な《蝶々夫人》
シエーナでの稽古の間の七月、スペインのアリカンテ地方のエルダで《蝶々夫人》を歌った。この契約は「ロッシーニコンクール」の第一次予選でヨーロッパ中に康子の声が知られる以前から、エージェント、カルロス・カバリエとの間に交わされたものであった。スカラ座での《蝶々夫人》のデビューよりも前に、エルダとバルセロナの契約は交わされていた。カルロス・カバリエは偉大なソプラノ、モンセラート・カバリエの弟で、モンセラートのマネージメントを一手に引き受けていると同時に、多くの歌手を世界中のオペラハウスに送り込んでいた。彼は将来ある新人を発掘することに抜きん出た才能を持っていた。ホセ・カレーラスがその代表であり、康子もその一員に加えられたのである。またこの《蝶々夫人》では、当時リセオ大劇場でコーラスを歌っていたバスのホアン・ポンスがボンゾ役に抜擢されていた。彼もまたカルロス・カバリエによって見出された歌手である。その後ポンスはバリトンに転向し、世界中のオペラハウスで大活躍するまでに成長する。

エルダでの公演は野外で夜十一時開始というもので、大喝采を博した公演が終わってホテルに戻ったのは深夜三時だったという。エルダでは初めて闘牛を観戦したが、血しぶきが噴水のように吹き上げる光景にショックを受けた。これ以後康子が闘牛に足を運ぶことは二度となかった。エルダでの熱狂的ともいえる成功の後、ほとんど睡眠も取れない状態のまま、「ロッシーニコンクール」の二次予選のためにミラノに戻った。

二次予選

ミラノにとんぼ返りした康子は「ロッシーニコンクール」の第二次予選に臨んだ。ここで康子は《セミラーミデ》からヒロインが歌う『美しく麗しい光』を歌った。この曲もまた先の『今の歌声は』と同じく、グアリーニのもとで大急ぎで仕上げた曲であった。しかし評価は素晴らしいもので、見事ファイナルに勝ち進んだのである。この時、康子のコンディションが本調子ではなかったことは当の本人しか知らないことであった。

この秋ミラノでジャンニコラとの再会を果たした。ジャンニコラがピッコラ・スカラ座でのモンテヴェルディの《ウリッセの帰還》に出演するためにミラノを訪れることになっていた。康子のミラノのアパートには同じ階に良心的なペンション（廉価なホテル）があり、ジャンニコラは康子からの紹介で、ミラノでの稽古の間そこに滞在することになった。二人が恋愛感情を持つのはこの頃からである。これ以降二人は互いにキャリアを積み重ねながら愛を育んでいくことになる。

ロッシーニコンクール優勝

ファン投票でも一位獲得

「ロッシーニコンクール」の本選は十月十九日に開催された。主催者であるイタリア放送からの要望で振り袖を着て出演した康子は、《ウィリアム・テル》からマティルデのアリア『暗い森』を歌った。この曲だけは以前に勉強していたものであった。そして見事ソプラノ部門で優勝を勝ち取った。メゾソプラノ部門ではルチア・ヴァレンティーニ（彼女は後に二枚目俳優のアルベルト・テラーニと結婚してルチア・ヴァレンティーニ・テラーニとして、康子と同様に世界中で活躍することになる）が、テノール部門では後に声楽教師および歌手のためのエージェントを立ち上げて世界のオペラ界で活動することになるペルー人のエルネスト・パラシオ（ロッシーニ歌いとして大活躍し、教師として現在の人気テノール、ホアン＝ディエーゴ・フローレスを育てる）が、バリトン及びバス部門ではジョルジョ・ガッティが優勝した。またソプラノ部門で第二位を獲得したマリアーナ・ニコレスクもその後大きなキャリアを積むことになった。

このコンクールの最中、康子は初めて偉大なるメゾソプラノ、ジュリエッタ・シミオナートの知己を得る。イタリア放送のメイク室での偶然の出会いであった。一緒に並んでメークをしてもらいながら、シミオナートは何かと優しく言葉をかけてくれた。彼女は審査員の一人であったから、当然のことながら歌のできなどについては語ることはなかった。しかし後に耳にしたところによると、シミオナートはコンクールの初めから、ソプラノで優勝するのは康子以外にはあり得ないだろうと言っていたという。

ヨーロッパ中に広まった「ヤスコ・ハヤシ」

このコンクールの模様は七二年の暮れから翌七三年の一月にかけて五回にわたってヨーロッパ中で放映され、新聞、雑誌などで数多く取り上げられた。そこでは必ず康子の名前が「林の中の平安」という意味であると紹介され、日本語の漢字が必ず意味を持つということが、イタリアの一般大衆にも広く知られるきっかけとなった。また記事の中には、康子の実の父親が第二次世界大戦で戦死した特攻隊員であったことから「戦争の英雄の娘」と紹介した記事もあった。ともかく康子にとっては初めて国際的に知られることになったわけである。

イタリア放送の週刊誌の「ラジオ・コッリエーレ」に挟み込まれたハガキによる人気投票

でも、全国で二万票以上という驚異的な得票数で、イタリア人のルチア・ヴァレンティーニをはるかに凌ぐ圧倒的な人気を獲得した。「ラジオ・コッリエーレ」の表紙を和服姿で飾り、テレビにも出演して一挙に「ヤスコ・ハヤシ」の名がヨーロッパ中に広まった。

〔回想〕

ピッコラ・スカラ座で《秘密の結婚》を、そしてスタンバイをしながらスカラ座で《蝶々夫人》を歌った後、六月には「ロッシーニコンクール」が控えていました。シエーナでの《道楽者のなりゆき》も勉強しなければいけなかったし、コンクールで歌う曲も新たに準備しなければなりませんでした。『今の歌声は』は、一か月で仕上げたものでした。

「ロッシーニコンクール」の優勝は、まさに一夜にして運命が変わったというような出来事でした。ミラノのごく一部のオペラファンにしか知られていなかった私の名前がヨーロッパやアメリカでも知られるようになったのです。一時は新聞や雑誌の取材に追いまくられるような状況でした。それに加えて、このコンクール以前にカルロス・カバリエさんに見出されていたことで、スペインでの仕事も開始できていたのです。

それから十年も後になってからのことですが、一九八三年四月、ジェノヴァで《コシ・ファン・トゥッテ》に出演した時、共演の新進テノールから「ロッシーニコンクー

1972 年ロッシーニコンクール優勝、ラジオ・コッリエーレ誌の表紙を飾った林康子

ルであなたの歌を聴いて僕もオペラ歌手になろうと決意しました」と言われたことがあります。その若いテノールというのは、その後ロッシーニテノールとして世界中で活躍することになるウィリアム・マテウッツィさんです。

■アラガルとの共演

前代未聞の《三部作》

ロッシーニコンクールの優勝後（TVでの放送前）に、康子はスカラ座に続いて世界的な大劇場に登場する。スペインのバルセロナにあるリセオ大劇場である。この公演もカルロス・カバリエとの契約によるもので、演目は《蝶々夫人》であった。共演は当時世界中で大人気を博していたスペイン人テノール、ジャコモ・アラガル。先のスカラ座での《蝶々夫人》でアラガルは、初日のガブリエッラ・トゥッチの相手役であった。アンダースタディとしての役目を負っていた康子は、アラガルとも何度も稽古を重ねていた。再会はとても嬉しいもので、また息もぴったり合うものとなった。容姿にも恵まれていたアラガルはとびきりの美声の持ち主で、声さえ出せば聴くものに感動を与えた。一九六四年に《ラ・ボエーム》でスカラ座に登場して以来、《リゴレット》や《ルチア》でも大絶賛を博していた。当時最も将来を嘱望されていた美男テノールであった。バルセロナの《蝶々夫人》は大評判となり、その後のスペインでの公演が約束されるきっかけとなった。

1972 年、スペイン・バルセロナ・リセオ大劇場《蝶々夫人》共演：ジャコモ・アラガル

バルセロナではとても面白い体験もしている。《蝶々夫人》とちょうど同じ時期にリセオ大劇場では、プッチーニの《三部作》が舞台にかけられていた。ところがある晩、《修道女アンジェリカ》に出演中のリッチャレッリが急病となり、その晩だけ康子に出演依頼が来た。《修道女アンジェリカ》での出演ではない。ご承知の通り《三部作》というのは《外套》《修道女アンジェリカ》《ジャンニ・スキッキ》という三つの一幕ものオペラで構成されている。それを急遽《外套》《蝶々夫人第二幕》《ジャンニ・スキッキ》という前代未聞の構成で上演したのである。

ここで康子は初めて指揮者アントン・グアダーニョと出会った。それ以来グアダーニョは康子の最も敬愛する指揮者の一人となり、その後、数多くのオペラやレコード制作で共演することになる。

［回想］

アラガルさんは本当に素晴らしい声の持ち主でした。二重唱を歌っていると、こちらも同じ倍音で共鳴し合っているような感じでした。あのような体験はアラガルさんと歌った時以外にはありません。その時には楽々と歌っていたのですが、彼は常に「これでいいのだろうか」と自問自答していたようです。私たちが想像する以上にテノールというのは大変なようです。アラガルさんがまだまだ歌える時期に引退したのはつくづく残念です。沢山のテノールと共演してきましたが、声を聴くだけで感動させるテノールを、未だに知りません。

婚約

このバルセロナでの《蝶々夫人》の時、ホテルに香り高いオレンジ色のきれいな薔薇が届けられました。ジャンニがミラノから贈ってくれたのです。ジャンニからお花をもらったのはそれが最初でした。もっとも最後でもあったんですけれど（笑）。彼の写真を持って楽屋入りしたんですよ。《蝶々夫人》を終え、年が明けた七三年正月の三日に私たちは婚約しました。

1979年イタリア・ミラノ・スカラ座
《道楽者のなりゆき》

1985年～ 1986年ミラノ・スカラ座
《蝶々夫人》ポスター

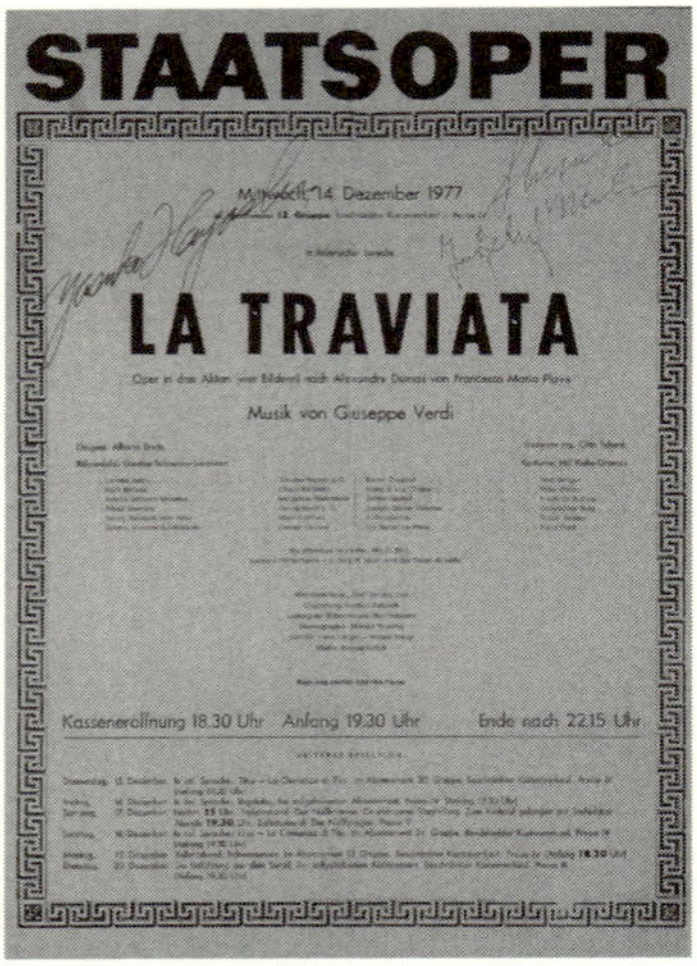

1977年オーストリア・ウィーン国立
歌劇場《椿姫》のポスター

1979年イタリア・ミラノ・スカラ座《二
人のフォスカリ》

TEATRO ALLA SCALA

第2章 世界で歌う

一九七三年

■フィレンツェ歌劇場デビュー《道楽者のなりゆき》

いよいよ、ヨーロッパ中に知れわたった康子の本格的な活躍が始まる。

まず一月、フィレンツェ歌劇場でストラヴィンスキーの《道楽者のなりゆき》に出演する。これは先のシエーナのプロダクションをそのまま持ってきたものであるが、ようやく康子に出番が回ってきた。康子以外は指揮のブルーノ・バルトレッティ以下シエーナと同じキャストで上演され、婚約中のジャンニコラと初めて共演することになった。

バルトレッティはすでにシエーナでの康子を聴いて、まだ無名だったこのソプラノが大変な実力の持ち主であることに気づいていた。フィレンツェ滞在中のある日、この秋シカゴで上演されることになっている《マリア・ストゥアルダ》で、モンセラート・カバリエのスタンバイの依頼が舞い込んできた。当時シカゴのリリック・オペラの音楽監督をつとめていたのは、往年の名ソプラノ、マリア・カニーリアの夫であるマエストロ・ピーノ・ドナーティであった。バルトレッティと共に康子のもとを訪れたドナーティは、全公演がカバリエの出演で契約がなされているものの、しばしば彼女が出演を突然にキャンセルすることがある事実から、康子にスタンバイとして契約してくれるよう頼み込んだ。康子の実力が認められ始めていた頃で、康子は尊敬するカバリエの側で多くのことを勉強できるかも知れないとは思いながらも、アメリカデビューがスタンバイから始まるということに、いささか不名誉なことだという思いを消すことができなかった。しかしドナーティとバルトレッティの余りにも熱心な説得に、最終的にこの仕事を引き受けることにした。

■ＲＡＩ《放蕩息子》と《ロッカアッズッラの二人の男爵》

フィレンツェの公演後に非常に珍しいオペラへの出演が続いていく。

ミラノのＲＡＩ（イタリア放送）でラジオ用にドビュッシーの《放蕩息子》を、当時アメリカを代表するトーマス・シッパーズの指揮で歌い、続いてナポリのＲＡＩスタジオでチマローザの《ロッカアッズッラの二人の男爵》を録音した。

以後、康子はＲＡＩで数々の業績を残すことになる。

■ロンドン・ロイヤル・フェスティヴァル・ホール《ユダヤの女》

そして三月、いよいよ康子のキャリアを運命づけた重要な公演が訪れる。ロンドンのロイヤル・フェスティヴァル・ホールで演奏会形式によって上演されたアレヴィの《ユダヤの女》である。一八五三年にパリで初演されたこの五幕物のオペラは傑作としての評価を受けながらも、主役のエレアザールを歌えるテノールが滅多に見つからないということで上演回数に恵まれないオペラであった。今回はユダヤ系アメリカ人であるリチャード・タッカーのたっての希望で実現した公演で、指揮にはアントン・グアダーニョが決まっていた。

この話は、カルロス・カバリエがいかに康子を信頼していたかを示すものである。ミラノに滞在していた彼が「ロッシーニコンクール」の第一次予選の直後、分厚いスコアを携え、直接グアリーニの自宅を訪れて持ってきたものであった。大ベテラン、タッカーとの共演、そのうえオペラでは重要な都市であるロンドンでの公演ということで、ギャラは安いけれどもぜひやらないかとグアリーニと康子に勧めた。

当初、康子はフランス語の演奏であるし、いきなり大歌手タッカーとの共演、オペラ公演の舞台ではなく演奏会形式だということで若干躊躇した。しかし引き受けて正解であった。出演が決定してからは準備に追われる毎日となった。フランス語は大学時代にちょっとかじった程度であったし、何よりも康子が歌うヒロインのラシェルはドラマティックなタイトルロールであり、アジリタを含む至難な役柄であると同時に、オペラ全体がラシェルという役に支えられていると言ってもいいほどの重要な役柄であった。

オペラ歌手は、劇場で指揮者と顔合わせをする時点では、すでにそのオペラの勉強は完全に済ませて暗譜しておかなければならない。初めてのオペラともなると、その準備は全て自己責任であり、オペラに相応しい教師を探して勉強するのである。もちろんその費用は自分で持たなければならない。この時期の康子は、いくつかの新しいオペラを同時進行で準備しなければならない状態であった。このような状況は、その後数年にわたって続いていく。

フランス語の猛勉強

《ユダヤの女》の準備のために、フランス語にも堪能なシルヴィオ・デ・フランチェスコというコレペティトーレのもとに通うことになった。デ・フランチェスコは第二次世界大戦後のイタリアオペラ全盛期にスカラ座でコレペティトーレをつとめていたピアニストで、レッスン室のピアノの上には舞台衣装を着たマリア・カラスとのツーショット写真が常に飾られていた。彼は非常に厳しい教師で、ベテラン歌手に対しても容赦なく怒鳴り声をあげるほどであったが、その指導はきめ細やかでかつ正確無比、これ以降康子はほとんどのオペラの準備をデ・フランチェスコとすることになる。

猛勉強のかいあって、ロンドンでの最初のリハーサルでは、フランス語のディクションの先生から「一体どうやってこの素晴らしいフランス語を習ったのか」と驚きを込めたお褒めの言葉をかけられたという。それが自信にも繋がったのだろう。ロイヤル・フェスティヴァル・ホールでの本番は大成功を収め、同時中継として全イギリスでラジオ放送された。翌日の新聞評ではタッカーにひけを取らないほどのスペースを割いて、新たなソプラノの出現と成功とを伝えた。この公演は現在でもＣＤ化されていて聴くことができる。

リチャード・タッカー

アメリカ出身のテノール、リチャード・タッカーは一九一四年にニューヨークで生まれ、四五年にメトロポリタン歌劇場でオペラデビューをした歴史的な大歌手であった。ちなみに四七年にマリア・カラスがヴェローナでイタリアデビューを果たしたポンキエッリの《ラ・ジョコンダ》では相手役のエンツォを歌っている。またトスカニーニにも認められて共演している。まだ無名ともいうべき康子の相手役は、このような国際的なスターであった。余談になるが、タッカーはこの演奏会の成功によって、長年希望してきたメトロポリタン歌劇場での《ユダヤの女》上演の出演契約を結ぶのだが、残念なことにその二年後（一九七五年）、公演の実現を目前にしてこの世を去っている。

世界的エージェント、ゴルリンスキーとの契約

ロンドンでの《ユダヤの女》での成功は、国際的に重要なプロダクションであったこととはまた別に、康子にとって大きな転機ともなるものだった。それは世界的な音楽エージェントであるゴルリンスキーの事務所との出会いがあったからである。ゴルリンスキーといえばロンドンに事務所を構え、かつてはマリア・カラスやバレエの大スター、ルドルフ・ヌレエフのエージェントでもあり、この時期にはミレッラ・フレーニ、マリア・キアーラ、ピエロ・カプッチッリ、ニコライ・ギャウロフ、リッカルド・ムーティなどオペラ界の大スターたちを抱えた、世界中のオペラ界を牛耳る第一級の音楽事務所であった。《ユダヤの女》の公演に、ゴルリンスキー事務所の第一秘書のヘルガ・シュミットが偶然に聴きにきていた。この女性秘書は康子の歌を聴くなりその声と実力を認め、すぐにでもゴルリンスキー事務所と契約することを勧めた。

これまでカルロス・カバリエから仕事の紹介を得ていた康子は、カバリエとゴルリンスキーとの間で相当悩んだらしい。しかし、カバリエとは正式に所属契約を結んでいたわけではなかったことから、結果的に世界一ともいえるゴルリンスキーのもとに所属することを決意した。カバリエは自分との契約を続けるようにと粘り強く説得した。康子としては両方のエージェントのもとで歌って行きたいと考えていたが、それは実際には不可能であった。このことでカバリエがかなり気を悪くしたのではないかと、その後長い間康子は気に病んだという。確かにカルロス・カバリエは康子の実力をいち早く認めてくれた人物ではあったが、彼の事務所は世界的に活動するエージェントは如何に強力な力を持っているかで価値が決まる。確かにカルロス・カバリエは康子の実力をいち早く認めてくれた人物ではあったが、彼の事務所は世界的な進出という意味では一歩遅れを取っていたのも事実であった。事務所自体が姉モンセラートのために動くことが第一義であった。康子にとってもバルセロナの《蝶々夫人》とこの《ユダヤの女》の二つのみが重要な公演であったし、今後のことがどれだけ期待できるかも未知数であった。それに加えゴルリンスキー事務所の提示はカバリエ事務所と違って、第一級歌手としての扱いが保証されたものだったのである。シュミットをマネージャーに持ったことで、この後コヴェント・ガーデン王立歌劇場への五年連続出演、そしてドイツ語圏、アメリカ、フランス、南アフリカと、世界に広がる活躍が実現するのである。

［回想］

ロンドンでの《ユダヤの女》は、大きな挑戦でした。大曲であるうえに初めてのフランス語のオペラでした。ヒロインのラシェルはとても難しい役だったのです。出演が決まると、グアリーニ先生のご紹介でデ・フランチェスコ先生についてフランス語での歌唱を猛勉強したのですが、一語一語止められて修正され、それはもう大変でした。肩はコチコチに凝り、先生のお宅に通う電車の中でむかむかと吐き気がして気分が悪くなることも度々でした。ギャラもみんなレッスン代に消えたのではないかしら。それほど一生懸命でした。でもそのおかげで、ロンドンでのリハーサルで立ち合ったフランス語のディクションの先生から「あなたのフランス語はパーフェクト。どうやって勉強したの?」と褒めていただきました。その言葉でどっと肩の荷がおりた感じで、自信を持ってのびのびと歌うことができました。

ゴルリンスキー事務所のヘルガ・シュミットさんと出会ったことは、その後の私のキャリアにとって、とても大きなことでした。この出会いがなければ私はまた違ったキャリアを歩んだかも知れません。ゴルリンスキー所属になって私のキャリアも、そしてギャラも国際的な歌手として扱ってもらえるようになりました。私を引っ張ってくださったシュミットさんは、二年後、コヴェント・ガーデン王立歌劇場の芸術監督になられるほどの方だったのです。そのような方に認められたのが幸運でした。オペラ歌手として成功するには、実力もさることながら自分を押し出してくれる人との出会いも重要です。私は本当にラッキーでした。私の歌を指導して下さったグアリーニ先生、デ・フランチェスコ先生、そしてキャリア初期に重要なチャンスを与えて下さったカルロス・カバリエさんへの感謝は今もずっと心に持ち続けています。

あわただしい結婚式

婚約した私たちは仕事の合間を縫って、三月に日本へ帰国して、母方の叔父の尽力で千葉県にある美しいゴルフ場のホテルで結婚式を挙げることになっていました。柴田先生はじめ二期会の諸先生方もお招きして、招待状も出していたのです。ところが日本への出発の一週間前にジャンニの弟が自動車事故に見舞われ、頭蓋骨骨折という大怪我を負ってしまったのです。生死の境をさ迷うという状態でした。当然のことながら、こんな状況の中でジャンニが日本に行けるわけがありません。私自身、この結婚を進めるべきかどうか悩みました。もしかして弟の命が助かったとしても、これから先ジャンニがたった一人の弟の面倒を一生見なければならない状況になるかも知れなかったからです。私たち二人の人生も、ようやくキャリアを始めたばかりで、先のことなど何もわからない状態だったのです。

ところが意識朦朧としていた弟が、十日ばかり経った頃に平静を取り戻しました。そして彼が全快してギプスをはずしたその日、ジャンニの両親の家の近くにあるロシア正教の教会で、親戚、二人の友人、ミラノからお招きしたグアリーニ先生という数人の出席者だけで私たちは結婚式を挙げたのです。七三年六月十四日のことでした。

実はこの前日、私はミラノでテレビ録画のコンサートがありました。くたくたに疲れ果ててローマに着き、ぼんやりした状態での結婚式となってしまいました。そんな顔の私が結婚式の写真に残っています。当初の予定通り日本で結婚式ができたならもっと素晴らしかったただろうにとか、着物姿で式を挙げたかったとかいろいろ思う所はありましたが、何よりも生死の境を彷徨った弟が全快したこと、それが一番でした。出会ってから十一か月目のゴールインという、忙しい中でのスピード結婚でした。

ジャンニコラと香川に住む家族は会ったこともなかった。結婚はすべて康子の意思ひとつで決めたことであった。当初母親は大変心配し、康子を、永久にイタリアに取られると取り乱したほどであったという。母親は電話で康子に「一人で帰っておいで」などと、幾度となく訴えたらしい。康子は柴田睦陸と電話で話すよう母親を説得した。柴田は心配する母親に「ヤッコが選んで決めたのだから信じてあげなさい」と諭し、恩師のその言葉で母親は落ち着きを取り戻したという。そして翌年十一月、妊娠休暇を利用して帰国し、両親にジャンニコラを紹介する。彼の温厚な人柄に母親は安心して、ようやく両親からの温かな祝福を受けることができた。

この帰国中に、ちょうど来日したマリア・カラスとディ・ステファノを大阪空港に出迎えたのは前述の通りである。

■フェニーチェ歌劇場デビュー

《聖セバスティアンの殉教》／《皇帝ティトゥスの慈悲》

ローマでのあわただしい結婚式を終えると新婚生活に浸る間もなくすぐにヴェネツィアに移動した。フェニーチェ歌劇場で二つの新しいレパートリーへの出演が待っていた。このヴェネツィア行が実質的な新婚旅行であった。

ヴェネツィアでの最初の作品はドビュッシーの劇音楽《聖セバスティアンの殉教》で、ジョルジュ・プレートルの指揮。続いてはオペラで、チャールズ・マッケラス指揮によるモーツァルトの《皇帝ティトゥスの慈悲》でセルヴィリアを歌い、伝統ある美しいフェニーチェ歌劇場のデビューを飾った。

■シカゴ《マリア・ストゥアルダ》

モンセラート・カバリエとの出会い

秋は重要な出来事が重なっていく。まず、十月はシカゴ・リリック・オペラでの《マリア・ストゥアルダ》。これはカバリエのスタンバイとしての契約であった。しかし、スタンバイとはいえ、この公演にはいろいろな思いで胸が膨らんでいた。ドニゼッティの作品群の中でも「女王三部作（《アンナ・ボレーナ》《マリア・ストゥアルダ》《ロベルト・デヴリュー》

の三作品を指す)」といわれるオペラでのデビュー、憧れの大歌手カバリエに接すること、初めてのアメリカの劇場での経験。英語圏でどれほどの実力が出せるかわからないものの、ある種の期待を持ってこのスタンバイの仕事を引き受けたものだった。先にも記したように、歌える保証もないような状況でアメリカへ行くのは実は余り気が進まなかった。しかしモンセラート・カバリエに接することができるという魅力は大きかった。康子はこのチャンスに賭けてみることにした。

当時モンセラート・カバリエは、マリア・カラス引退後のオペラ界では圧倒的なベルカントの女王として君臨していた。九月に始まったシカゴでのリハーサルにはカバリエの姿はなく、全てのリハーサル、オーケストラとの稽古も康子がつとめたのである。

カバリエはゲネプロ(本番そのままに行われる最終的なドレスリハーサル)の前日にシカゴに到着した。空港から直接劇場入りしたカバリエは化粧っ気もなく、普段着のような出で立ちで、屈託のない太った普通のおばさんといった感じであった、初めて間近に接した康子は想像とのギャップに少しばかり驚かされたという。本番でのコンディションは今ひとつだったようだが、批評と聴衆の熱狂は大変なものであった。三回目の公演が終わった時である。カバリエが康子に「練習をやってくれてありがとう」と話しかけてきた。それまではカバリエの余りに大きな存在に、まともに話しかけることもできないでいたのだ。康子が、弟のカルロス・カバリエのもとで仕事をしていたことを告げると、カバリエは大変喜んだ様子

1973年アメリカ・シカゴ・リリック・オペラ《マリア・ストゥアルダ》

で康子に耳打ちをした。

「私はもしかしたらこの次の公演は歌わないかもしれないから、準備しておきなさいね」と。そしてバルセロナの守護聖人の御絵のお守りをプレゼントしてくれた。実際、翌日にカバリエは飛行機に乗って出発してしまったのであった。こうして康子はカバリエのキャンセルによってアメリカデビューを果たすことになった。カバリエの後だっただけに批評がとても心配だったという。しかし高い評価を得て胸をなで下ろすことになった。

シカゴ・トリビューン紙の批評を引用しておこう。

「カバリエがニューヨークへ発った水曜の夜、我々は小柄な日本人ソプラノ、ヤスコ・ハヤシの鮮烈なデビューを見た。彼女は高い音域まで響く澄んだ声を持つ類い稀なアーティストだ。レナータ・スコットの清らかさと、声を見事に響かせるレオンタイン・プライスの力強さがあり、何より彼女の声には個性がある」

［回想］

シカゴでの《マリア・ストゥアルダ》はバルトレッティ先生からの直接のお話ではあったのですが、スタンバイということもあり、アメリカに行くことには非常に迷いました。十一月のローマ歌劇場オープニングの《泥棒かささぎ》の準備もしなくてはならない時期でしたので大変だったのです。でもカバリエさんの魅力には敵いませんでした。彼女がスカラ座で歌う時には必ず聴きにいくほどの憧れの存在でしたし、彼女に接することができれば学ぶことも多いに違いないと承諾したのです。ゲネプロ以外のすべての稽古をつとめたおかげで、このオペラはすっかり私のものになりました。

演出はジョルジョ・デ・ルッロ先生で、有名な俳優であると同時にイタリアオペラ界では第一人者の演出家でしたが、当時カバリエさんの存在はそれ以上で、この時舞台では大物らしいわがままぶりを発揮しました。第二幕冒頭では城内の幽閉から解放されたストゥアルダが森の中であたりを見廻しながら坂道を小走りで登場するはずでした。リハーサルで私が何回も練習したシーンです。ところが何とゲネプロでは傾斜のついた舞台は外され、森の中なのにお城の中にでも置かれているような豪華な肘掛椅子がでんと置かれ、カバリエさんは平らな道を悠々と登場してその椅子に腰掛けて最初のアリアを歌ったのです。当時のカバリエさんは膝を悪くしていて、演出の要求に従えなかったことがよくあったようです。

演出の意図が全く無視され、デ・ルッロ先生は怒って散々彼女を罵って劇場を去り、イタリアに帰ってしまいました。最終的には結局彼女の言いなりになるしかなかったようです。このことに関しては劇場側も暗黙の了承をしていたようです。というよりも彼女の要求を呑まざるを得なかったのでしょう。当時のカバリエさんの名声と実力というのはそれほどの存在だったのです。

この時にエリザベッタ役で共演したメゾソプラノの個性的で美しいヴィオリカ・コ

ルテッツさんからは、ヨーロッパでの女性の振る舞い方やマナーを妹に接するような態度で親切に教えていただきました。コルテッツさんとはその後何度も共演し、いつも楽しい時を過ごしたことが懐かしく思い出されます。

また、公演の合間に、この時期の主役を務めていた出演者全員がリリック・オペラの総監督であったフォックス夫人のお宅に招かれた折には、食事のテーブルがあのアルフレード・クラウスさんの隣でした。クラウスさんもちょうどこの時期にシカゴで歌っていたのです。尊敬する憧れのクラウスさんと親しくお話できて、まるで夢のようでした。「僕と同じレパートリーがなくて一緒できないのはとても残念ですね」とおっしゃってくださいました。

今も大切にしているカバリエからプレゼントされたお守り

メトロポリタン歌劇場との行き違い

こうして康子はアメリカでの最初の成功を収めた。しかしこのアメリカ旅行では残念な出来事にも見舞われている。シカゴ滞在中にシカゴでの大成功のことを知ったニューヨークのメトロポリタン歌劇場から、シカゴでの最終日の翌日にオーディションをしたいという連絡が入った。康子はとても喜んだのだが、マリア・ストゥアルダという大役を歌った翌日に、ニューヨークに飛びオーディションというのは百パーセントの実力を出せるとはとても思えなかった。また、当時のシカゴの関係者はメトロポリタンとのライバル意識が強く「シカゴに聴きに来ればよいことだ」との助言もあった。康子は、急ぎ電報を打って辞退を伝えた。ところがこの電報がどういうわけか届かず、康子が無断でオーディション会場に現れなかったということになってしまった。疲れていても、声が出なくて歌えなくても、顔だけでも出しておけばよかったととても悔やんだという。

その後メトロポリタン歌劇場からは《ドン・ジョヴァンニ》と《ラ・ボエーム》のオファーを受けたこともあったが、スケジュールの都合で引き受けることができず、結局、メトロポリタン歌劇場との縁は最後までないままで終わってしまった。あのとき電報ではなくて電話で連絡すればよかったと、悔やんでも悔やみきれない思いを長い間引きずっていたという。

■ローマ歌劇場シーズンオープニング

《泥棒かささぎ》の現代蘇演

シカゴからミラノへ戻った康子はすぐにローマへ飛ぶ。十一月二十四日に予定されているローマ歌劇場のシーズンオープニングでロッシーニの非常に珍しい《泥棒かささぎ》に出演するためである。このオペラは一八一七年にスカラ座で初演され十九世紀には大いなる人気を博したけれども、二十世紀に入ってからは全く忘れ去られてしまったものであった。一九六五年にバルトレッティの指揮によってフィレンツェでたった一回上演された記録があるのみであった。ロッシーニ研究の権威でもある指揮者アルベルト・ゼッダが古いいくつかの版を調査し長い歳月をかけてようやく校訂版を作り上げ、ローマでの公演はその初めての上演となった。

《泥棒かささぎ》の百五十年ぶりの本格的な現代蘇演にあたってヒロインには、当初はテレサ・ベルガンサに白羽の矢が当てられていたのだが、自分の声には音域が高過ぎるという理由で断っていた。普通、ローマ歌劇場のシーズンオープニングの公演を断わるということは考えられない。ニネッタが如何に至難な役柄であるかを示す興味深いエピソードである。ゼッダは康子を「ロッシーニコンクール」で聴いて大いに注目していた。そしてニネッタ役に抜擢したのである。康子は直接ゼッダから出演依頼の電話を受け取った。首都ローマでのニュープロダクションであるうえにシーズンオープニングの公演、イタリア首相来席も決定

1973年イタリア・ローマ・ローマ歌劇場《泥棒かささぎ》

しているという公演である。上演時間三時間という作品の中で、ニネッタ役には膨大なレチタティーヴォが与えられていたうえに出番が非常に多い役柄で、《ユダヤの女》のときと同様に大変な努力を払って準備した。

共演は「ロッシーニコンクール」のメゾソプラノ部門の優勝者ルチア・ヴァレンティーニ・テラーニである。ヴァレンティーニはコンクール優勝後スカラ座の《ラ・チェネレントラ》で急病のテレサ・ベルガンサに代わって主役を歌い、大成功をおさめていた。

あらゆる意味で全イタリアのオペラ界が注目していた《泥棒かささぎ》は文句のない大成功をおさめた。普段は滅多に遠出をしないグアリーニもローマまでやってきた。康子もまた必死の勉強のかいあって、大好評を得ることになった。そしてその後、ロッシーニ、ベッリーニ、ドニゼッティ等のベルカントオペラのオファーを受けることになる。

完璧なイタリア語

イル・テンポ紙に載せられた高名な音楽評論家ルンギは「イタリアの歌手からではなく日本人のヤスコ・ハヤシから完璧なるイタリア語を聴こうとは予想もしなかった」と評している。

［回想］

ローマの《泥棒かささぎ》は本当に大変でした。長いオペラであるうえにニネッタはとても出番が多く難しいのです。レチタティーヴォは気が遠くなるほどでした。初日はあまりの緊張で気絶しそうな気分を味わったことを今でもよく覚えています。でも無事やりとげられたうえに好評をいただき一安心しました。また、これ以上大変なオペラも滅多に無いだろうと考えると、自信にもなりました。その後何度か《泥棒かささぎ》の出演オファーを受けたのですが、急な依頼だったり、スケジュールが合わなかったりして、この時だけの経験になってしまいました。突然にオファーがあっても「ハイ、わかりました。すぐに行きます」と言って、二つ返事で受けられるオペラではありませんもの。敬愛する大指揮者ジャナンドレア・ガヴァッツェーニ先生から突然オファーがあった時にも、スケジュールが合わずにお引き受けできませんでした。ガヴァッツェーニ先生の指揮でベルカントのこのオペラを歌ってみたかったと心の底から悔やまれてなりません。

［南條年章の回想］

《泥棒かささぎ》の公演はまさに熱狂的ともいえるほどの成功でした。とにかくこんな長大でめずらしいオペラに熱狂する聴衆にもびっくりさせられました。林さんのニネッタは《蝶々夫人》よりも彼女の声に合っていると思いました。そしてアジリタ（コロラトゥーラ）のフレーズの見事なこと。私自身がこの時代のオペラが好きだということもあるのでしょうが、林さんの良さを示すには、ヴェリズモオペラ（プッチーニに代表される十九世紀後半から二十世紀初頭に現れたオペラ）よりも、十九世紀前半の作品の方が相応しいと初めて感じました。

それにしてもイタリアに渡ってほんの三年ほどの間にここまでのキャリアを積むとは、まことに恐ろしい人だと感じたくらいです。

■ローマＲＡＩ

《アルジェのイタリア女》

このあわただしい時期に、ローマのイタリア放送スタジオで、「ロッシーニコンクール」の記念として《アルジェのイタリア女》第一幕を録画し、全国放映されたことも記しておかなければならないだろう。ルチア・ヴァレンティーニ・テラーニのイザベッラ、エルネスト・パラシオのリンドーロ、ジョルジョ・ガッティのタッデーオ、康子はエルヴィーラ役を歌い、テレビ放映された。レコード化もされたが一般発売はされない貴重な記念レコードとなった。

1973年《アルジェのイタリア女》のレコードジャケット

一九七四年

■トリノ王立歌劇場デビュー

《エジプトのモーゼ》

一九七四年は、前年の《泥棒かささぎ》に続いてのロッシーニから始まった。今度はトリノでの《エジプトのモーゼ》である。

かつて一時期イタリアの首都でもあったトリノには、とても美しいオペラハウスがあった。テアトロ・レージョ（王立歌劇場）である。しかし一九三六年に火災で焼失したまま再建がならず、長い間オペラは、演劇なども行われる一般の劇場で上演されていた。この歴史的価値のある街での新たなオペラハウスの建設は、トリノ市民だけではなく、イタリア全土のオペラファンたちの願いでもあった。

王立歌劇場の跡地に新たなオペラ専用の劇場ができたのは一九七三年のことで、新しいテアトロ・レージョは伝統的な馬蹄形の客席ではなく近代的なデザインによるものであった。もちろんイタリアでは最高の設備を誇る劇場となった。この新たな劇場は、それが面する広場から見ると、近代的な建物がどこにあるのかすぐにはわからない。それというのも広場に残された古い外壁をそのままにし、その後ろにオペラハウスが建築されたからである。サヴォイア王家の雰囲気を残す街の味わいを壊すことのない、まことに粋な建築方法であった。

七十三年秋に新装なった柿落し公演はイタリアオペラ界の巨匠ヴィットーリオ・グイの指揮でヴェルディの《シチリア島の夕べの祈り》が上演された。そして、オペラから長い間遠のいていたマリア・カラスがジュゼッペ・ディ・ステファノと共同演出するということで、世界のオペラ界で大変な話題になったばかりであった。しかし、さまざまな事情から演出家としてのマリア・カラスは必ずしも成功を収めることができず、このオペラハウスが意欲的な公演で成果を上げるようになるのは、まだ数シーズンを待たなければならない。康子がこの新しい劇場の舞台に立つのは柿落しの公演の翌年のことであるが、実は先の《シチリア島の夕べの祈り》について、ディ・ステファノから直接、スタンバイのオファーがあったという。しかしその時点で康子には多くの契約がすでに決まっており、トリノでの記念すべきその公演に参加することはできなかった。

激痛の中で

二月、康子はこの新しい劇場に珍しい作品でデビューした。ロッシーニの《エジプトのモーゼ》である。エジプト王妃シナイーデの役で、共演はオッターヴィオ・ガラヴェンタ、ボナルド・ジャイオッティであった。指揮は老練なフランチェスコ・モリナーリ・プラデッリで、非常に歌いやすかったという。このオペラの稽古中に康子は大変な腹痛に見舞われた。原因がわからないままに稽古は進んだが、ゲネプロでは衣装を着ることができないほどの激痛であった。原因不明のまま痛み止めを服用しながら本番を済ませ、公演直後に直ちに入院して

1974年イタリア・トリノ・トリノ王立歌劇場《エジプトのモーゼ》

すぐ手術した。盲腸炎だった。大変な思いをした公演ではあったが、モリナーリ・プラデッリに非常に可愛がられ、公演も大成功のうちに終わった。この公演でロッシーニを歌いこなすことができる歌手として、イタリアオペラ界で確実に認識されたと思われる。

■ヴェネツィア・フェニーチェ歌劇場《蝶々夫人》

手術の経過は良好で、三月にヴェネツィア・フェニーチェ劇場での《蝶々夫人》に出演した。大指揮者オリヴィエロ・デ・ファブリティスのもと、ピンカートンはフランコ・ボニゾッリであった。

そして、康子は、いよいよ世界の大劇場へ足を踏み出すこととなる。五月に上演される《ドン・ジョヴァンニ》で、ロンドンのコヴェント・ガーデン王立歌劇場にデビューすることになっていた。

〔回想〕

新装のトリノ王立歌劇場の杮落し公演として企画された《シチリア島の夕べの祈り》では、実はアンダースタディのお誘いがディ・ステファノ先生からあったのです。でもその時期にはシカゴへ行くことが決定していたし、《泥棒かささぎ》の勉強もしなければならなかったのです。実際《泥棒かささぎ》の歌い込みはシカゴでやりました。《シチリア島の夕べの祈り》は、スカラ座養成所時代の恩師であるディ・ステファノ先生と憧れのマリア・カラスさんの演出、それにスカラ座デビューの折に親しく接してくださったカバイヴァンスカさんの主演ということで、お引き受けできなかったことは身を切るほどに辛く残念でした。カラスさんとは七一年に、サンレモでディ・ステファノ先生を通じてお会いする機会に恵まれましたが、今から思えばカラスさんの近くで親しく接して多くを学ぶ機会を逃してしまったのだと思うと、スケジュール的に無理であったとはいえとても悔やまれます。あんなに早くお亡くなりになるとは思いもしませんでしょう。お引き受けしていれば、私の一生の宝になるような経験になったことでしょうに。

《エジプトのモーゼ》ではモリナーリ・プラデッリ先生の印象が強く残っています。息の取り方や声の使い方など、こちらの技術を的確に捉えて、テンポやフレージングを完璧に合わせてくださるのです。このような指揮者のテクニックは、偉大な指揮者と呼ばれる方々はどなたも備えられているものでした。現在どれだけの指揮者がこの基本的技術を身につけたうえで、そのテクニックを駆使されているのだろうか、と考えさせられます。本当にオペラを振ることのできた指揮者の方々とお仕事ができたことは幸せなことだったと思わずにはいられません。

フェニーチェでの《蝶々夫人》でのボニゾッリさんとは楽しいエピソードがあります。一幕の「愛の二重唱」の最後で、ボニゾッリさんは私を腕に抱えて愛の館に入ってくれたのです。さぞや重かったと思うのですが、何くわぬ顔で毎回抱えてくれたのです。彼は、その素晴らしい歌はもちろんのこと、世界で一番の力持ちのピンカートンでした。

■コヴェント・ガーデンデビュー
《ドン・ジョヴァンニ》

五月、ロンドンのコヴェント・ガーデンにデビューする。前年の《ユダヤの女》の成功でロンドンのオペラファンの間では康子の名は知られていた。《ドン・ジョヴァンニ》のドンナ・アンナは大学院時代に初めて歌った役である。ニコラ・ルッチの三か月にわたる厳格な指導を受けており、康子はかなりの自信を持って公演に臨むことができた。このとき初めて、康子自身は、ドンナ・アンナという役がヨーロッパでは大変な難役として認識されているということを知った。だから、学生時代に苦労したのは当然だったのだ、と思ったという。ルッチの時間をかけた指導を受けたことは計り知れないほどの財産になって康子の中に蓄積していた。ドンナ・アンナはかなりドラマティックな声質が求められると同時にアジリタ（コロラトゥーラ）の技術が必要とされ、当時のヨーロッパでは、この役を十全に歌える歌手を見つけることは難しいとされていた。康子の声質、技術、音楽の傾向がドンナ・アンナに合っていたことは幸運の極みであった。そしてこれ以降ドンナ・アンナは康子の持ち役として二百回を超える回数を歌うことになり、八百回近い公演回数を誇る《蝶々夫人》に次ぐ代表的な役柄となった。

この公演はコヴェント・ガーデンも大きな力を入れていたプロダクションで、当時のイギリスオペラ界を代表する歌手たちが集められていた。タイトルロールにはピーター・グロソップ、レポレッロにリチャード・ヴァン・アラン、ドン・オッターヴィオにスチュアート・バロウズ、ドンナ・エルヴィーラにエリザベス・ハーウッド、ツェルリーナにマルガレート・ネヴィル、そしてマゼットにはロバート・ロイド。指揮はジョン・マトソン、演出はジョン・コプリーで大成功を収めた。この成功によって康子は、世界屈指のこのオペラハウスで五シーズンにわたる連続出演という偉業を成し遂げることになる。

コヴェント・ガーデンへのデビューが《蝶々夫人》ではなく《ドン・ジョヴァンニ》であったことは、康子のその後のキャリアにとっては非常に幸運なことだったといえるだろう。

■フランスデビュー

初めてのヴェルディ《ルイーザ・ミラー》

七月にはロンドンに続いてフランスにもデビューする。毎年夏に開催されるフランス第一の音楽祭として知られる「エクス・アン・プロヴァンス音楽祭」オープニング公演への出演である。演目は《ルイーザ・ミラー》、康子にとって初めてのヴェルディの作品である。

1974年イギリス・ロンドン・コヴェント・ガーデン王立歌劇場《ドン・ジョヴァンニ》

1974 年イギリス・ロンドン・コヴェント・ガーデン王立歌劇場《ドン・ジョヴァンニ》

イタリアの西の国境からモナコを通って地中海沿いに百五十キロほど行くと、フランス第一の港町マルセイユに到達する。そこから少し内陸部に入ったところにあるのが、エクス・アン・プロヴァンスで、コート・ダジュールの美しさに溢れた小さな町である。近郊にはアルルやアヴィニョンといった古い歴史を誇る町々が点在している。この町で開催される音楽祭は全世界にその存在を知られているもので、意欲的なオペラ公演やコンサートを世界に発信していることで有名であった。この特質は現在でも変わっていない。

ある日グアリーニのもとに、すでに出演契約はしていたのだが、エクス・アン・プロヴァンス音楽祭の音楽監督をつとめるレ・フォルから、ヤスコ・ハヤシの声を一度聴きたいのでミラノを訪れたいという連絡が入った。そのため康子はスケジュールの合間をぬって時間を割いた。《ルイーザ・ミラー》以外のアリアを歌ったのだが、康子の歌を聴いたレ・フォルは満足した。

このプロダクションは音楽祭が特に力を入れていたフェスティヴァルのオープニング公演で、当時ストラスブール歌劇場の音楽監督をつとめていたアラン・ロンバールの指揮、ニコラウス・レーンホフ（後に一九八一年のボンの《コシ・ファン・トッテ》も演出した）の演出のもと、オッターヴィオ・ガラヴェンタ、ジャック・マルス、ナディーヌ・ドニーズの共演であった。《ルイーザ・ミラー》を手がけたことで康子のレパートリーはまた広がることとなった。康子にとっては初めてのヴェルディであったが、このベルカントスタイルで書かれ、生粋のベルカント唱法を効果的に使った初期ヴェルディ作品が、ドニゼッティの《マリア・ストゥアルダ》を歌った時同様、何の苦労もなく歌えることを不思議に思ったという。ロッシーニの《泥棒かささぎ》、モーツァルトの《ドン・ジョヴァンニ》、そしてヴェルディの《ルイーザ・ミラー》と、この時期オペラ歌手としての康子の可能性は限りなく広がっていくようであった。

舞台でのハプニング

この《ルイーザ・ミラー》では、滅多にない体験もしている。ある晩の公演での出来事であった。ガラヴェンタとドニーズの二重唱で、演奏は素晴らしいものだったにもかかわらず一人の聴衆がブーイングを発した。それにカッときたガラヴェンタは持っていた剣を振り上げながら舞台から飛び降り、ブーイングを出した観客に詰め寄ったのである。その客はガラヴェンタの剣幕に恐れをなして言った。

「あんたに言ったんじゃない、メゾソプラノに言ったんだ」

それに答えてガラヴェンタは言った。

「彼女は僕よりも素晴らしく歌った。どうしてだ？」

客席は騒然となり公演は中断してしまった。どうやら当初ドニーズの前にキャスティングを予定されていたメゾソプラノのファンが腹いせにブーイングを出したというのが真相だったようである。ブーイングを出した観客とその友人は青くなってそそくさと退場し、その後公演は続行された。この騒ぎのおかげかその後の客席は大いに盛り上がり、公演は大成功に終わったのである。

イタリアやスペイン、あるいは南米などでは時たま見られる光景ではあるが、フランスもやはりラテン系の国であると思わせられる出来事であった。ちなみにブーイングを出されたナディーヌ・ドニーズはその後キャリアを積んで、マルティーヌ・デュピュイと並んでフランスオペラ界屈指のメゾソプラノに成長した。

この公演の最中に音楽監督レ・フォルから次のシーズンにモンセラート・カバリエとの共演でロッシーニの《イギリス女王エリザベッタ》のマティルデ役でのオファーを受けた。しかしこのオペラの詳細を知らず、マティルデ役を単なる添え物的な脇役だと思っていた康子が返事を躊躇しているうちに話は立ち消えになった。二年後にこのオペラの上演は実現するのであるが、康子にはすでにスケジュールが入っていたために新しいレパートリーに加わることはなかった。

指揮者との誤解

フランスオペラ界きっての名指揮者であったロンバールはストラスブール歌劇場での冬のシーズンに《ルイーザ・ミラー》を予定していた。康子を評価したロンバールは、音楽祭終了後しばらくして出演をオファーしてきた。当初康子は喜んで受けるつもりでいたのだが、妊娠してしまった。そのため、出演不可能と判断し、断念せざるを得なくなった。このキャンセルはゴルリンスキー事務所を通してされたのであるが、なぜか、ロンバールは康子のわがままと誤解したらしく、二人の共演は、八七年のカターニャでの《エルナーニ》まで空白となる。康子のキャリアの中ではときどきこのような不運が起きている。メトロポリタン歌劇場のオーディションの時と同様、直接ロンバールと話して承諾を得るべきであったと、康子は後々まで悔やんだと語っている。

［南條年章の回想］

七四年の夏、ヴァカンスを兼ねて林さんの《ルイーザ・ミラー》を聴きにエクス・アン・プロヴァンスへ出かけました。古い館の中庭を利用して上演されるこの音楽祭で林さんは初めてのヴェルディを歌ったわけですが、正直なところ彼女がここまでヴェルディを歌いこなすとは思いもしませんでした。当時の彼女の声は、その後《アイーダ》や《ドン・カルロ》を歌うようになってからのドラマティックなものとは違いました。純然たるベルカントスタイルのリリックな声だったのです。だからプッチーニよりも前期ヴェルディの方が合っているんだろうなと思ったことを記憶しています。八〇年代に入って、よりドラマティックなレパートリーを手がけるようになってからの彼女のヴェルディでは、力強さは申し分ないものの、時折、中間音域でわずかに力づくに感じられるような響きの声が出ることもあるのですが、この《ルイーザ・ミラー》では全くそういう傾向はありませんでした。同じヴェルディでも《ルイーザ・ミラー》や《イル・トロヴァトーレ》のようなベルカントスタイルで書かれたものの方が彼女には相応しいと思いました。

■サンパウロ歌劇場《蝶々夫人》

八月シエーナで、九月ルッカで、ブルーノ・バルトレッティの指揮で《蝶々夫人》を歌い、九月末には初めて南米を訪れた。ブラジルのサンパウロ歌劇場から招聘されての《蝶々夫人》である。妊娠していた康子は出発前に「流産の危険がある」という医者からの忠告を押しての出発であった。公演は熱狂的ともいえるほどの大成功で、多くの日本人移民の人々からも喜んでもらえた。身体の調子も大事に至ることはなく無事舞台をつとめあげたが、サンパウロの街中で売っているフライの匂いがとてもきつく、外に出る度に辛い思いをした。

その後南米では、七六年にベネズエラのカラカス、八二年にチリのサンティアゴ、八四年にアルゼンチンのブエノスアイレスで歌っている。ラテン系の気質に加えて、言葉がわかるからであろうが、聴衆はいつも熱狂的で、いずれの訪問でも康子は第二のイタリアのような気持ちで舞台に臨んだ。発音をわかってくれたうえでの評価に確かな手応えを感じたという。

■ウィーンデビュー

《メフィストーフェレ》

サンパウロから戻った康子は初めてウィーンで歌う。会場はコンツェルトハウス。演奏会形式ではあるものの、とても重要な公演であった。ボーイトのめずらしいオペラ《メフィストーフェレ》で準主役ともいうべきエレナ役での出演であった。タイトルロールに偉大なるニコライ・ギャウロフ、マルゲリータにマリア・キアーラというキャストであった。この準備のために指揮のアルジェオ・クワドリはミラノを訪れ、グアリーニ宅で直接康子に音楽指導を行っている。クワドリとグアリーニが非常に親しかったことも康子に幸いした。ウィーンでの稽古中に康子は、後にも先にもないような体験をした。それは世界一のバス歌手ギャウロフの声を稽古中何度も聞けたことであった。練習をプラテア（下の階）で聞いていると、彼の豊かな低音が、まるでオーケストラの響きのうねりのように、波となって押し寄せ、康子自身の身体が共鳴するという不思議な体験をした。その時の強烈な印象は今でもはっきりと思い出せると語っている。

この公演はラジオ放送のためのもので、当初はレコード録音も企画されていた。しかし共演者の一人が不調を訴えたことから実現には至らなかった。かつてはラジオで放送された音源からの海賊版レコードも出ていたようだが、残念ながらCD化されていない。

■ＢＢＣ放送「クリスマス・ガラ・コンサート」

ジャンニコラを両親に紹介し（122頁）、日本からミラノに戻った康子は、年の暮れに、再びロンドンを訪れることになった。翌七五年一月にコヴェント・ガーデンで上演される《蝶々夫人》に出演するためであった。このリハーサルの期間中に、イギリスＢＢＣ放送が企画したテレビ放送用の演奏会に出演した。サドラーズ・ウェルズ劇場で開催された「クリスマス・ガラ・コンサート」である。この模様はテレビでイギリス全土に実況中継された。バレエの大スター、ルドルフ・ヌレエフも参加した。康子はリムスキー・コルサコフの《金鶏》からのアリアと、テノールのジョルジョ・メリーギとの共演で《蝶々夫人》からの二重唱を歌った。舞台装置がセットされたなかで衣装をつけた映像はＢＢＣには残されているのだろうが、海賊ビデオも出回ることはなかった。フレッシュな康子の声による超絶技巧のアリアが聴けないのはとても残念である。

〔回想〕

ＢＢＣのクリスマス・ガラ・コンサートはとても豪華だったのを覚えています。世界一のダンサー、ヌレエフさんは陽気で茶目っ気たっぷりで、さすがに「大物」と思いました。公演では、全曲ではないものの自分のレパートリーではないハイ・ソプラノのアリア《金鶏》を蝶々さんと同時にライブで歌うことはさすがに難しく、前夜はあまり眠れませんでした。それにしてもＢＢＣが私をこの企画に加えてくれたことを、今では懐かしく、かつ誇りに思っています。

一九七五年

■コヴェント・ガーデン《蝶々夫人》

カレーラスとの共演

一九七五年の新春第一弾の公演となった《蝶々夫人》はホセ・カレーラスとの初共演であった。カレーラスとはその後《愛の妙薬》と《ラ・ボエーム》で共演することになる。当時のカレーラスは康子が優勝した翌年にパルマの国際コンクールで優勝し、イタリアで爆発的な人気を博して、世界的な規模で活躍を始めたところであった。スカラ座への初登場となった《仮面舞踏会》は、このコヴェント・ガーデンでの《蝶々夫人》の直後で、そこから一挙に世界的な人気テノールに成長していく。ちなみに日本でカバリエとチレーアのオペラ《アドリアーナ・ルクヴルール》を歌ったのが七六年である。

コヴェント・ガーデンでは、康子は新進ながらプリマドンナとして破格の扱いを受けた。この《蝶々夫人》は二十五年前から使われているソフィ・ヴェドロヴィッチのデザインによるエディションであったが、康子は自分の衣装と鬘を携えて公演に臨んだ。公演プログラムには「ミセス・ハヤシは自分の衣装を使用する」と明記されている。これは大変な好評を受けた。戦前の三浦環以後、ロンドンの聴衆は本物の日本人による本物の着物を着た蝶々さんに接したことがなかったからである。

1975年イギリス・ロンドン・コヴェント・ガーデン王立歌劇場《蝶々夫人》

1975 年イギリス・ロンドン・コヴェント・ガーデン王立歌劇場《蝶々夫人》

公演は大成功であった。康子が自分の衣装で歌ったにもかかわらず「異国趣味ではない、ひとりの素晴らしい女性としての蝶々夫人」として受け入れられた。

「今夜初めて日本人歌手によって歌われた《蝶々夫人》は、これまでとは趣を異にした興味深い公演でコヴェント・ガーデンの歴史を変えるものとなった。ヤスコ・ハヤシの蝶々さんは気品が保たれた誇り高い女性として描かれ、プッチーニが創造したヒロイン像をも超越している。質の高い声、洗練された落ち着いた態度と聡明さが溢れ、この作品をこれまでのお涙頂戴物から質の高い悲劇に変容させた」

（イブニング・スタンダード紙）

「ヤスコ・ハヤシは可愛らしく優雅に振舞い、満場の聴衆の喝采を浴びた。彼女の声は澄んで力強く、楽々と高い音域にまで達し、『ある晴れた日に』を完璧に歌いこなした。これは人々の記憶に刻まれることであろう」

（ザ・タイムズ紙）

「ついに本物の蝶々さんが登場した。ヤスコ・ハヤシは六か月の身重であるが、全くそれを感じさせずにコヴェント・ガーデンの《蝶々夫人》の歴史を塗り替えた」

（デイリー・メイル紙）

こうして康子は《ドン・ジョヴァンニ》に次いでの成功を手にし、かつまた暮れに上演される新しいプロダクションによる《愛の妙薬》への出演契約を携えてミラノに戻ることになった。

［回想］

カレーラスさんとの《蝶々夫人》は、コヴェント・ガーデンの二度目の出演ということもあり、安心して舞台に臨むことができました。カレーラスさんは「ディ・ステファノ先生の再来」との評判通りの大変な美声の持ち主で、美しいフレージング、とても長いブレスを誇る将来性のあるテノールで、素晴らしいキャリアを築くだろうと思わせるものがありました。おまけに女性の心をとろかせそうな整った顔立ちのハンサムボーイで、この人の横で歌うことができて幸せだと思わせてくれるような存在でした。ただ《蝶々夫人》に関しては、ピンカートンは適役とはいえない部分も散見されました。それまで多くのピンカートンと共演してきたので、声や役の性格からしても彼のレパートリーではないのだろうと感じるところがあったのも事実です。

ジョーン・サザーランドさん

《蝶々夫人》と同時期に、ジョーン・サザーランドさんとアルフレード・クラウスさんによる《椿姫》が舞台にかけられていました。サザーランドさんは華麗な技巧と高音域もたやすく歌うテクニックを持ったソプラノで、コヴェント・ガーデンが育て上げた最も人気のあるプリマドンナのひとりでした。終演後に舞台脇に行ってご挨拶したら、私が《蝶々夫人》を歌っているのをご存じで、同じ歌手仲間として認めてくださったのでしょう。親しくもない私にご自分の声の不調について「以前の私はこんな声で歌ってはいなかったのよ」と告白されたりしました。自分自身に厳しく、謙虚で、正直な方でした。年齢から来る声の衰えを努力によって克服され、一九九〇年に引退されるまで素晴らしい歌手として活躍されたのです。本当に尊敬に値する芸術家です。

アルフレード・クラウスさん

一方クラウスさんは素晴らしい声、発声、発音で、アルフレードを感動的に歌いました。アルフレードにこれほど泣かされたことはありませんでした。サザーランドさんにお祝いを言っていると、彼が舞台の方から口笛を吹きながら戻ってきました。何という余裕なのでしょう。いろいろなテノールを見てきましたが、このような余裕たっぷりのテノールは初めてでした。友人によると、スカラ座で歌うときは必ず、公演の当日でもプールで泳いでから本番に臨んでいたそうです。

コヴェント・ガーデンはとても居心地が良く、働く人々も温かく親切で、それぞれがプロの精神に溢れていました。私が歌った数多くのオペラハウスの中でも突出して尊敬する劇場です。

■ＲＡＩミラノ《小荘厳ミサ》

妊娠後期に入っていた康子は、ロンドンから自宅のあるミラノに戻るとすぐ、イタリア放送企画のロッシーニの《小荘厳ミサ》の演奏会に出演する。スカラ座の合唱指揮を務めていたジュリオ・ベルトラによる指揮であった。康子の声は絶好調ともいえるもので、妊娠による影響は全くなく、康子自身は女性が子供を宿すということがいかに自然の摂理に適合しているか、つくづく感じながら歌ったという。出産休暇に入る前の康子にとって会心のできとなる演奏会となった。

■長男誕生と《蝶々夫人》レコード録音中止

ＲＡＩの演奏会を終えて、五月に予定されていた出産の準備のために、ローマのジャンニコラの実家で夏までの出産休暇に入った。四月十四日に産まれた最初の子供アナトーリオは、予定よりも一か月早い早産ではあったが、元気な男の子であった。

ちょうどこの出産の時期に、実は大変残念なことがあった。一年前、ちょうど出産予定月にあたる五月にフィリップス社で《蝶々夫人》のレコード録音の契約を交わしていた。しかし妊娠がわかった段階ですぐ、この契約を辞退することにした。予定ではシルヴィオ・ヴァルヴィーゾの指揮に、ホセ・カレーラスのピンカートン、ヴィンセンテ・サルディネーロのシャープレスというものであった。康子自身メジャーレーベルでのレコードデビューということで非常に楽しみにしていた。しかし初めての子供を授かるという喜びには代えられなかった。康子はいずれこの企画が復活することを期待していた。しかしレコード録音に契約を交わしていた東欧のオーケストラとフィリップス社との間で折り合いが悪くなったこともあって、フィリップス社でこの録音計画が再び取り上げられることはなかった。

康子に限らず、女性オペラ歌手が妊娠・出産によってそのキャリアの中で大きなチャンスを逃すということはよくあることである。非常に残念な思いを味わったのは確かだが、もしこのレコードデビューが実現していたら日本人であるが故に《蝶々夫人》歌いとしてのレッテルが貼られ、ベルカントスタイルのオペラへの出演が減り、もしかしたら声を駄目にしてその後のキャリアを築けなかったかもしれないと思うようになったという。結果的には良かったのかもしれない。

■ヴェローナ野外劇場デビュー《トゥーランドット》

北イタリアのミラノとヴェネツィアを東西に線を結んだちょうど真ん中くらいに、中世の面影を今に残す美しい街ヴェローナがある。かつてシェークスピアが「舞台は花のヴェローナにて…」と名作『ロミオとジュリエット』で描いた街である。細い道を辿って旧市街の中心部にあるブラ広場に到着すると、目の前に古代ローマ時代の遺跡である石造りの闘技場が現れる。この古代闘技場アレーナを利用して毎夏開催されるのが、日本で「アレーナ音楽祭」という名称で知られる「ヴェローナ・アレーナ・フェスティヴァル」である。第一級のオペラ歌手たちを集めて上演されるこのフェスティヴァルは、世界中から観客が訪れるイタリアオペラ界の名物ともなっている。オペラファンたちにとってはシェークスピアが創造した悲恋の若者たちの街というよりも、劇場でのオペラシーズンがない夏の間、最高のオペラ上演に接することができる貴重な街なのである。

当然ここの舞台で歌うということは歌手たちにとっては非常に名誉なことで、スカラ座の舞台に立つことと同じくらいの価値を持っている。

初役のリュー

七月、康子はこの「アレーナ・ディ・ヴェローナ」にデビューする。長男アナトーリオを出産して三か月後のことである。演目はプッチーニの《トゥーランドット》。康子は初役となる薄幸の女奴隷リューを歌った。

アレーナは二万三千人もを収容する野外劇場である。声量があるだけでは通用しない。マイクなど一切使用しない演奏では、的確な発声によって遠くまで通る声の響きが要求される。このフェスティヴァルで歌うということは、その歌手の実力を試される場でもあった。康子はこの要求を満たした。康子はこの時期まだ出産直後で、暑い夏の太陽のもとでの稽古は充分ではなかったし、必ずしも体調も声も絶好調とはいえない状態であったにもかかわらず、その声は階段状に作られた石造りの客席に反響し、隅々まで響き渡った。指揮者ジュゼッペ・パタネの卓越した指揮に大いに支えられた。

夕暮れが迫る中、開演の合図であるドラの音が鳴り渡ると、階段席の一万数千人の観客が、手にした小さな蠟燭に灯をともし、いい知れない感動を呼び覚ます雰囲気の中、リューの最初のアリア『お聞きください、王子様』を歌った。拍手は大変なものであった。そして第三

1975 年イタリア・ヴェローナ・ヴェローナ野外劇場《トゥーランドット》

幕のアリア『氷のような姫君の心も』でその熱狂は頂点に達した。

アリア『誰も寝てはならぬ』を歌うことで一般にも有名になったダッタンの王子カラフ役にはプラシド・ドミンゴとペドロ・ラヴィルヘンという二人のスペイン人テノールがキャスティングされていた。康子はラヴィルヘンとの舞台に立ったのだが、稽古中のドミンゴはとても気さくであったという。ドミンゴとはその後も共演のチャンスに恵まれなかったが、バルセロナ、マドリッド、あるいはコヴェント・ガーデンで顔を合わせると、いつも気軽に声をかけてくれるような温かい人柄であった。一度などミラノの康子のもとに電話をかけてきて、声楽教師を探している知り合いの日本人のために骨を折って欲しいという依頼をしてきたこともあるという。

アレーナへの出演は決定したものの、子供の世話をしてくれる人がいなくて康子は困っていた。そこに、故郷の香川から初めて母親が渡伊した。母にとっても娘にとっても、どれほどの幸せであったことだろう。母親が観ている中、アレーナ野外劇場の舞台を無事終えた康子は、ミラノにいる愛息のもとに戻り、郷里からはるばる訪れた母の娘として、そして自分自身も幼子の母親として、喜びをかみしめる生活を満喫した。しかし、三か月の滞在を終えて、母親は日本へと発っていった。この時は異国での淋しさをひしひしと感じたという。

［回想］

ドミンゴさん

ヴェローナでの体験ではドミンゴさんのことを是非お話したいと思います。彼の声をすぐ近くで聴くのはこの時が最初でした。その当時はバリトンからテノールに転向したことをうかがわせるような素晴らしい中間音がビンビンと響きわたり、絶頂を感じさせました。七一年のスカラ座デビューであった《エルナーニ》の時の印象とはかなり違っていました。あの時はまだ新進テノールの趣を感じさせる存在だったのに、ヴェローナでのドミンゴさんはすでに堂々たる存在を感じさせるものになっていたのです。いつもグアリーニ先生がおっしゃっていた通り、中間音がしっかり訓練されている歌い手は本物だと納得したものです。ディ・ステファノ先生、カレーラスさん、アラガルさん、ライモンディさん、皆さんそうでした。このことはテノールだけでなく、ソプラノにも当てはまることだと思います。

■コヴェント・ガーデン／ガラ・パフォーマンス
《愛の妙薬》再びカレーラスと

七五年の秋いっぱいを休養と新作の勉強に充てて英気を養った康子は、十一月に再びロンドンに渡る。コヴェント・ガーデンでの三つ目のオペラに出演するためである。演目はドニゼッティの《愛の妙薬》で、裕福な農園主である才気煥発な娘アディーナが今回の役柄であった。

どんよりと曇り霧に覆われることの多い冬のロンドンも、もうお馴染みとなり、この街に慣れた康子にとっては楽しい滞在となった。康子は毎日のように、ことのほかお気に入りとなったロンドンのオペラハウスに稽古のため通った。

この《愛の妙薬》はコヴェント・ガーデンが大変に力を入れたエディションで、ニュープロダクションであるうえ「ガラ・パフォーマンス」として皇室の参列が決定しているシーズン一の重要な公演でもあった。ジョン・プリッチャードの指揮に、当時コヴェント・ガーデンで群を抜く実力を誇っていたジョン・コプリーの演出、インチキ薬売りドゥルカマーラにはサーの称号を持つゲラント・エヴァンス、アディーナに求婚する気障な軍曹にコヴェント・ガーデン・デビューとなるイギリスの新進バリトン、トーマス・アレン、村娘ジャンネッタに可愛らしいリリアン・ワトソン、そしてアディーナに恋する純朴な若者ネモリーノには人気が爆発し始めていたホセ・カレーラスがキャスティングされていた。

エリザベス皇太后／チャールズ皇太子

初日の十二月十八日は特別ガラ公演として、クイーンマザーであるエリザベス皇太后と孫にあたるチャールズ皇太子臨席のもとに行われた。コヴェント・ガーデンの総力を挙げて作り上げた舞台だっただけに出来映えは素晴らしいもので、美しい舞台にはフィナーレで「ヴィーヴァ・アモーレ（愛よ、万歳！）」という垂れ幕が現れたりして、祝祭気分満載の楽しいものとなった。終演後、主だった出演者とスタッフはロビーで一列に並び、エリザベス皇太后とチャールズ皇太子の謁見を受けた。康子もクイーンマザーとチャールズ皇太子と言葉を交わす機会に恵まれた。残念なことながら康子の英語力は流暢に話すというところまではいかず、チャールズ皇太子からは少々突っ込んだ質問をされたようであるが、イタリア語のようには答えられずもどかしい思いをしたという。しかしエリザベス皇太后からのお褒めのお言葉は充分に理解でき、このような機会に舞台に立てる幸せを感じた。

「ヤスコ・ハヤシが開幕直後から見せる快活さ、次いでネモリーノの献身的な愛情に対する苛立ち、そして最後に真の愛に目覚めていく場面など、全てが可愛らしいアディーナにぴったりである。彼女の声は美しく調和を保ち、装飾的なフレーズにも品があって申し分のないできであった」

（サンデー・タイムズ紙七五年十二月二十一日）

初日のガラ公演はＢＢＣ放送によってラジオで実況中継され、しばらくしてからこの音源をもとに海賊版のレコードが市場に出廻ることになった。現在この録音は正規のＣＤとして日本でも手に入れることができるようになっており、オペラファンにとっては大変有難いことである。ここでは康子の瑞々しい声と歌唱を聴くことができる。伸びやかで、彼女本来の声を聴くのにはうってつけの一枚である。後の声量に溢れたドラマティックな声しか知らないファンにとっては、とても貴重な記録となっている。

クリスマスイヴには演出家ジョン・コプリーの自宅での内輪のパーティーに、プリッチャード、カレーラスらと共に、康子とジャンニコラも招待された。コプリーは康子のコヴェント・

ガーデン・デビューであった《ドン・ジョヴァンニ》の演出家であり、《愛の妙薬》でも懇切丁寧な指導をしてくれた。

［回想］

《愛の妙薬》は本当に楽しい公演でした。共演者すべてが素晴らしく、特にカレーラスさんは甘い声と容姿で女性をほろりとさせるような見事なネモリーノを演じました。アディーナの役は特に声の点で私にぴったりだと今でも思っています。普通もっと軽い声質のソプラノによって歌われる役ですが、コヴェント・ガーデンの公演では通常カットされるアジリタ（コロラトゥーラ）の部分も歌い、それが正しく評価されたのが嬉しかったのを覚えています。主人はこれまでに私が歌った全ての役柄のうちで、アディーナが一番合っていて、出来映えも一番のものだったと四十年近く経った今でも言っています。

演出のコプリーさん主催の、クリスマスイヴのパーティーの席でのことです。カレーラスさんに「あなたほどの才能に恵まれたテノールはそうはいない」と言ったところ、彼は冗談混じりに「僕は神様にひとつだけ叶えて欲しかったことがある。それはもう少し身長を高くしてくださったなら、ということなんだよ」と答えたのです。当時、ライバルといわれていたドミンゴさんやアラガルさん、パヴァロッティさんのことを意識されていたのでしょうか。でも彼には誰よりもハンサムで素晴らしい声と歌唱力

1975年イギリス・ロンドン・コヴェント・ガーデン王立歌劇場《愛の妙薬》

1975 年イギリス・ロンドン・コヴェント・ガーデン王立歌劇場《愛の妙薬》共演：ホセ・カレーラス

があるのだから、そんなこと気にしなくてもいいのにと思ったものです。

ピラール・ローレンガーさんからの電話

この公演では今でも忘れられない幸せな思い出があります。ラジオで実況中継された初日のガラ公演の翌日、滞在先のホテルに突然ある女性から電話があったのです。その方は何とスペイン人の大ソプラノ、ピラール・ローレンガーさんでした。彼女のことは、私が大学院時代に日生劇場で上演されたベルリン・ドイツ・オペラ引っ越し公演（一九六六年十月）の《椿姫》やリサイタルを聴いたことがあるのです。中世の絵画から抜け出てきたような美人のうえ、声も歌唱も見事で、憧れの存在でした。ローレンガーさんは「昨夜の《愛の妙薬》のラジオ放送を聴きました。あなたのアディーナが本当に素晴らしくて、どうしても直接あなたにそれを伝えたくて電話したのよ」とおっしゃったのです。

私の感激が想像できますか？　憧れの大ソプラノが、まだ新進だった私に直接お電話をしてくださり、しかも褒めてくださったのですもの。同じオペラ歌手、しかも同じソプラノ歌手として認めていただいたのだと、まるで夢を見ているのではないかと思ったほどです。彼女もゴルリンスキーの事務所と契約しており、一度などゴルリンスキーご夫妻のはからいで、ロンドン郊外でのお食事にジャンニや彼女のドイツ人のご主人と一緒に招かれたことがありました。想像したとおりの、透き通るようなお人柄と容姿のローレンガーさんでした。長い間には沢山の嬉しい思い出がありますが、ローレンガーさんとのことは、私の心の中心に今でも宝物のように残っています。

1975 年イギリス・ロンドン・コヴェント・ガーデン王立歌劇場《愛の妙薬》終演後にクイーン・マザーと

1976年 に発売された
《愛の妙薬》の CD

一九七六年

■南イタリア・バーリ《蝶々夫人》

コヴェント・ガーデンでの《愛の妙薬》で幸せに満ちた七五年を終えた康子の七六年は、南イタリアのバーリにあるテアトロ・ペトゥルッツェッリでの《蝶々夫人》から始まった。イタリア半島を長靴の形に例えるならば、ちょうど踵のあたり、プーリア地方最大の都市がバーリである。この街の中心にあるテアトロ・ペトゥルツェッリは、イタリアでも最大規模を誇る劇場で、シチリアのパレルモにあるテアトロ・マッシモと並んで南イタリアに於ける両雄ともいえるオペラハウスとして知られている。また、バーリは恩師グアリーニの出身地でもある。素晴らしい音響を誇るこのオペラハウスは一度火災で消失したが、現在は再建され、美しい姿で人々を魅了している。

当然のことながらこの美しく大きな歌劇場に日本人が登場するのは初めてのことで、日本人が演じる《蝶々夫人》は地元のオペラファンから多大な期待が寄せられていた。康子の活躍ぶりは、バーリの人々にも喧伝されていたし、ロンドンでの大成功に気を良くしていた康子の演奏もまた素晴らしい出来映えであった。以後、何度もこの劇場に出演することになる。

■二度目のローマ／初めての《ラ・ボエーム》

バーリで賞賛を浴びた康子は、そのままローマに直行する。《泥棒かささぎ》に次いで二度目のローマ歌劇場への出演となる《ラ・ボエーム》のためである。すでにプッチーニは《蝶々夫人》と《トゥーランドット》を歌っていたが《ラ・ボエーム》のミミ役は初めての役である。康子にとって嬉しいことに、この《ラ・ボエーム》と同じ時期にローマ歌劇場ではチマローザの《秘密の結婚》が上演されることになっており、ロビンソン伯爵役でジャンニコラが出演していた。長男アナトーリオを夫ジャンニコラの実家に預け、毎日夫婦揃ってのリハーサルに通うことになった。およそ二年前、《泥棒かささぎ》に出演していたこともあって、ローマ歌劇場のスタッフとも息がぴったりであった。

公演自体は有名歌手との共演ではなかったものの、オーソドックスな演出プランによる舞台で、初めてミミを演じる康子にとっては、オペラ全体を把握し、役柄をあやまたず解釈するための良い機会となった。初役を手がける場合、その演出が余りにも独創的であったり読み替えが甚だしかったりすると、基本的な解釈がゆがめられてしまうことがある。指揮者のアルベルト・レオーネのおかげで、初役とは思えないほどスムーズにミミでのデビューを果たすことができた。

レオーネはＮＨＫ招聘の「イタリア歌劇団」にも参加していた人物で、プロンプターとしてはイタリアでも第一人者として認められていた。プロンプターというと、一般に舞台で歌う歌手に歌詞を与える役割と単純に考えられているが、優れたプロンプターは意図を的確に歌手に伝え、公演を支えるという大変な役割を与えられている。ちなみに、レオーネのように優れたプロンプターは、イタリアといえども指を数えるほどしかいない稀な存在であった。

この後《ラ・ボエーム》はロンドンのコヴェント・ガーデンやミラノのスカラ座、スペインのバルセロナやチリのサンティアゴ、ドイツのハンブルク、東京などで何度も歌う機会に恵まれたが、初めての舞台が奇をてらったものでなかったことはまことに幸いだったといえるだろう。

1976年イタリア・ローマ・ローマ歌劇場《ラ・ボエーム》舞台裏で

■東京で《蝶々夫人》

マダム・バタフライ世界コンクール

春の息吹が感じられるローマの三月を満喫した康子は、休む間もなく日本へ向かうことになった。六九年にイタリアへ渡ってから初めて、世界での成功を背にして、日本でオペラの舞台に立つことになっていたからである（418頁）。

■百五十年ぶりの蘇演

ベッリーニ《ビアンカとフェルナンド》

東京からミラノに戻った康子は、休む間もなくトリノへ移る。RAIトリノ・オーケストラとの共演で、ベッリーニの《ビアンカとフェルナンド》の録音のためである。

《ビアンカとフェルナンド》は一八二六年にナポリのサン・カルロ歌劇場で初演されたベッリーニのオペラ第二作である。初演時は《ビアンカとジェルナンド》という題名で上演されたが、その後、再演に当たって改題されたものである。しかし十九世紀から二十世紀にかけて全く忘れ去られたオペラとなってしまっていた。トリノの企画はラジオ放送用の演奏会形式ではあったが、およそ百五十年ぶりの蘇演であった。

実際のところこの企画は二年前に実現するはずのもので、一騒動が起きたことで延び延びになってしまったプロダクションであった。当初の予定では康子のビアンカに、高音が続出する至難なテノールのフェルナンド役にフランコ・ボニゾッリ、バリトンにセスト・ブルスカンティーニ、バスにパオロ・ワシントンらがキャスティングされ、指揮には新進気鋭のガブリエーレ・フェッロが起用されていた。この最高レベルのメンバーでリハーサルが開始されていたのだが、ある日のリハーサルの最中、超高音の音域が出てくる困難なフレーズを歌っていたボニゾッリが歌いやすくするために、指揮のフェッロに少しばかりテンポを速めてくれないだろうかと頼んだ。しかし何度やってもフェッロのテンポが変わらず、業を煮やしたボニゾッリは大声で「アリヴェデルチ（さよなら）」とひと言を残してスタジオを出て行ってしまった。結局この難役を歌える代わりのテノールが見つからず、企画自体がキャンセルとなったのである。

契約上この演奏会のためにスケジュールを空けていたブルスカンティーニやワシントンらは、契約不履行に対しイタリア放送を相手取って訴訟を起こし、すったもんだの末、結果は歌手たちの勝訴に終わった。康子はこの訴訟に加わるように勧められたが、世界に羽ばたくきっかけとなった「ロッシーニコンクール」以来、トリノだけではなくミラノ、ローマ、ナポリのイタリア放送には世話になっていたこともあって、訴訟に加わることはなかった。イタリアでは出演契約が不履行ならば裁判で勝訴できるほどの正式な契約書が交わされる。当然康子もその権利を行使できたのだが、もしこの訴訟に加わっていたならば、その後イタリア放送との数々の貴重な仕事は一切なくなっていたことであろう。

幻となったこの企画は、二年後に再び日の目をみることとなった。そして、訴訟に加わらなかった康子に再度出演依頼が舞い込む。康子以外のキャストは全て一新され、ガブリエーレ・フェッロの指揮のもと、七六年四月三十日、トリノのイタリア放送公開スタジオで記念すべき蘇演が行われた。すでに二年前に準備をしていた康子は、余裕を持って演奏に臨むことができた。二年前の時点では資料がなく、誰も聴いたことがないという手探りの状態での勉強であった。フェッロ以下、歌手もオーケストラも暗中模索しながらの稽古だったという。大変な準備ではあったものの演奏会は成功を収め、幸いなことに現在この録音はＣＤ化されていて我々も聴くことができる。ベッリーニの初期のマイナーな作品ではあったが、その旋律の美しさは流石だと思われ、康子は歌いがいを感じたという。

《ビアンカとフェルナンド》には後日譚がある。トリノの演奏会から三年後、ジェノヴァで舞台化が企画され、当時人気上昇中のオランダのソプラノ、クリスティーナ・ドイテコムがヒロインに予定されていた。ところがゲネプロになってドイテコムがキャンセルしてしまい、急遽ピンチヒッターの依頼がきた。いくら三年前に歌っているとはいえ、あまりに突然の依頼であり、かなり熱心な要請であったようだったが、本番直前とあっては良い公演ができるはずがないと判断した康子は断ることにした。最初から声がかかっていれば喜んで出演したのにと、とても残念に思った。《泥棒かささぎ》と同様、声がかかってすぐに歌うことができるような作品ではないのである。

［回想］

フランコ・ボニゾッリさん

二年前にキャンセルになった《ビアンカとフェルナンド》のリハーサルでご一緒したフランコ・ボニゾッリさんは本当にユニークな方でした。「ボニゾッリは頭が少しおかしいのではないか」とまで言われたほどでしたが、私は彼が言っていることは正当なことだと思っています。彼にはもっと大きな逸話も残されていて、以前《イル・トロヴァトーレ》のために急遽ドミンゴさんの代わりにカラヤン先生に呼ばれた時、オーケストラとのリハーサルで、テノールにとって非常に難しいアリア『恐ろしい焚き火を見よ』を二回もくり返させられ、ついに三回目を求められた時「次はマエストロがお歌いなさい」という捨て台詞を残して出て行ってしまったのだそうです。私は彼ほど、正直で、自分の確信することをはっきりと言った歌手はいなかったと尊敬しています。六十五歳（二〇〇三年）で亡くなられたのは惜しいことでした。常に高音を難なく出せる世界屈指のテノールでした。一九七四年のフェニーチェ歌劇場《蝶々夫人》での、世界一力持ちのピンカートンも忘れられません。

■**カラカス歌劇場デビュー**

憧れのヴィオレッタと《蝶々夫人》

五月は、ベネズエラに飛ぶ。南アメリカ大陸の北東部、カリブ海に面した首都カラカスには立派なオペラハウスがあり、高水準の公演を行うことで有名である。これは日本では全くと言っていいほど知られていない。

このカラカス歌劇場で、康子はデビューとなる《椿姫》と、《蝶々夫人》の二作品を歌うことになっていた。以前から康子の才能を高く買っていた指揮者のミケランジェロ・ヴェルトリがカラカス歌劇場の音楽監督に就任し、早々にオファーしてくれたのである。

ヴィオレッタの歌唱

ヴェルディの《椿姫》は、オペラファンなら周知のごとく、ソプラノにとっての憧れの役ともいうべきヴィオレッタが主人公である。ソプラノにとってはヴィオレッタという女性の物語そのものへの共感もあるが、聞き慣れているオペラファンにとっては、軽快なレッジェーロの声と技術が求められる第一幕を経て、第二・三幕では叙情的かつドラマティックな表現が要求される、高い声楽的技術を求められる役柄であるという興味の方が大きいものと思われる。ポピュラーな演目だけに一般には安易に考えられやすいが、ひとつのオペラの中で違った声質と技術が要求されるという点に於いて、的確に演じ歌うことは至難なことと言ってもいい。そのうえ十九世紀のパリ、上流社交界の花形女性ということで、演技力はもとより容姿も非常に重要視される。日本人が欧米でヴィオレッタを歌うなどということは、よほどのことがない限り考えられもしないことであった。

康子はその「よほどのこと」をクリアしたのである。それは康子の声と劇的な表現技術であった。当時康子は、第一幕のアリア『ああ、そは彼の人か』の最終部分で、スコアには書かれてはいないものの通常歌われることが多い最高音ミ・フラットを楽に出していたのだが、指揮のヴェルトリの助言によって、スコアに書かれたとおりの音で歌うようにした。康子の声が充分にリリコの声質であり、続く二・三幕とのバランスを考えた場合その方がいいという判断であった。その後康子はヴィオレッタではこの習慣をずっと続けた。

この《椿姫》と《蝶々夫人》では、康子が世界に名を知られることになった「ロッシーニコンクール」の前年に開催された「ヴェルディコンクール」でリッチャレッリと並んでテノール部門で優勝したベニアミーノ・プリオールが相手役であった。

また《椿姫》では、一九七二年のブッセートのコンクールで一位を獲得した、大親友でもあるジョルジョ・ザンカナーロがジェルモン役を歌った。オペラ歌手としてまだ未知数であった頃からの友人同士が、世界の舞台でそれぞれ主役として共演するようになったことを、互いに喜び合った。それからずっと年月が経ちザンカナーロは、スカラ座の音楽監督に就任した指揮者リッカルド・ムーティに認められて、イタリアオペラ界屈指のバリトンにまで成長する。後に（一九八五年）康子がスカラ座で空前の成功を収めたロリン・マゼール指揮による《蝶々夫人》では、シャープレス役で共演している。当初からザンカナーロの実力を認めていた康子は、心の底から嬉しかったと語っている。

太陽きらめく常夏のベネズエラで、親しい友人たちとの共演、優れた指揮者であると同時に温かな人柄の持ち主であったミケランジェロ・ヴェルトリの指揮ということもあって、康子は心から滞在を楽しみながら舞台を務めた。ちなみにヴェルトリは、その後藤原歌劇団の招聘によって八五年から九〇年にかけて《蝶々夫人》《ラ・ボエーム》《マクベス》《椿姫》《カヴァレリア・ルスティカーナ》《道化師》を振り、その的確な音楽表現が絶賛されたが、惜しいことに若くして世を去っている。ベネズエラ公演は南米特有の熱狂的な聴衆の声援もあって、初めてのヴィオレッタは快調なデビューを果たすことになった。ヴェルトリの指導のもと、綿密な稽古のおかげで、憧れのヴィオレッタ役が自分のものになったことこそ、康子にとって大きな財産であった。

そして、十一月には、ミュンヘンでカルロス・クライバーのもとで、《椿姫》を歌うことになっていた。

〔回想〕

カラカスでの公演は《椿姫》も《蝶々夫人》も、私自身びっくりするほどの成功でした。実は当初は《蝶々夫人》の方が先にプログラミングされていたのですが、声のことを考えてヴェルトリ先生にご相談したところ、演目の順序を入れ替えてくださったのです。二つのオペラの公演が終わってヴェルトリ先生から「僕は《蝶々夫人》よりも《椿姫》の方が君の声に合っていると思う」と言われたことが忘れられません。私の資質がベルカントオペラに向いていると見抜かれていたのだと思います。

それに旧知のザンカナーロさんとテノールのプリオールさん共々、カラカスでの滞在はとても楽しいものでした。話は変わりますが、ある時ドイツで、ザンカナーロさんとご一緒した折、よもやま話に花を咲かせたことがありました。その時に「僕らのキャリアはエージェントに委ねられていて、実力なんて二の次なところがある」と話されたことが印象に残っています。本当の歌の実力とは別に、作り上げられた人気によって活躍の場を広げるというのはよくあることなのです。仕方のないことかも知れませんが、現在でも実力がありながらマスコミに取り上げられないことで知名度があがらず、活躍の場が与えられていない若い歌い手がいます。その一方で、それほどの実力でもないのに、世渡りが上手だったり、美しかったり、タレント性があったり、テレビなどで名前が知られたりすることで有名になっている歌い手もいるのが現状です。イタリアオペラ界でも、政治的にどの党に所属しているとか、支援者であるとかが、結構大きな力を持つこともあります。人間が関係することなので、ある程度はそういうこともあるとは思いますが、オペラの世界ではもう少し実力で評価されるようになって欲しいものです。

1976 年ベネズエラ・カラカス・カラカス歌劇場《椿姫》

■再びエクス・アン・プロヴァンス音楽祭

ベネズエラから戻った康子は、この年の夏もエクス・アン・プロヴァンスへ出かけることになった。一九七四年以来、二度目の音楽祭出演である。今回は《ドン・ジョヴァンニ》である。しかし前回の《ルイーザ・ミラー》とは違って、不満極まりない結果となってしまった。ひとえに演出が原因であった。ロペス・コボスの指揮のもと、スタッフォード・ディーン、リチャード・スティルウェル、ロバート・ロイドら優れた歌い手が集められていたにもかかわらず、演出は共産主義的政治意図があからさまなもので、マゼットとツェルリーナの農民階級の村人たちが、ドン・ジョヴァンニやドンナ・アンアたち貴族階級に搾取されるという解釈によるものであった。登場する役柄の重要性は全て農民たちに光が当てられ、ツェルリーナやマゼットを初めとする庶民には絢爛豪華な衣装が与えられ、貴族たち（康子の演じたドンナ・アンナも）の衣装は考えられないほどに粗末なものであった。演出家のアイデアは尊重されるべきものだとはいえ、ロレンツォ・ダ・ポンテの台本も、モーツァルトの音楽も無視され、オペラとしては歪んだ姿をさらしたと言っていい代物であった。この演出には指揮者も歌手陣も最後まで不満を抱えながら公演最終日を迎えた。新聞や雑誌の批評ではこれ以上はないだろうと思われるほどの酷評を受けた。

オペラにおける「読み替え」

二十一世紀に入ってからのオペラ界は「読み替え」と呼ばれる演出が一部でもてはやされ

ている。聴衆やオペラ関係者の中には、今までにない解釈をすればそれだけで「現代的」であるとか「革新的」であるとか言って安易に評価する人々もいる。しかし、音楽に添った優れた解釈による現代的演出もあるが、納得させられるような解釈による公演に出くわすことはごくごく稀れである。実はすでに七〇年代に、このような「読み替え」の傾向が現れていたのである。オーソドックスな解釈によるオペラ上演が、全て旧態依然で価値のないものだということにはならない。歌い手の側からすると、何よりも楽譜に書かれた音楽を最重要視して欲しいだけである。

［回想］

オペラの演出において、伝統的なものから一歩新たに踏み出した優れた解釈による新演出は私も素晴らしいものだと思います。後に経験する浅利慶太先生の《蝶々夫人》もそうでした。でも演出家の独りよがりの解釈によるものの中には、本来の音楽の姿を歪めてしまっているものも多くあるようです。そういう舞台に喝采を送る批評家やファンの方々は、本心から良いと思っておられるのだろうと信じたいのですが、私自身の経験から、なるべくそのような舞台には関わり合いたくないと思っています。特に《蝶々夫人》の演出については、注意して契約してきました。スポレートの公演では蝶々さんが第二次世界大戦後の娼婦のように設定されていることを知り、躊躇なく断ったこともあります。

■ペルージャ音楽祭

ヘンデル《ヘラクレス》

イタリアに戻ってすぐ、中世の街ペルージャに向かった。この地では毎年九月「ウンブリア地方の音楽の祭典」という名のフェスティバルが開催される。ほとんどの演奏会がウンブリア地方の中心都市ペルージャで行われるため、一般には「ペルージャ音楽祭」として知られている。

この音楽祭でのオペラは演奏会形式でなされるのが普通で、オペラハウスでは滅多に舞台にかけられないような作品が取り上げられる。その代わり指揮や歌い手には相当の実力者が集められ、イタリア放送を通じてラジオ中継されるのが常であった。「ペルージャ音楽祭」から呼ばれたということは、イタリア音楽界で「音楽芸術家」として認められたことでもあった。この時期の「ペルージャ音楽祭」は芸術監督としてフランチェスコ・シチリアーニが手腕を振るっていた。シチリアーニはスカラ座にも関係していたし、何よりもフィレンツェでの公演でマリア・カラスを起用して一大センセーションを巻き起こすほどの成功を収めた立役者でもあった。シチリアーニの尽力によって「ペルージャ音楽祭」は世界のオペラ界が注目するフェスティバルに成長していたのである。

今回の演目はヘンデルのオペラ《ヘラクレス》であった。バロック復興の兆しが見え始めた七〇年代でもめずらしい選曲である。かつてミラノのスカラ座で一九五八年に、エリーザベト・シュワルツコップ、フランコ・コレッリ、エットレ・バスティアニーニといった第一線歌手を集めて上演された記録がある。シュワルツコップはともかく、コレッリやバスティアニーニといったキャストでヘンデルを上演するというのも現在では考えられないことであるが（この時の演奏はかつて海賊版レコードとして出ていた）、当時のオペラファンにとっては全く未知のオペラであった。

ペルージャでは新進気鋭の人々が集められた。指揮がグスタフ・クーン、共演はドイツ人テノール、ウェルナー・ホルヴェーグに、バリトンにはアメリカから期待の新人サイモン・エステスがやってきた。エステスはやがてバイロイト音楽祭に黒人男声歌手として初めて主役を歌って注目され、一躍スターダムに躍り出ることになった。

まことに通好みの演目であったが、イタリア国内のみならず世界各国からもオペラファンや批評家たちが集まったこの公演は大変に好評で、ペルージャでの康子の好演はその後、七七年にはロジェストヴィンスキー指揮でムソルグスキーの《ホヴァンシチーナ》、七九年にはガヴァッツェーニ指揮でスポンティーニの《オリンピア》へと続くことになった。

■ナンシー国立歌劇場デビュー《ドン・ジョヴァンニ》

十月、フランス北東部の都市ナンシーから、急遽《ドン・ジョヴァンニ》の公演に呼ばれた。ドンナ・アンナを歌う予定だったソプラノが急病によって出演を取り止めたためであった。共演は大先輩のソプラノ、イルヴァ・リガブーエとルッジェーロ・ライモンディという、最高のキャストによる公演であった。大きな賞賛を受けた康子は二回目以降の公演も依頼されたがスケジュールの都合がつかず、後ろ髪を引かれる思いでこの美しい町に別れを告げた。

■ミュンヘン・バイエルン国立歌劇場デビュー
クライバーとの《椿姫》

十一月、康子はミュンヘンへ行く。ミュンヘンのバイエルン国立歌劇場はドイツきってのオペラハウスであり、そこで康子はカルロス・クライバー指揮による《椿姫》に出演することになっていた。

カルロス・クライバーといえば巨匠エーリッヒ・クライバーの息子で、当代きっての奇才と評されていたスター指揮者であった。この頃ようやく、後に伝説ともなる数々のオペラの名演が世界中のオペラ界から注目され始めた時期であり、すでに彼の変わった性格というかわがままぶりは知る人ぞ知るというところであった。

ミュンヘンのプロダクションでは、康子は二回の公演をつとめることになっていた。クライバーは気難しいと伝えられていたが、ピアノリハーサルで康子が会ったクライバーはとても親切で、流暢なイタリア語を話す穏やかなジェントルマンであった。リハーサルの段階からクライバーとの共同作業はとてもスムーズに行った。クライバーは、この公演に先がけてドイツ・グラモフォンでコトルバシュのヴィオレッタ、ドミンゴのアルフレード、シェリル・ミルンズのジェルモンというキャストによって《椿姫》のレコード録音を終えたばかりであった。リハーサルでのクライバーは、細かな指示はせず、ポイントを押さえながら歌手を十分に歌わせる方法を取っていたという。康子の印象ではかなり歌い手に任せる部分が多く、本番では表情たっぷりに、オペラを作り上げていく指揮者だという印象を持った。歌手にある程度任せながら能力を最大限に引き出す天才だったのであろう。康子はとても歌いやすく、かつ気持ちよく歌い演じられたという。

驚いたことに、本番の休憩時間にテレビでサッカーの実況中継に見入り、第三幕の、本来裏で演奏されるべきオーケストラの部分は録音で済ませていた。この様子を見て、これほど余裕のある指揮者には初めてお目にかかったと語っている。それでいて出来上がった音楽は素晴らしいのにも驚かされた。録音を使っての上演というのはおそらく、劇場側の都合によるものと想像されるが、普通は通用しないやり方である。

バイエルン国立歌劇場との行き違い

バイエルン国立歌劇場と康子との関係は、この公演の成功にもかかわらず、残念ながらこれ一回きりとなってしまった。その後《蝶々夫人》で出演する契約がなされたが、契約のダブルブッキングになってしまい断らざるを得なくなってしまった。ゴルリンスキー事務所の事務的な不手際であった。ところがそのことがきちんと劇場側に伝わっておらず、シーズンの公演プログラムには康子の出演が記載されたままになっていた。この一件で康子は信用を失ってしまったのである。事務所のミスとはいえ、長いキャリアの間にマネージメント関係で残念に思う失敗にいくつか見舞われている。

〔回想〕

クライバー先生とのお仕事は、とても興味深いものでした。ミュンヘンに到着すると、クライバー先生の個別のお稽古が準備されていました。リハーサル中に「あなたはmusicista（音楽家）ですか?」とか、「あなたはもう有名な歌手なんでしょう?」とか、とてもお上手なイタリア語で驚くような質問責めに合いました。私は何か特別な音楽的素養があるのかとか、音楽家の家系の生まれかとかお聞きになったのだと解釈して、思わず「いいえ」とお答えすると、「あ、そう」だけで、その話は終わってしまいました。その前のレコーディングで大変苦労されたというお話をされていたので、このような質問はそのようなことがあったためだと、後になって知りました。リハーサルではさすがと思われる棒さばきでフレージングを表現され、シンプルながら的確に意図が伝わり、思うままに歌え、くり返して直す必要もないという不思議で快い時間を過ごしました。勉強してきたことがクライバー先生と同じ意図のもとになされてきたようで、何も言うことがないスムーズな稽古の時間を過ごしたのです。いつもこのような出会いで仕事ができればどんなに楽で素晴らしいことでしょう。またクライバー先生がイタリアのオペラをこよなく愛しておられることが、ひしひしと伝わってきました。非常に気難しく一緒に仕事をするのは一苦労だという噂を聞く度に、私が知っているクライバー先生とは別人のように感じてしまいます。まだまだご活躍が期待されていた年齢（二〇〇四年・七十四歳）で亡くなられたことは、世界の音楽界にとって大きな損失でした。寂しい限りです。

■ボルドー歌劇場デビュー
最高のシャープレス／ガブリエーレ・バキエ

続いてボルドー歌劇場に《蝶々夫人》でデビューする。ワインで有名なボルドーはフランス南西部、スペインとの間にあるビスケー湾（通称ガスコーニュ湾）に程近いところに位置する、古き良き街並が残る美しい街である。フランスのオペラハウスといえばパリを筆頭に、地中海沿岸の街にあるニースやマルセイユ、ドイツ国境に近いアルザス地方のストラスブール、南東部内陸にあるリヨンなどが有名であるが、このボルドー歌劇場もフランスでは非常に重要な地位を占めているオペラハウスである。

康子はこの《蝶々夫人》の公演で、今でも記憶に残る嬉しい体験をした。ピンカートンのジョルジョ・メリーギに加え、この時シャープレスを歌ったのはフランスオペラ界を代表する偉大なるバリトン、ガブリエーレ・バキエであった。この頃には数多くの《蝶々夫人》を経験していた康子であったが、バキエはまさに「人並みでない」シャープレスを演じてくれた。第二幕での二重唱でのバキエは蝶々さんへの同情がひしひしと伝わる名演で、ピンカートンに対する怒りと張り裂けるような苛立ちを余すところなく表出する心打つものであった。康子もまたそれを受けて高まる感情表現のままに演じることができた。十分な稽古を経ての公演ではなかったにもかかわらず、一流のアーティストとの共演では、普段の力量の上限を越えて百二十パーセントの実力が発揮され、このような幸せな結果が産み出され、舞台上に奇跡が生まれるのである。

ボルドーからパリへ戻る飛行機でもバキエと一緒になった康子は、思った通りの感銘の気持ちをバキエに伝えた。するとバキエはこう答えたという。

「あなたのように素晴らしい蝶々さんを前にしたら、ああいう反応をするしかないじゃないですか」

後にも先にも、バキエ以上に素晴らしいシャープレスにはお目にかかったことがない、と康子は語っている。

■コヴェント・ガーデン四作目の《ラ・ボエーム》

ホセ・カレーラス

七六年の冬も、前年に続いてロンドンで過ごすことになった。今回はコヴェント・ガーデンでの四作目の出演となるプッチーニの《ラ・ボエーム》である。マーク・エルダーの指揮に、ホセ・カレーラスのロドルフォ、ピーター・グロソップのマルチェッロといったキャストで、演出は気心の知れたジョン・コプリーであった。

《ラ・ボエーム》のミミはこの三月にローマで歌ったばかりだったので、康子は自信を持って伸び伸びと演じることができた。そのうえ今回の公演では、高水準の歌い手が並べられていた。カレーラスとも度重なる共演となり、公演後のサイン会では聴衆が長蛇の列をなすほどの成功ぶりであった。カレーラスは八〇年代に入ってから次第に《アイーダ》のラダメスなどドラマティックな役柄をレパートリーにしていくが、前年の《愛の妙薬》と並んで、この《ラ・ボエーム》が彼自身の声に最も合ったオペラを歌っていた時期で、カレーラスの声が一番フレッシュで、かつまたリリックな状態にあった。この頃に共演できたことは康子にとっても非常に幸せなことである。

この頃、以前ゴルリンスキー事務所にいて康子の才能をいち早く認め世界に羽ばたかせてくれたヘルガ・シュミットが、音楽監督コーリン・デイヴィスとともに、コヴェント・ガーデンのオペラ制作に手腕を振るっていた。幸いなことにコヴェント・ガーデンでの康子は、演目にしろ、待遇にしろ第一級のオペラ歌手として遇されていた。

こうして度重なるロンドンでの成功のうちに七六年は暮れた。

〔回想〕

カレーラスさんとは、この頃にはかなり親しく話のできる関係になっていました。「私の名はミミ」のアリアのあと聴衆の拍手の間に「素晴らしい」と耳もとでささやいたり、公演中「どうしてそんなに容易に歌えるの?」などと問われて困りました。彼の声が最も美しい時期に《ラ・ボエーム》で共演できてとても幸せだったと、つくづく思います。

テノールの方はほとんどがそうですが、活躍の場が広がり、声が充実してくると、求めに応じてよりドラマティックな役柄を手がけるようになっていきます。確かにそういう役の方がやりがいがあり、歌える人が少ないというのも大きな理由だと思います。でも、ディ・ステファノ先生がおっしゃっていたことを思い出すのです。先生は自省をこめて「自分のレパートリーをよく知って歌わなければいけない。自身が経験したことだが、限度を越したレパートリーは最高のものができないばかりか、声が疲れて、場合によっては声を壊すことになる」と言いながら「これが、僕が一番いい声を出していた頃のものだよ」と、キャリアの初期の頃のレコード二枚にサインをしてくださったことがあります。後年カレーラスさんのリサイタルを聴く機会がありました。楽屋を訪問すると「ロイヤルオペラでヤスコと一緒に歌った、あの《愛の妙薬》は本当に良かったね」と、なつかしげにおっしゃったのを覚えています。

1976 年イギリス・ロンドン・コヴェント・ガーデン王立歌劇場《ラ・ボエーム》共演：
ホセ・カレーラス

一九七七年

■ワシントンDC
カーター大統領の抱擁

一九七七年はフランス・トゥルーズの《蝶々夫人》で始まり、続いてワシントンに赴いた。アメリカ合衆国の首都ワシントンのケネディセンターで公演される「ワシントン・オペラ」は、ニューヨークのメトロポリタン歌劇場やシカゴ・リリック・オペラほどには国際的に注目されるオペラハウスではないが、常に一流歌手を集めてのシーズンが持たれている。近年では、プラシド・ドミンゴが芸術監督に就任していた時期もあって、その存在が広く知られるに至った。

一九七七年当時「ワシントン・オペラ」の芸術監督を務めていたのは、往年の名バス、ジョージ・ロンドンであった。ロンドンはカナダ出身のロシア系歌手であるが、その活躍の中心がメトロポリタン歌劇場であったために、アメリカを代表するバス歌手として知られていた。ワーグナーのヴォータンを初めとして、どのような役柄さえも楽々と、抜きん出た声量で歌いこなすことができる希有のオペラ歌手でもあった。康子が東京藝大の学生だった頃に、来日してリサイタルを開いている。康子もそのリサイタルに接し、大きな感動を覚えたことを記憶していた。

この年「ワシントン・オペラ」は開場二十周年を迎えていた。節目を迎えた記念すべきシーズンのためにロンドンが企画した演目のひとつが《蝶々夫人》であり、ヨーロッパで噂になっている新進ソプラノ、ヤスコ・ハヤシを招聘することが決定していた二月、ワシントンは珍しいほどの大雪であった。康子が到着する前から降り始めた雪は、公演を終えてイタリアに戻るまで降り続き、街はうず高い雪で覆われた。

この公演はシーズンの中でも特に注目されていた。ヤスコ・ハヤシの名はコヴェント・ガーデンでの成功やシカゴの《マリア・ストゥアルダ》でのセンセーショナルなアメリカデビューによって、合衆国のオペラファンや関係者から期待を持って待たれていた。それまで、日本人ソプラノといえば、熱心なファンの間で、一時代前の三浦環とアメリカ生まれの日系二世ヒジ・小池しか知られていなかった。

ピンカートンにイタリアから期待の新進テノール、エルマンノ・マウロが呼ばれていた以外に、指揮、演出も含めてのビッグネームはなかったものの、当時のアメリカオペラ界の実力者を配したものであった。

蝶々夫人をめぐる対立

この時の演出家フランシス・リッツォの日本に対する認識の深さは並々ならぬものがあり、康子も感嘆するほどのものであった。細部にわたって日本のことが研究し尽くされ、日本人魂さえも感じさせるほどであった。しかしある時大きな問題が起きてしまった。蝶々さんの解釈で演出家と意見が食い違い、日本人として絶対に譲れないと感じた康子は、激しい口論の末、雪の中をホテルに帰ってしまった。その時点で康子はイタリアへ戻るつもりであった。日本に対する演出家の深い理解の中にあっても、重要なところで康子の蝶々さんの生き方と一致しない部分があったのである。それは、蝶々さんという日本人女性の誇りをことごとく奪い去るような解釈のものであった。日本の風俗が研究され尽くし、例えば第二幕の頭でスズキが膝をついて廊下の拭き掃除をしているといったような、日本の風習をよく知らなければ思いつかないアイディアもあったし、衣装や髪に至るまで文句をつけるような点はほとんどなかったほどであったにもかかわらず、蝶々さんの精神性のこの食い違いは、康子にはどうしても許容できないものであった。翌日演出家がホテルに姿を現した。そして康子の蝶々さん像を壊すことなく演出を進めることで一致し、稽古が続行されることになった。

結果としてこの公演は大成功を収めることになった。康子への賞賛のみならず、素晴らしい舞台を作り上げたことで演出家リッツォも高い評価を受けることになったのである。

この時のことを思い出しながら康子は語っている。世界中で《蝶々夫人》を歌った経験から、アメリカを初め、南アメリカや南アフリカでは、演出家の日本文化への理解が非常に深く、日本人である康子をも感心させるものがあるが、最も理解していない、あるいは理解しようとしないのがヨーロッパの演出家であるという。

「新人の、輝かしくも可愛らしいヤスコ・ハヤシは特別な才能を持った日本人ソプラノである。三浦環やヒジ・小池らの先輩歌手よりも声量があり、長い間求めることができなかった透明で豊かな声をしている。彼女の演技と歌唱は聴衆を感動に誘う。彼女はさらに才能を伸ばし、偉大な歌手になるであろう」

（ワシントン・ポスト紙）

「生粋の日本人ソプラノによる蝶々夫人は、ヒジ・小池以来久しく見られなかった。ヤスコ・ハヤシの声は美しく声量があり、透明で正確な歌唱と優れた演技で聴衆を魅了した。彼女は有名なプリマドンナになるであろう」

（ワシントン・スター紙）

ケネディセンターの歴史に残る最高のバタフライ

これらの新聞評にも増して康子を喜ばせたのは、芸術監督ジョージ・ロンドンの言葉であった。彼は「ケネディセンターの歴史に残る最高のバタフライ」という賛辞を康子に捧げている。数多いオペラ歌手の中でも、ロンドンほど紳士で博学で、かつ穏やかな性格で、細かなことにまで気を配ってくれる人物がいるとは想像もしていなかった。

ところで、ワシントンでの公演では非常に大きなサプライズがあった。公演最終日の二月七日、客席にはアメリカ合衆国大統領ジミー・カーターの姿があった。カーター大統領の臨席はプライヴェートなもので、彼がオペラハウスを訪れることは側近の数人しか知らなかった。そのためホワイトハウスでは、公演の時間帯に大統領の姿が見えないことで、大変な騒ぎになったらしい。当日康子の周りでは「プレジデントがやってくる」という噂が流れており、周りの雰囲気は落ち着かないものがあった。それを聞いた康子は、ケネディーセンターのプレジデント（館長）がやって来るのだと思っていた。演奏終了後に康子の楽屋を訪れたのは、劇場総支配人ではなく、ロザリン夫人と愛娘エミリーを伴ったカーター大統領であった。予期しない訪問に康子は驚愕した。心の準備もできていないまま、ただただ驚いている康子に、感激さめやらぬカーター大統領は康子を抱きしめてキスしながら「ワンダフル」をくり返した。初日の好評を耳にしたオペラ好きな大統領は、予定を変更して最終日の公演にやってきたのであった。カーター大統領の臨席は日本でも大々的に報道され、新聞各紙を初め『女性自身』などの週刊誌にまで記事として取り上げられた。ほんの一年ちょっと前の七六年十二月にロンドンでエリザベス皇太后とチャールズ皇太子の臨席を仰いだことが日本ではほとんど紹介されなかったことを考えると、この一年間で康子の名声がいかに大きく広がっていったのかを知る証拠ともなっている。

それにしても、海外で活躍している間に多くの要人と出会った康子が今感じているのは、真に芸術に対して理解を示している日本人政治家がいかに数少ないかということである。外国では、自国の外で活躍する芸術家は自国の代表として遇されているのに、海外で康子が活躍している間、日本代表という扱われ方を感じたことはなかった。

［回想］

ワシントンでの出来事は、本当に思いもかけないことでした。まさか、大統領が御忍びで、それもご家族でオペラにいらっしゃるなんて、誰も考えつかないことですもの。このことが日本の新聞や雑誌でもニュースになったことを後日に知りました。

ジョージ・ロンドンさんの思い出は本当に懐かしいものがあります。大きな体躯に繊細な心を併せ持った偉大な方でした。ワシントン滞在中にご自宅にお招きいただき、優しい奥様と共に楽しいひと時を過ごしました。《蝶々夫人》の成功を受けて、来年のシーズンへの出演の話で盛り上がり「何のオペラにしましょうか。《ラ・ボエーム》などはどうですか」などと語り合ったのです。今思えば何と幸せで貴重な時間を過ごせたのだろうか、と感無量です。その翌年ロンドンさんは脳溢血で倒れられ、意識も戻らない状態での車椅子生活になられたのでした。奥様にお電話してもお話することができず、ワシントンへの再訪もかなわないものとなってしまいました。人生とはわからないものだと痛感し、ロンドンさんの愛情だけが私の心の中にずっしりと残ることになりました。

■ハンブルクデビュー《ラ・ボエーム》

同じく二月、ハンブルクにデビューする。巨匠ジュゼッペ・パタネ指揮による《ラ・ボエーム》である。ここで若いルイス・リーマと共演している。

［回想］

ハンブルク国立歌劇場の《ラ・ボエーム》は、巨匠ジュゼッペ・パタネ先生でした。

一九七五年にヴェローナ野外劇場での《トゥーランドット》でリューを歌って以来の再会でした。パタネ先生は余裕たっぷりで、まさに天才というべきものでした。プッチーニを指揮するのは決して決して易しいわけではないのに、先生の手にかかると手品のように音楽が出来上がるのです。

ロドルフォを歌った南米出身のルイス・リーマさんはデビューして間もない時期だったと思いますが、ホセ・カレーラスさんを彷彿させるものがあり、フレージング、ディクションも素晴らしく、将来が期待されるテノールでした。

■コヴェント・ガーデン《ドン・ジョヴァンニ》再演

イタリアに戻ってしばらくの休養の後、三月に康子はまたロンドンへ飛ぶ。今回はコヴェント・ガーデンで《ドン・ジョヴァンニ》に参加するためであった。これは七四年の再演で、指揮がベルナルド・ハイティンク、ドン・ジョヴァンニがマイケル・ダヴリン、レポレッロがサー・ゲラント・エヴァンズ、エルヴィーラがエリザベス・ヴォーギャンといったイギリス勢に囲まれての公演であった。

指揮のハイティンクは当時まだオペラが決して得意だったわけではなかったようで、おそらくこの《ドン・ジョヴァンニ》がコヴェント・ガーデンへのデビューだったと思われる。そのためかいくぶん神経質で、非常に几帳面な音楽作りだったようだ。「歌わせる」というよりも「自分の音楽にはめ込む」という感じで、歌手たちはかなり苦労をしていた様子だったという。

時折起こることであるが、最初から康子のことを気に入らない指揮者もいたようだ。ハイティンクもどうやらその一人だったようで、康子にしてみれば何が気に入らなかったのかわからなかったけれども、翌年グライドボーン音楽祭でこのエディションがハイティンクの指揮で上演された時、その中に康子の名前はなかった。

■五年ぶりのスカラ座《ラ・ボエーム》

ロンドンから戻ったミラノで、春たけなわの四月、康子は五年振りに古巣ともいうべきスカラ座の舞台に立った。今回は《ラ・ボエーム》のミミでの出演である。スカラ座養成所を修了した後、スカラ座が初めて康子をプロのオペラ歌手として相応しいギャラを提示したうえで呼んでくれたものであった。しかし康子にとっては心から喜べない出演であった。何故なら十回公演のうちの一回きりの出演で、リハーサルもほとんどないまま、指揮者との音楽稽古と演出助手から動きの説明を受けただけで休憩時間に舞台装置を確認し、舞台に立つというものであったからである。

コヴェント・ガーデンで成功を収め、シカゴのリリック・オペラやバイエルン歌劇場に出演してそれなりのキャリアを積んできた康子には、ちょっと呼ばれたという感じの出演には

1977年イタリア・ミラノ・スカラ座《ラ・ボエーム》

気乗りがしなかった。しかし康子は「次にスカラ座から呼ばれるときは、学生としてのデビューの名残りのない、本物のプロとして出演を果たそう」と決意を新たにした。

指揮はエドアルド・ミュラーで、彼のオファーで出演したというのが実際のところであった。ロドルフォはオッターヴィオ・ガラヴェンタ、ムゼッタを演じたのは、日本でもよく知られているマルゲリータ・グリエルミであった。

■パレルモ・マッシモ劇場デビュー

同じく四月にパレルモのマッシモ劇場での《蝶々夫人》に出演し、若き日のジャコミーニと共演した。当時のジャコミーニは甘いリリコの声で、その後ドラマティックな役で知られる声質とは異なるものであった。その後、一九八九年、藤原歌劇団の《アイーダ》ではドラマティックテノールとなった彼と共演している。

康子は今回の公演の成功でその後、何度もパレルモに呼ばれることになった。

■帰国リサイタル／故郷での夏休み

七七年の夏、康子はジャンニコラと共に愛息アナトーリオを伴って帰国する。渋谷公会堂でのジャンニコラとのジョイントコンサートのためであった。六年前の第一生命ホールでのリサイタルとは違い、康子の欧米での活躍が広く知られるようになっていたため、ジャンニコラ共々満場の聴衆から熱狂的な拍手を受ける演奏会となった。本当の意味での「凱旋演奏会」となったのである。

ジョイントコンサート後、一家は実家の香川県の三本松で、久方振りにのんびりとした夏休みを過ごした。これまでは休みといってもほんの一時だけのもので、絶えることのない劇場から劇場への生活を続けていた康子にとって、この年の夏休みは、家族や友人たちとゆっくり過ごした貴重なものとなった。

■《スターバト・マーテル》
ジャナンドレア・ガヴァッツェーニ

イタリアに戻った康子はＲＡＩの演奏会に出演する。ローマのＲＡＩオーケストラとの共演で、ペルゴレージの名作《スターバト・マーテル（悲しみの聖母）》とケルビーニの《ヘ長調ミサ》である。ペルゴレージといえば十八世紀前半に活躍した天才作曲家で二十六歳という若さで亡くなっているが、オペラブッファの傑作《奥様女中》を残している。《スターバト・マーテル》はそれとは趣きを異にした宗教音楽の傑作として知られている。

この演奏会を康子は、待ちに待っていた。そして周到な準備をして臨んだ。何故ならイタリアオペラ界の大御所ともいうべき指揮者、ジャナンドレア・ガヴァッツェーニとの初めての共演であったからである。共に歌ったメゾソプラノのルーザ・バルダーニのできも素晴らしく、声も音楽もぴったり合った演奏で、ガヴァッツェーニからもお褒めの言葉をもらい、大指揮者のもとで演奏する贅沢さを心から味わった演奏会となった。

康子のヨーロッパでのキャリアはほとんどがオペラであったが、ベルカント唱法を身につけたおかげで宗教曲でも実力を発揮することができた。ガヴァッツェーニとはこの共演がきっかけで、後に何度も宗教曲やオペラで共演し、康子にとって、誰にも増して特別な存在の指揮者となった。

■ペルージャ音楽祭への連続出演《ホヴァンシチーナ》

康子は、再び忙しい演奏活動に突入する。九月、イタリア中世都市ペルージャでの《ホヴァンシチーナ》に出演する。「ペルージャ音楽祭」には前年の《ヘラクレス》に続いて二度目である。

このオペラはムソルグスキーの作曲によるものであるが、未完の作品となっていた。旧ソ連でこのオペラの映画化がなされた折りにショスタコーヴィッチによって改訂版が作られ、今回はそのエディションによる珍しい上演であった。「ペルージャ音楽祭」は演奏会形式での上演を旨としているが、音楽祭オープニングとして企画されたこの演奏会は、イタリア音楽界きっての重要人物の一人であった芸術監督フランチェスコ・シチリアーニが特に力をいれていたもので、大劇場での重要な公演にも勝るとも劣らない規模のものであった。康子はシチリアーニ直々に再出演を依頼されたのである。

ロシア語によるこの公演をものにするのに大変な苦労をしたようである。だがその猛勉強は見事に報われることとなった。ニコライ・ギャウロフ、ニコライ・ギュゼレフというバス歌手の大物二人に加え、後にキャリアを築くことになる新進ソプラノ、マーラ・ザンピエーリ、シカゴの《マリア・ストゥアルダ》で親しくなったメゾソプラノのヴィオリカ・コルテッツの共演、そして指揮は当時ロシア物を振らせたら世界一との評価を得ていたロジェストヴィンスキーという素晴らしい布陣で、演奏会は大評判を取り、イタリア放送によってラジオ放送もされている。康子のロシア語もジャンニコラの助けもあって、相当高いレベルだったようである。康子は練習中、幸運にもギャウロフの隣にいたので、彼の声を聞きながら呼吸法を研究したという。おそらくこの演奏もマニアのファンのために海賊盤として残されたものと推察されるが、ＣＤ化はされていないようである。

■**モンテジョルジョ／コゼンツァ／イエージ**

《蝶々夫人》

十月～十一月はイタリアのモンテジョルジョ、コゼンツァ、イエージと《蝶々夫人》が続く。モンテジョルジョはイタリア半島中部のマルケ州、東側のアドリア海に近い内陸部にある町で、野外劇場で有名なマチェラータにも近いところに位置している。コゼンツァ、イエージ共にシーズンを通してのオペラ公演はないものの、馬蹄形のとても美しいオペラハウスが今に残されている。イタリア各地には小さな町でも二、三百年前の劇場が保存されているところも多く、シーズン中にはいくつかのオペラ公演が行われているのである。モンテジョルジョも昔の面影を残すそのような町のひとつである。スタッフ、キャスト共に康子以外は全員イタリア人による比較的規模の小さい公演ではあったが、ピンカートンにジャンフランコ・パスティネ、シャープレスにドメニコ・トリマルキといった実力派を集めての公演であった。パスティネとは一九八二年、藤原歌劇団の《アンナ・ボレーナ》で共演することになる。ここで十回前後の公演の間、田舎のレジデンスで、パスティネの家族と共にゆったりとした時間を過ごした。

■オマハ《蝶々夫人》

康子は再びアメリカへ渡る。今回はオマハ歌劇場への出演である。アメリカ合衆国のほぼ中央に位置するネブラスカ州の州都であるオマハは、アメリカ合衆国一の牛肉生産量を誇ることで知られているが、世界のオペラ界にとっては決して重要な街ではない。しかしこの街にあるオペラハウスは、伝統的な古い様式の劇場に似せて作られており、小規模ながらも非常に美しく、特筆すべきはその音響の良さである。

公演は指揮、演出、共演者の全てがアメリカ人であった。驚愕させられるほどの音響の良さを誇る小規模な劇場での公演とはいえ、この舞台はシカゴ・リリック・オペラのエディションを利用しての立派なもので、劇場に関係する人たち全てが親切なうえ、滞在中は地元の人々からこれ以上はないほどの歓迎を受けた。

康子とジャンニコラは通常のホテルではなく、台所などが完備されたレジデンスに滞在したのであるが、彼らのもとには地元のオペラファンからひっきりなしに上質の牛肉が届けられた。大都市では味わえない家庭的な雰囲気の中で、滅多に訪れる機会のないアメリカの街で絶好のコンディションの中、大喝采のうちに公演を終えた。この成功によって、オマハ市から「市民のカギ」を与えられた。

オマハではめずらしいエピソードも康子の思い出の中に残されている。それは彼女の人生で結婚以来二つ目のダイヤの指輪を買ったというものであった。これは親切な劇場の友人に勧められてのことでこれ以上に信用して買える機会はないと思ったのがきっかけであった。康子は決して贅沢ではない。有数のオペラハウスに立て続けに出演しギャラも相応なものになっていたが、初めて贅沢らしい買物をしたのが、アメリカのこの小さな街であったというのが微笑ましい。

■サンタ・クルス・デ・テネリフェ《蝶々夫人》

アルド・ブロッティと共演

オマハに続いて、今度はスペインの小さな島サンタ・クルス・デ・テネリフェで、日本でも広く名前の知られているバリトンのアルド・プロッティのシャープレスで《蝶々夫人》を歌った。彼はその時スズキを歌った日本人メゾソプラノ田中正子と知り合い、その後結婚することになった。

■ウィーン国立歌劇場デビュー

《椿姫》

暮れはウィーンで過ごすことになった。ウィーン・スターツ・オーパー（ウィーン国立歌劇場）へのデビューである。イタリアオペラの大御所アルベルト・エレーデの指揮、第一級のオペラ演出家として評価を確立していたオットー・シェンク演出による《椿姫》での出演であった。

エレーデといえば一九五九年にＮＨＫが招聘した「イタリア歌劇団」公演で来日し、マリオ・デル・モナコが歌った《オテッロ》の歴史的名演を指揮したことで日本のオペラファンの間でも広く知られている伝説的指揮者である。イタリア人ながら当時活動の場の多くをドイツ中心にしており、特にベルリン・ドイツ・オペラを本拠地にしていた。

康子はかつてトリノのエレーデの自宅でうちうちのオーディションを受けたことがあり、康子の実力を認めたエレーデから、ウィーンで彼が指揮する《ルイーザ・ミラー》に聴きに

1977年オーストリア・ウィーン・ウィーン国立歌劇場《椿姫》

くるよう誘われたことがあった。ウィーンを訪れ初日を鑑賞した康子は、そこで素晴らしい歌唱を示したバスのボナルド・ジャイオッティがオーバーなブーイングを浴びるのを目にしたのである。凡庸な出来映えだった他の歌手にはブーイングが出ず、ここの聴衆の耳を疑ったという。それはともかく、エレーデはずっと康子の《ルイーザ・ミラー》への起用について考えていたようである。今回の《椿姫》の出演もエレーデからのオファーによるものであった。

シェリル・ミルンズ

共演者のうちで康子に強烈な印象を残したのは、ジェルモンを歌ったアメリカのバリトン、シェリル・ミルンズであった。すでに世界的に認められていたミルンズは、背が高くすらりとして格好良く、演技力にも優れていたうえ、よく通る声と迫力に満ちた表現力とを兼ね備えていた。日本ではレコード録音を通じて有名にはなっていたが、批評家たちからは「アメリカ的」という評価を受けていた。確かにアメリカ出身の先輩バリトン、コーネル・マックニールの完璧ともいうべきイタリア語のディクションと比較すると、英語民族特有の癖が聞こえる歌唱であると康子は感じる部分もあったが、表現力のある素晴らしいジェルモンだと思った。その後、一九八一年プラハの《ドン・ジョヴァンニ》でも共演した。

ミュンヘンでのクライバーとの《椿姫》に続いてのヴィオレッタは、エレーデの細かく丁寧な指導によって、より一層の完成度を見せることになった。オペラ指揮者として巨匠であったエレーデのもと、康子はまた新たにヴィオレッタを自分のものとしていった。

ドイツ語圏での重要なデビューが、二人の偉大な指揮者によるものであり、かつまた《蝶々夫人》ではなく、ミュンヘンとウィーンでの《椿姫》であったことは、康子が「蝶々夫人を歌う日本人歌手」を越えて、ベルカントスタイルのヴェルディを歌いこなす歌手として世界的に認められた証でもあった。

［回想］

大指揮者たちとの共演

ジャナンドレア・ガヴァッツェーニ先生といえばトゥリオ・セラフィン先生やデ・サバタ先生、ヴィットーレ・グイ先生など大指揮者に連なるイタリアオペラ界最高の重鎮でした。そのガヴァッツェーニ先生と幾度となくご一緒にお仕事ができたことは、私にとってこの上ない幸せでした。スカラ座での《イ・ロンバルディ》、ペルージャでの《オリンピア》、トリノでは《イ・リトゥアーニ人》、パレルモでの《ルクレツィア・ボルジア》とご指導頂いたのですから、歌手冥利に尽きることでした。

指揮者の先生方には本当に恵まれました。エレーデ先生もそうですし、オリヴィエロ・デ・ファブリーティス先生、モリナーリ・プラデッリ先生、ジュゼッペ・パタネ先生、ジョルジュ・プレートル先生、ジョン・プリッチャード先生、ブルーノ・バルトレッティ先生、リッカルド・シャイー先生、カルロス・クライバー先生、ゲンナン・

ロジェストヴィンスキー先生など、当時の第一級の指揮者の先生方とお仕事をご一緒でき、可愛がって頂いたことをこの上ない幸せに思います。

アントン・グアダーニョ先生などは何度もご一緒し、東京での八五年の《マノン・レスコー》と九二年の《ノルマ》もそうでした。またソニーレコードから出した「ある晴れた日に／プッチーニのヒロインたち」と「ヴェルディ・オペラアリア集」のレコード録音の指揮もしていただいています。本当に長い期間、沢山のことを教えてくださったマエストロです。とても気さくで、電話でも「世界一美声のソプラノさん、お元気？」とお世辞も大変お上手な方でした。本当にオペラをよくわかっていらして、歌手のコンディションもちゃんと理解して歌わせ、舞台で何が起ころうとも慌てず騒がずきっちり振れる本物のオペラ指揮者でした。アメリカ・パーム・ビーチの音楽監督を長年務められ、ヴェローナ音楽祭の重鎮で、ウィーン国立歌劇場の常任指揮者も務められるなど、世界中のオペラハウスにひっぱりだこで、まさに超一流の職人芸の指揮者でした。もうあのような指揮者はいらっしゃいません。二〇〇二年にお亡くなりになったのが本当に残念です。

これらの偉大なマエストロから教えられたことは沢山ありますが、共通していたのは、何よりもイタリア語のディクションをとても重要視されていたことです。ディ・ステファノ先生の舞台は、完全に聞き取れるディクションで有名でした。イタリア語の発音が正確でないということは、その人物の感情を正しく表現できないということにほかなりません。最近、この重要性を劇場関係者、そして指揮者までもが認識されていらっしゃらない方があるのは非常に残念なことです。批評家の方々もこの点に言及されることは少ないように思えます。字幕の普及がますますその傾向を助長してる面もあるのは皮肉なことのように思えます。

晩年のディ・ステファノの自宅で

美しい発音を持つイタリア語の言葉からオペラが生まれたのですから、おおもとが崩れていくことは、オペラの芸術性も壊れていくことに違いないのです。こうしたことを多くのマエストロから教えていただいたことが大きな財産となっています。

一九七八年

■バーリ《椿姫》

一九七八年は、南イタリアのバーリでの《椿姫》で始まった。七六年末以来一年ちょっとぶりでの訪問であった。ウィーンに続いての《椿姫》とあって、すっかり手慣れたものになっていた。カラカス、ミュンヘン、ウィーンと、いずれも豪華な舞台装置と奇をてらわない演出、そして一流指揮者との共演によるこのオペラでの体験は、康子にとって幸せなものとなった。今回のテノールは美声のエツィオ・ディ・チェーザレである。しかしこの後、声楽的、音楽的には《蝶々夫人》よりも遥かに康子に相応しいと思われるヴィオレッタ役は、一九八七年のシシリア島トラーパニでの公演まで歌われていない。

■5年連続のコヴェント・ガーデン

続いてニース歌劇場に《蝶々夫人》でデビュー。その後、二月はロンドンへ渡る。コヴェント・ガーデンでの五回目の出演となる今回は、再び《蝶々夫人》であった。アントン・グアダーニョの指揮に、ニール・シコフのピンカートン、ピーター・グロソップのシャープレスというキャストによる公演であったが、この時康子は悪性の風邪を引いて、全く声が出ない状態に見舞われてしまった。康子を信頼するグアダーニョがホテルまで訪ね、リハーサルについての話し合いが行われた。しかし共演者やスタッフたちからの理解は得られない状況で開幕を迎えた。聴衆からは温かな声援を送られたものの、コヴェント・ガーデンの体制も少しずつ変わりつつある時期で、残念ながらロンドンへの訪問はこれが最後になってしまった。オペラ歌手にとってはたった一度の風邪でも、大きなリスクとなるのである。

しかしロンドン・デビューであった《ユダヤの女》と、バルセロナでのピンチヒッターとして出演した公演以来親交を深めていたグアダーニョとの共演は、これから後の康子のキャリアに大きな意味をもたらすものとなり、日本での公演やレコード録音などを通して、友情と信頼が深まっていった。

■トリノ《ドン・ジョヴァンニ》
憧れのレイラ・ゲンチャー

三月はトリノのテアトロ・レージョ（王立歌劇場）に出演する。今回の演目は得意の《ドン・ジョヴァンニ》である。ピエロ・ベルッシの指揮にピエール・ルイージ・ピッツィの演出による美しい舞台で、この頃頭角を現してきたバス、フェルッチョ・フルラネットがタイトルロールをつとめた。この後フルラネットは世界中のオペラハウスで活躍をするようになっていく。共演者の中で特筆すべきだったのは、ドンナ・エルヴィーラを歌ったレイラ・ゲンチャーであった。トルコ生まれのレイラ・ゲンチャーは五〇・六〇年代のイタリアオペラ界を代表するプリマドンナとしての地位を確立していた。マリア・カラスとほぼ同時期の活躍であったために常にカラスの陰に隠れた存在であったし、レコード録音にもあまり恵まれずに国際的な知名度を獲得することができなかった。また独特の癖のある発声を嫌うファンもいたことも事実である。しかし類い稀な演技力と美貌の持ち主であったし、何よりもベルカントオペラを歌いこなす技術の持ち主で、ガヴァッツェーニと多くの名演を残している。ゲンチャーの熱狂的なファンは多く、七八年当時には、誰もが敬意の念を抱く大御所でもあった。

康子にとって、スカラ座研修所時代から雲の上の存在のように感じていたこの偉大なソプラノとの共演は、どれほどの喜びであったことであろう。その話し方から立ち居振る舞いまで魅力に溢れ、プリマはかくあるべきという見本のような人物であった。後に康子は、知り合った多くの優れた先輩歌手たちの中で「ディーヴァ」と感じさせてくれた代表としてマリア・カラス、ピラール・ローレンガーと共にレイラ・ゲンチャーの名前を挙げている。

近年になって多くの実況録音がＣＤ化されたことで、日本でもゲンチャーの存在と彼女の実力は広く知られるようになったことは非常に喜ばしいことである。残念なことに二〇〇七年、惜しまれながらこの世を去っている。なお彼女の名前の日本語表記が、いまだにイタリア語読みの「レイラ・ジェンチェル」とされていることは残念でならない。イタリアでは「ゲンチェル」と発音されているが、ここでは「レイラ・ゲンチャー」と表記しておく。トルコ語の発音からすると「ゲンジャー」に近いらしいことを付記しておこう。

1978年イタリア・トリノ・トリノ王立歌劇場《ドン・ジョヴァンニ》

康子はこの公演をきっかけに、イギリスやドイツばかりでなく、イタリアでもモーツァルトを歌うことになる。

■思い出したくもない
スカラ座の新演出《蝶々夫人》

四月、前年に引き続いてのスカラ座出演は、得意の《蝶々夫人》である。エドアルド・ミュラーの指揮による今回の《蝶々夫人》は、スカラ座における二つ目のプロダクションで、新進演出家ホルヘ・ラヴェッリの手になるものであった。しかしそれは、舞台のほぼ中央に紗幕でできた巨大な筒が作られ、蝶々さんは登場の場以外の全てを、その中で歌い演じるというものであった。第二幕では、蝶々さんだけが筒の中で歌い、その他の歌手たちは舞台の左右に分かれて演奏会形式のように並んで歌うという、歌手同士のコミュニケーションを断つような奇をてらった演出であった。康子は出演の条件として、第一幕での円筒を外すことを提示し、それを認めさせての出演となった。せっかくのスカラ座出演ではあったが、康子自身は思い出したくもない舞台だったと語っている。

七〇年代に入ってから世界的に「読み替え」という演出的手法による舞台がもてはやされる傾向にある。スカラ座においてはこのラヴェッリ演出はそのはしりと言えるかもしれない。しかし周知の通りこのような新演出には、本質を捉えた解釈であるか、あるいは演出家の独善によるものか判断を迫られるという問題を常に孕んでいる。当然のことながら演出家は必ず「作曲家の意図に添って解釈している」と述べるが、演じる歌い手や聴衆が演出家の意図通りに受け取るかどうかは全く別の問題である。スカラ座でのラヴェッリ演出も賛否両論が巻き起こった公演であった。しかし人々の意見や新聞、雑誌等の記事を精査してみると、賛辞を贈る意見のほとんどが「今やオペラの舞台では新しいことをやるべきである」というものであって、ラヴェッリ演出が価値のあるものかどうかという評価からはかけ離れたものがほとんどであった。スカラ座の聴衆は公演初日から最終日まで、毎回猛烈なブーイングを浴びせ続け、出演していた歌い手たちには、本当に気の毒な公演となってしまった。ちなみにラヴェッリはそこそこの活動は続けたものの、当初期待されたような舞台を今に残してはいない。この事実こそが真実の評価となるであろう。

■パレルモ・マッシモ劇場

《トゥーランドット》

同じく五月、スカラ座でのいささか不愉快な公演の後には、南イタリアでの公演が待っていた。パレルモでの《トゥーランドット》である。シチリア島最大の都市パレルモにあるテアトロ・マッシモは、イタリアオペラ界でも屈指の歴史ある劇場であり、フランシス・コッポラ監督の名作『ゴッドファーザー・パートⅢ』でもマスカーニの《カヴァレリア・ルスティカーナ》の上演シーンが撮影されている。ギリシア風の柱が立ち並ぶ壮麗な大階段を備えた正面入り口や華麗な劇場内部がふんだんに画面に登場していたので、記憶されている人も多いだろう。七八年当時は改修中であったために公演はポリテアーマ劇場での上演であったが、正式に「テアトロ・マッシモ公演」とされたものであった。康子は春たけなわのシチリアで、七五年のヴェローナ以来二回目となるリューを歌った。ただしこのパレルモ公演は劇場付きの舞台スタッフのストライキのために、十回近い公演を演奏会形式でやらざるを得ない結果となった。この公演でトゥーランドットを歌ったダニカ・マストィロヴィッチが「声量には恵まれているけれども時折叫ぶようになってしまうのが惜しい」、カラフを歌ったアメーデオ・ザンボンが「良いテノールであるのは認めるけれども芳しいできではなかった」と新聞評に書かれる中にあって、康子は絶賛を浴びている。

「この公演の出演者のうち最も素晴らしかったのはヤスコ・ハヤシであったと私には思える。表現力豊かで恵まれた声を持ち、声量は強大ではないものの美しく、とても良く訓練されている。彼女のリューは当夜の白眉であった」

（ヴァリエタ紙）

「品位と完成度においてこの夜我々を最も納得させてくれたのは、リューを歌ったヤスコ・ハヤシであった」

（ジョルナーレ・ディ・シチリア紙）

この公演では、決して楽しい思い出ばかりではなかった。共演者の一部や、他のオペラのために劇場に来ていたある指揮者などから、いわれのない不愉快な「いじめ」にも似た仕打ちを受けたという。康子自身は今に至るまで詳細を語ろうとしないが、他人の成功を妬む同業者が、この世界には数えきれないほどいるのだということを痛感したと語っている。しかしシチリアでの成功は、スカラ座でのいささか不愉快な《蝶々夫人》を忘れさせてくれるものでもあった。

■リムスキー・コルサコフ

《プスコフの娘》

同じく五月、再びトリノを訪れる。今回はオペラハウスではなく、馴染みのイタリア放送のスタジオであった。以前ベッリーニの《ビアンカとフェルナンド》で成功を収めた同じ場所で、リムスキー・コルサコフの《プスコフの娘》という珍しいオペラをイタリア語訳で歌うためである。オペラ《金鶏》で知られるリムスキー・コルサコフのこの作品は、別名《イワン雷帝》でも知られているが、実際に上演されることは滅多にない。イタリア放送での演奏はもちろんラジオ放送のための演奏会形式であったが、ユーリ・アロノヴィッチの指揮に、ペルージャ音楽祭の《ホヴァンシチーナ》で一緒になったニコライ・ギュゼレフとの共演で、オペラファンにとっては見逃すことのできない演奏会であった。このオペラは四幕六場の長大な作品である。康子はオルガ公女を歌い、ジャンニコラもトクマコフ公爵役で出演した。

アロノヴィッチは「オケはどんな場合でも声を消していけない」と、オーケストラに言い聞かせての指揮であったという。このような指揮者は康子のキャリアの中でも初めてのことで、声が生かされてのオペラなのだから、すべての指揮者がアロノヴィッチのようであったら、オペラはもっと生き生きとしたものになるのではなかろうか、とつくづく思った。

■ビクターから二枚のレコード

《プスコフの娘》が終わるとすぐ、康子は大急ぎで日本へ帰国した。ビクターでの「イタ

CD : YASUKO HAYASHI SONGS OPERA ARIAS

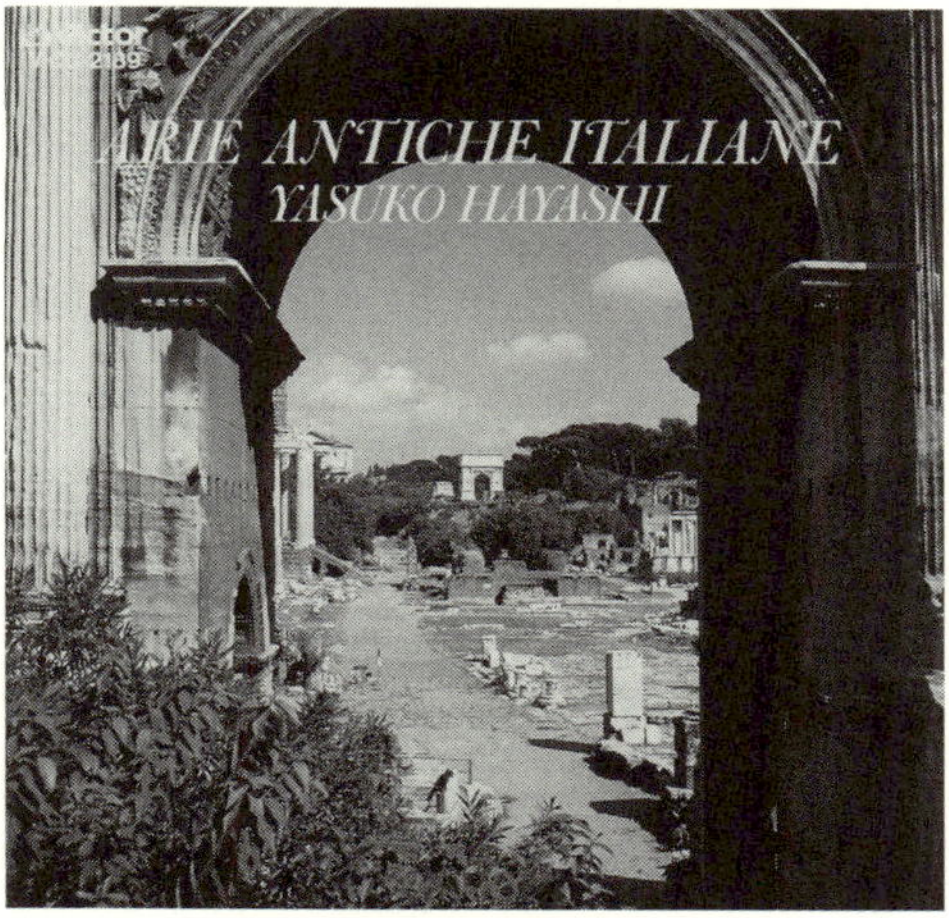

CD : 林康子「イタリア古典歌曲集」

リア古典歌曲集」と大学院時代に薫陶を受けたニコラ・ルッチの指揮する「オペラアリア集」の二枚のレコードを録音するためであった。康子にとっては初めてのレコーディングであった。「イタリア古典歌曲集」は本人も納得の出来栄えであったが、「オペラアリア集」は当時の日本での録音技術、条件の問題もあって、歌い手にとってはかなり過酷なものとなってしまった。繰り返される録音で良い声が充分に出せなかったことを本人も残念に思っている。

■エクス・アン・プロヴァンス音楽祭

教会音楽を歌う

七月下旬は三度目のエクス・アン・プロヴァンスへ旅立つ。今回はオペラではなく、当時室内楽では第一人者であったレイモンド・レッパードの指揮によるサン・ソヴェール大聖堂での演奏会である。アレッサンドロ・スカルラッティの『モテット』、ドメニコ・スカルラッティの『サルヴェ・レジーナ』、ヴィヴァルディの『グローリア』という十八世紀初頭の教会音楽によるプログラムで、ナディーヌ・ドニーズとの共演である。レッパードが最も得意とするレパートリーだけに、普段オペラを中心に活動している康子にとっては興味深い実りある体験となった。

真夏の夜の公演ということで、指揮のレッパードはじめオーケストラの男性陣もシャツ姿で、リラックスした心地よい演奏会であった。康子は同行したジャンニコラ共々プロヴァンスの夏を満喫した。

■シカゴ・リリック・オペラ《蝶々夫人》

リッカルド・シャイー

秋はアメリカへ渡る。今度はシカゴである。五年前、《マリア・ストゥアルダ》で幸運なデビューを飾ったオペラハウスである。今回は得意の《蝶々夫人》であったが、この公演で特筆すべきは望まれてリッカルド・シャイーの指揮のもとで歌ったことである。シャイーとは七四年のシエーナでの《蝶々夫人》の公演で知り合っていた。当時シャイーは二十歳そこそこであったが、指揮者バルトレッティのアシスタントとしてリハーサルに参加していた。公演後、目を輝かせて賞賛の言葉を康子に浴びせかけた若き日のシャイーの顔を、康子は今もなお昨日のことのようにはっきりと覚えている。シャイーが康子の実力を認めたのはその時のことであり、今回のシカゴへの出演もシャイーが強力に推したものであった。

リッカルド・シャイーの父、ルチアーノ・シャイーは作曲家であり、ミラノのスカラ座、トリノのテアトロ・レージョ、ジェノヴァのテアトロ・コムナーレ、ナポリのサン・カルロ歌劇場、ヴェネツィアのフェニーチェ歌劇場などの芸術監督を歴任した高名な人物で、康子が世界に飛躍するきっかけとなったロッシーニコンクールの審査委員長でもあった。音楽的環境には恵まれていたものの、リッカルドが正式に音楽の勉強を始めたのは九歳になってからであるという。しかしその天分はすぐに発揮され、康子と知り合った二十歳の頃には、次代を担うであろう指揮者として将来を嘱望されていた。実際二十代半ばに指揮者としての活動を始めてからは、あっという間に世界的な評価を受けるまでに成長した。オペラに対する感性には非常に鋭いものがあり、現在ではヴェルディからヴェリズモを経て現代音楽にまで、その才能を十分に発揮する指揮者としての評価を確立している。

康子もまたシャイーの才能をこよなく愛した歌い手の一人となった。シカゴでの《蝶々夫人》はこのうえなく幸せなひとときをもたらしてくれた。歌い手を十分に歌わせることができる数少ない指揮者であるシャイーとの共演、また五年前は偉大なカバリエの代役ということで精一杯だったシカゴも、アメリカ北部特有の寒い気候も長い滞在も苦にならず、多くのシカゴ在住の日本人たちとも親しく友好を深めながら、大喝采のうちに舞台を終えることができた。この後、シャイーとは一九七九年スカラ座の《道楽者のなりゆき》や《二人のフォスカリ》でも共演する。

■ニース／最初で最後の《フィガロの結婚》

ミラノに戻った康子はほんの少しの休養の後、一九七八年の歌い納めとして南フランスの高級リゾート地ニースに出かける、ニースにはすでに一月に《蝶々夫人》デビューしていたが、今度は、最初で最後となった《フィガロの結婚》である。ニースでは大規模な公演の場合二千五百人を収容する「アポロン会館」で行われるが、今回は小規模なニース歌劇場での公演であった。ニース歌劇場は一七七六年に由緒ある「マッカラーニ劇場」の跡地に建造された美しい劇場で、音響効果に優れたオペラハウスである。

公演自体の規模は小さかったものの、康子には特別に思い入れのある公演となった。というのも、かつて東京藝術大学の入試で歌ったのが《フィガロの結婚》の伯爵夫人のアリアであり、当時はオペラアリアといえば伯爵夫人の二つのアリアしか知らなかった。それが今では世界でも珍しいオペラを幾つも歌うまでに成長したのである。

康子のモーツァルトといえば《ドン・ジョヴァンニ》のドンナ・アンナが代表的なレパートリーのひとつとなっており、《コシ・ファン・トゥッテ》のフィオルディリージも数多く歌っているものの、《フィガロの結婚》への出演は、このニースでの公演が唯一のものとなった。伯爵を歌った大ベテラン、ヴォルフガング・シェーネは、すでに康子と幾度となく《ドン・ジョヴァンニ》で共演し、気心の知れた仲であった。またジャンニコラがバルトロで出演しており、ケルビーノを歌った旧知のビアンカ・マリア・カゾーニなど康子にとってはとてもなごやかな年の瀬の公演となった。

一九七九年

巨匠ガヴァッツェーニ

一九七九年は康子にとって非常に重要な、そして実りの多い年となった。それはイタリアオペラ界を代表する巨匠ジャナンドレア・ガヴァッツェーニと再び共演したことである。それもこの一年の間に、三つの作品で共演したのである。

一九〇九年にベルガモで生まれたガヴァッツェーニは、マリア・カラスを発掘し育て上げた名指揮者トゥリオ・セラフィン亡き後、ヴィクトール・デ・サバタと共に、名実共にイタリアオペラ界の至宝ともいうべき存在であり、あらゆる歌手たちからの尊敬を一身に集める希有な人物でもあった。ガヴァッツェーニは四十年代初め頃までは作曲家としての活躍を見せていたが、第二次大戦前から指揮者としての活動を始め、その後スカラ座を中心とした活躍で、特にオペラの指揮者としての名声を確立していった。イタリア現代オペラを初めワーグナーやムソルグスキーの演奏でも最高の賛辞を受けていたが、何よりも同郷の作曲家ドニゼッティの演奏にかけては他の追随を許さない存在でもあった。ガヴァッツェーニのもとで歌うことは、イタリアオペラを歌うオペラ歌手たちの憧れでもあったのである。

■RAIトリノ《イ・リトゥアーニ》

ニースでの《フィガロの結婚》を終えた康子は新年早々、トリノのイタリア放送スタジオに赴く。演奏会形式によって上演されたのは、非常に珍しいポンキエッリの《イ・リトゥアーニ（リトゥアニアの人々）》である。一八七四年、スカラ座で世界初演されたこのオペラは、その後ほとんど上演されることがなかった。ポンキエッリの作品の中では、代表作《ラ・ジョコンダ》の二年前の作品である。ガヴァッツェーニの指揮によるこのオペラの上演は、オペラファンにとってはこれ以上ないほどの贈り物となった。康子はヒロインのアルドーナ役を歌った。共演は旧知のテノール、オッターヴィオ・ガラヴェンタ、そしてバリトンのアレッサンドロ・カッシスである。

ガヴァッツェーニはまさに本物のオペラ指揮者であり、こよなくオペラを愛していた。何よりも「声」というものが、そして「歌う」ということがどんなことであるのかを知り尽くしている指揮者であった。彼は指揮者であると同時に音楽学者でもあり、文学賞を受けるほどの文筆家でもあった。彼の指揮するオペラは、それまでに蓄積されたものを全て注ぎ込んだ希有なものだったのである。リハーサルでは、ひとつひとつのフレーズをどのように歌うか、どのように呼吸するか、どのようにフレーズを作るか、具体的に指導することができる指揮者であった。時には「昔はテノールの良い声だったんだよ」と言いながら、子供に聞かせるように自分で歌って示したりした。「百聞は一見にしかず」という言葉があるが、ガヴァッツェーニが歌って示してくれると、それを聴いただけで如何に歌うべきかが明確になる。彼とのリハーサルの時間は康子にとっても仲間の歌手たちにとっても、どんなレッスンとも比べようがない貴重な時間であった。ガヴァッツェーニの指揮で声とオーケストラとが一体になってドラマを作り上げて行く体験は、その度に、康子にとって言葉に表せないほどの驚嘆と興奮を与えてくれた。歌手たちのその日の状態までも正確に把握し、最上の声を的確に引き出してくれるガヴァッツェーニの指揮の下で、歌手たちもオーケストラも極上の幸せを感じながら演奏した。ガヴァッツェーニの手にかかると、この美しいオペラが一体何故長い年月演奏されなかったのかが疑問に思えるほどであった。聴衆の熱狂は大変なものであった。ガヴァッツェーニとの幸せな共同作業は、この年の九月と十月、八三年と八四年、そして九一年には待ちに待ったドニゼッティの《ルクレツィア・ボルジア》と積み重ねられていく。《イ・リトゥアーニ》はイタリア放送の録音のためのものであったために、非常に良好な状態で記録され、現在もＣＤがイタリアのボン・ジョヴァンニ社から発売されている。

■スペイン・リセオ大劇場
プッチーニの《つばめ》

二月、ガヴァッツェーニとの幸せな共演を果たした康子は、七年振りにスペインのバルセロナを訪れる。グラン・テアトロ・リセオでの公演は、初役となるプッチーニの《つばめ》であった。ヒロインが歌う『ドレッタの夢』だけがよく知られているものの、オペラ公演としてはめったに取り上げられることのない作品である。日本でも二〇〇三年になってようやく演奏会形式で上演される運びになったほど、舞台で接する機会には恵まれないオペラであるが、洒落た雰囲気を持つプッチーニの佳作である。このオペレッタ的な作品での主要人物は四人で、ソプラノリリコによるマグダ、スーブレットによるリゼット、二枚目的テノールリリコによるルッジェーロ、コミック的な味わいを持つテノールによるプリュニエと、それぞれが同じような実力の持ち主を揃えないと十全な上演が望めないという難しさを持ったオペラである。有名なマグダのアリアだけは軽い声質のソプラノによって歌われることが多いが、オペラ全曲の場合、このヒロインには充分なリリコの声が求められている。特に第三幕ではプッチーニらしい重厚なオーケストラを伴った二重唱が求められており、康子にはぴったりの役柄であった。旧知のミケランジェロ・ヴェルトリの指揮のもと、康子自身もこの役柄を非常に楽しんで演じたという。バルセロナの観客も、この珍しいオペラ公演に大いなる好感を持って、盛大な声援と拍手を贈った。

■念願の《マノン・レスコー》

スペインから戻った後、三月にパレルモを訪れた。今回はプッチーニの《マノン・レスコー》への出演である。この役も初めての挑戦である。実は康子が世界に羽ばたいて間もない頃、スポレート音楽祭で《マノン・レスコー》がルキーノ・ヴィスコンティ演出、トーマス・シッパース指揮で企画され、康子に出演のオファーが舞い込んだことがあった。康子はゴルリンスキー事務所のヘルガ・シュミットに相談した。シュミットはプッチーニのマノンは非常にドラマティックであること、声を潰しかねない危険を孕んでいることからこの出演に反対し、康子はその忠告に従った。「後ろ髪を引かれる思い」で断ったという。もし実現していれば偉大なヴィスコンティのもとでどれほどの勉強ができたであろうと、返す返すも残念なことである。

レパートリーの選択に思うこと

レパートリーについて、康子は今になって思うことがあるという。例えばこの《マノン・レスコー》であるが、練習をしてみると、《蝶々夫人》や他の比較的「重い」といわれているオペラよりもずっと自分に合っており、思い切り本領を発揮できることに気づいた。この時、どのような人がどのような忠告をしてくれたとしても、本当に自分に合っているレパートリーかどうかは自分にしかわからないのだと確信したという。ずっと以前にバルセロナからマスカーニの《イリス》の依頼が舞い込んだとき、往年の名テノールのジリアーニから合っていないと忠告されて断ったが、今ではそれも疑問に思っていると語っている。またイタリアでは《蝶々夫人》は歌手としてある程度成熟してから歌わないと声を壊すというのが広く流布されている意見であるが、康子自身は若いうちから《蝶々夫人》を手がけていて本当によかったと思っている。何故ならベルカント唱法がこのオペラの歌い方を支えてくれたからである。さもなければ発声の仕方が次第に重くなっていき、ベルカントオペラやヴェルディなどを平行して歌い続け、成長することはできなかったであろう。

パレルモでの公演は、日本でもＮＨＫ招聘（一九六三年）の「イタリア歌劇団」でよく知られている大ベテラン、オリヴィエロ・デ・ファブリティスの指揮に、当時最もハンサムなリリコスピントのテノールとして人気者だったジャンフランコ・チェッケレのデ・グリューというキャストであった。

デ・ファブリティス

リハーサルの初日、初役で緊張している康子の耳に、デ・ファブリティスがブツブツ言っている声が聞こえた。デ・ファブリティスとはすでにフェニーチェ歌劇場での《蝶々夫人》で共演（一九七四年）しているのだが、「何でマノンが日本人なんだ」と。このうえなくフランス的といわれるマノン役が東洋人であったことに、不満だったらしい。康子は幾らかショックを受けたものの、練習では必死にデ・ファブリティスに喰らいついていった。そして稽古が進むうちにマエストロの康子に対する態度が少しずつ変わっていった。人物像や音楽の作り方など懇切丁寧に、そして根気よく教えるようになっていった。最初はいきなりハードルを作られた感のあった康子も、次第に、この指揮者が噂通りガヴァッツェーニ同様の深い知識と実力を兼ね備えた巨匠であることを実感していった。その指揮はとても情熱的で、思いきり感情移入ができる素晴らしいものであった。

1979年イタリア・パレルモ・マッシモ劇場《マノン・レスコー》

ジャンフランコ・チェッケレ

この公演で康子に対してこのうえなく親切に接してくれたのは、テノールのチェッケレであった。チェッケレもまた、NHK招聘（一九六一年）の「イタリア歌劇団」公演の《カヴァレリア・ルスティカーナ》のトゥリドゥを歌って日本でも知られているテノールである。デ・グリューは彼の最も得意とする持ち役のひとつで、すでに数多くのソプラノと共演を果たしていた。リハーサル中にも「それじゃマノンじゃないよ」とか「いいかい、マノンのような女は相手をものにしようとする時には、正面からまともに相手を見るんじゃなくて、下からおもむろになになめに目線を上げて見るんだよ」といった的確な忠告を与えてくれた。チェッケレにとても助けられたことを思い出しながら、康子は「きっと初めははがゆく思っていたことでしょうね」と回想している。自分と似ても似つかない役での役づくりは、他のどんなロマンティックな役柄に比べても想像力をかき立てられて実に楽しかったと語っている。

デ・ファブリティスとチェッケレのおかげもあって、パレルモでの《マノン・レスコー》デビューは大成功のうちに終わった。「リリックな味わい深いマノン・レスコーだった」という好意的な新聞評にも増して康子を喜ばしたのは、最初に拒否反応を示したデ・ファブリティスが、康子のマノンに大満足の意を示してくれたことであった。デ・ファブリティスは典型的なローマ人で、冗談好きであり、心の温かな人物であった。後に知ったことではあるが、敬愛するガヴァッツェーニとは大の親友であったという。

康子は、このプッチーニの最初の成功作の、新鮮で若さに満ち溢れた音楽のとりこになり、自分の声にも合っていて、大好きなオペラになったという。

■正真正銘のプリマドンナとして迎えられたスカラ座の《道楽者のなりゆき》

ミラノに戻った康子には重要な公演が控えていた。ストラヴィンスキーの傑作《道楽者のなりゆき》への出演である。このオペラはかつてバルトレッティの指揮のもと七三年にフィレンツェで、イタリア語では歌ったことがある。また、七二年のシエーナで、やがて結婚することになるジャンニコラと知り合うきっかけともなった思い出のオペラである。今回はスカラ座制作の公演であるうえ（会場はテアトロ・リリコでの上演であった）、英語での上演、イギリス・ポップ・アートの代表的存在であるデヴィッド・ホックニーの舞台美術、名演出家ジョン・コックスの演出、共演は当時イギリスを代表するテノールであったフィリップ・ラングリッジ、そして新進気鋭リッカルド・シャイーの指揮に、ロンドンのチェンバー・オーケストラを招いてのものであった。そのうえこの役はシャイーからの指名による出演であり、康子にとって記念すべき公演でもある。これまでスカラ座のプロダクションではゲスト出演であったのが、今回はついに、初日から楽日までの主役として出演を果たしたからである。オペラ自体をすっかり自分のものにしていた康子は、ここでも評判を呼ぶ。公演自体も成功を収め、翌年のスカラ座での再演に結びついた。ついに康子はイタリアオペラの殿堂スカラ座で、文句なしにプリマドンナの地位を獲得した。

〔回想〕

シャイー先生は若かったけれども、アッバード先生やムーティ先生が当時はまだ避けておられたプッチーニやヴェリズモを得意とされていたうえに、ストラヴィンスキーの《道楽者のなりゆき》が素晴らしかったのにはびっくりさせられました。現役の作曲家であるお父上のルチアーノ・シャイー先生の存在も大きかったのでしょうか、彼の現代音楽に対する感性には目を見張るものがありました。同じ年、私がスカラ座で初めて歌ったヴェルディの《二人のフォスカリ》もシャイー先生でした。

スカラ座での《道楽者のなりゆき》には嬉しい後日譚があります。日本でも人気を博したソプラノのルチア・アリベルティさんと会った時、あれはシュトゥットガルトでの《ドン・ジョヴァンニ》の時（一九八四年）だったと思いますが、同じ時期に《愛の妙薬》に出演していた彼女が楽屋を訪問してくださり「あの《道楽者のなりゆき》は素晴らしい声とテクニックだった。今でも忘れられない」と称賛してくれたのです。それまで面識のなかった同じソプラノの歌手仲間からの言葉で、とても嬉しかったのを覚えています。

1979年イタリア・ミラノ・スカラ座《道楽者のなりゆき》

■シチリアでの連続公演
《キリストの昇天》

スカラ座で充実したひと時を過ごした康子は、シチリア島でのツアーに参加する。これはパレルモのテアトロ・マッシモの制作による演奏会ツアーで、一九一七年生まれの作曲家ドメニコ・バルトルッチ作曲によるオラトリオ《キリストの昇天》を、作曲者自身の指揮で演奏するものであった。バルトルッチはヴァティカンの指揮者の地位を持っている人物でもあった。テアトロ・マッシモを皮切りに、アグリジェント、テルミニ、トラーパニ、カステルヴェトラーノ、シャッカ、アルカモといった由緒ある街を巡る演奏旅行で、移動のため多忙なスケジュールではあったが、普段は滅多に訪れることのない歴史あるイタリア南部、シチリア島の魅力を満喫した。また演奏会場は何百年という歴史を誇る教会がほとんどであり、雰囲気にも恵まれ、五月末から六月というイタリアでは最も美しい絶好の季節であった。作曲家自身の指揮による演奏会はどこでも好評であったことは言うまでもない。康子にとってはこのうえないプレゼントのようなシチリア旅行でもあった。

■クレーマ大聖堂
ボッテジーニ《レクイエム》

シチリアから戻った後も宗教曲での重要な演奏会が続く。ミラノの郊外、市街から三十分ほどのところにある古い歴史を持つクレーマの大聖堂で、ジョヴァンニ・ボッテジーニの《レクイエム》を歌った。これは一八八一年に発表されたものだが、今回は二十世紀に入ってから初めての蘇演であった。

ボッテジーニは十九世紀後半に活躍した作曲家であり、高名なチェリストでもあったが、オペラ史の上では、ヴェルディの《アイーダ》世界初演（一八七一年、エジプト・カイロ）を指揮したことで知られている人物である。

めったに演奏されることのない珍しい作品が取り上げられる場合、比較的短期間で準備する実力を持っている歌手として、康子は最も信頼できる歌手として評価されていた。ボッテジーニの《レクイエム》には、一九八〇年九月、ミラノのイタリア放送主催の演奏会でも起用された。レコード録音もされ、このあと何度も他の教会でこの曲を歌う機会に恵まれた。

■マルティーナ・フランカ音楽祭

《マリア・ストゥアルダ》

夏は「マルティーナ・フランカ音楽祭」に参加する。シカゴでデビューしたドニゼッティの《マリア・ストゥアルダ》が演目である。

イタリア半島の最南西部、半島を長靴の形に例えるなら、ちょうど踵の部分に当たるターラント地方にあるマルティーナ・フランカで開催されるのが「イトリア渓谷の音楽祭」と呼ばれる「マルティーナ・フランカ音楽祭」である。街の近郊を流れるイトリア川の名前から取られている。音楽祭としての規模は決して大きくないが、埋もれたオペラや珍しいオペラを取り上げることで、オペラファンの間ではつとに知られた存在である。

康子にとってはシカゴ以来六年振りの《マリア・ストゥアルダ》である。アルフレード・シリピーニの指揮に、ヌッチ・ラドガーナの演出という知名度のないスタッフによるエディションであったが、共演がヴィオリカ・コルテツ、パオロ・バルバチーニ、カルロ・デ・ボリトトリといった実力派を集めてのキャストであった。シカゴでも共演したコルテツとはぴったり息も合い、マリアとエリザベッタの対決の場で歌われた二重唱は白熱した。しかし、どのような理由があったのかテレビ用に録画までされていながら放送されることはなかった。

公演の後、イタリア南部カラーブリア地方で現在世界遺産にも登録されているアルベロ・ベッロから始まるヴァカンスに出かける。長靴の形をしたイタリア半島の踵の部分に向かって車を走らせ、これまで知っていた観光的なこの国とは別世界のような原始的とも感じさせる暑いイタリアの夏を知った。

■ペルージャ音楽祭

スポンティーニ《オリンピア》

南イタリアでの夏を満喫した康子は、九月に入って中部イタリアへ移る。康子にとっては心躍る公演が控えていた。再び巨匠ジャナンドレア・ガヴァッツェーニと芸術監督フランチェスコ・シチリアーニからのオファーで歌える機会が巡ってきたからである。古都ペルージャで開催される「ペルージャ音楽祭」への出演である。今回の演目はガスパーレ・スポンティーニの《オリンピア》という、またも珍しい作品がプログラミングされていた。

このオペラは一八一九年にパリで世界初演されて以来、二十世紀に入ってからは全く忘去られていた。ようやく一九五〇年に名歌手レナータ・テバルディによって現代蘇演され、その後一度だけ康子が敬愛してやまないピラール・ローレンガーが演じたきりのオペラであった。オリジナルのフランス語による演奏であり、多忙な中での準備であっただけに、康子には大きな負担ではあったものの、ガヴァッツェーニとの共演は何にも増して大きな喜びであった。

九月一五日、テアトロ・モルラッキで音楽祭のオープニングとして演奏された《オリンピア》は、ガヴァッツェーニの指揮のもと、アレクサンドリーナ・ミルチェーク、ウェルナー・ホルヴェークらの共演で、康子は見事な歌唱を示した。ガヴァッツェーニの薫陶の賜物であったことは言うまでもない。七六年の《ヘラクレス》、七七年の《ホヴァンシチーナ》に続き、イタリアオペラ界でも特に注目されるこの音楽祭での三度目の成功は、康子の実力を如実に知らしめるものとなった。

三十歳代も半ばを越えた康子の声はまさに絶頂期で、この至難なオペラのヒロインを文句なしに歌いきることができたのである。演奏会はイタリア放送によってラジオで実況中継され、その後この録音ソースから海賊版レコードが出廻ることとなった

フランチェスコ・シチリアーニの言葉

この公演の練習中に、康子には忘れられない思い出がある。公演プロデューサーはマリア・カラスを国際的に知らしめたフランチェスコ・シチリアーニであったが、ある日康子とジャンニコラはシチリアーニに呼ばれた。シチリアーニはジャンニコラに向かって康子を指しながら「この歌手は歴史的にも名を残すことになるかも知れない貴重な可能性を秘めた人材だ、これからもしっかり見守ってほしい」と言ったのである。康子自身は今になって振り返ってみてそのようになれたかどうかはわからないといいながら、その時の天にも昇るような嬉しさとともに、一層の努力をしなければと決意したと語っている。

■ドニゼッティ《レクイエム》

ケルビーニ《ミサ》

アドリア市立歌劇場で《蝶々夫人》を歌った康子は、十月、シチリアのカターニャに向かう。今度はドニゼッティ作曲の《レクイエム》である。

ドニゼッティの《レクイエム》は、同時代の偉大な同僚で、三十四歳で夭逝したヴィンチェンツォ・ベッリーニに捧げられたものである。一八三五年にパリ近郊のピュトーで病死した

ベッリーニの遺骸は翌三六年に生まれ故郷であるシチリア島のカターニャに運ばれ、カターニャ大聖堂に埋葬された。その際に演奏されたのがこの《レクイエム》である。

今回の演奏会は、そのカターニャでの記念すべきもので、郷土の生んだ作曲家の名を冠したテアトロ・マッシモ・ベッリーニで開催された。指揮者はガヴァッツェーニであり、今回もまた彼からの指名による出演であった。この年三回目の共演とあって、ガヴァッツェーニは康子の声と音楽の傾向を確実に把握し、康子の最も良い部分を限りなく引き出すことに成功した。ベッリーニゆかりの地での、彼を称える《レクイエム》をガヴァッツェーニのもとで歌うことは、まことに感慨深いものがあった。

このコンサートでは、ガヴァッツェーニが掘り出したケルビーニの《ミサ》も演奏された。

■トレヴィーゾでの《蝶々夫人》

同じく十月、カターニャの後はヴェネツィア近郊の町、トレヴィーゾでの《蝶々夫人》が続く。老練なエットーレ・グラーチスの指揮に、ピンカートンがヴィンチェンツォ・ベッロ、シャープレスがアレッサンドロ・コルベッリというキャストであった。若手バリトンとして頭角を現してきていたコルベッリは、康子の耳にも将来性のある歌手で、きっと大きなキャリアを築くだろうと予感していた。そして実際そのとおりになっている。この当時すでに数えきれないほどの公演回数を重ねていた《蝶々夫人》であるだけに、すっかり手のうちに入っており、大喝采を博したことは言うまでもない。

続いて十一月、同じキャスティングでのロヴィーゴ公演にも出演した。

■スカラ座の《二人のフォスカリ》
三人の名バリトンと共演

七九年の最後はスカラ座であった。演目はヴェルディの《二人のフォスカリ》。ヴェルディ前期のベルカントスタイルを駆使した佳作である。先の《道楽者のなりゆき》で、堂々シングルキャストのプリマドンナとしてスカラ座出演を果たした康子は、イタリアオペラの殿堂で、ついにヴェルディのヒロインを歌うまでになった。バイロンの詩作を基にしたこのオペラは一八四四年にローマで初演された。十九世紀前半のオペラスタイルを如実に残す作風は、声が充実していたこの時期の康子にとっては、まさにうってつけのオペラであった。指揮は《道楽者のなりゆき》に続いてのリッカルド・シャイー、舞台装置と衣装はピエール・ルイージ・ピッツィ、主役のバリトンには五十歳を越えて油の乗りきったピエロ・カプッチッリ、三十歳代で躍進著しいレオ・ヌッチ、そしてスペインが誇るヴィンセンテ・サルディネーロの三人、ヒロインのルクレツィアはカティア・リッチャレッリと康子によるダブルキャストが組まれていた。康子のこの公演への参加は、指揮者リッカルド・シャイーからの要請によるものであった。

康子は三回の公演を歌ったが、何とそれぞれの公演でバリトンの相手役が変わるという変則的な舞台であった。三人はそれぞれに素晴らしいものであったが、やはり声の点でも表現でもカプッチッリが群を抜いていた。このような偉大な歌手とスカラ座で共演できることは、康子にとってはこの上ない誇りであった。

康子と同様リッチャレッリにとっても、この役柄は歌唱スタイルの点で非常に合ったものであった。新聞評では、弱声を得意とするリッチャレッリは叙情的表現で上回り、康子はドラマの人物像の解釈とドラマティックな声及び表現力で上回ったという評価がされている。

康子にとっては何よりも、自分の実力を認めてくれているシャイーの素晴らしい指揮のもとで、偉大な歌手と共に、スカラ座でヴェルディのヒロインとして招かれた事実が大きな意味を持っていた。公演自体は当初期待されていたテノールのジョルジョ・メリーギの突然のキャンセルによって急遽呼ばれたテノールの不調もあって、大成功とまではいかなかったものの、リッチャレッリが野次られたりしたのに比べ、康子は厳しいスカラ座の聴衆から温かな声援と拍手を受けることができた。リッチャレッリは康子のスカラ座デビューであった《蝶々夫人》の二年後に《修道女アンジェリカ》でスカラ座にデビューしたものの、当初からスカラ座の聴衆とは相性がいまひとつで、この度の公演でもその実力に相応しい評価を受けることができなかった。おそらくその美貌によって、オペラの舞台で成功を収める前にレコードデビューし、マスコミによってスター扱いされてしまったことで、スカラ座の聴衆の見方がより厳しいものになっていたのだろう。

大変に実りの多かった七九年は、スカラ座での幸せなヴェルディ公演で幕を閉じた。

〔回想〕

ガヴァッツェーニ先生

この年の最大の思い出は、何といってもガヴァッツェーニ先生と共演できたことです。それも三回にわたって。先生は一九〇九年生まれですから、この時ちょうど七十歳になっておられました。イタリアオペラ界では誰もが尊敬する大巨匠でしたし、ご一緒にお仕事ができることは全てのオペラ歌手にとっての夢でした。オペラに関しても声に関してもご理解が深く、「歌う」ということがどのようなことか良くわかっておられたからです。オペラを振る指揮者が必ずしもオペラがわかっているわけではないのです。現在では声のことがわかり、歌手を正しく歌わせることのできる指揮者は、ほんの一握りしかいらっしゃらないと言ってもよいでしょう。残念なことですが、それが現実です。先生はマスカーニやジョルダーノ、レオンカヴァッロ、チレーア、ザンドナーイなどのオペラ作曲家や、トスカニーニ、ブルーノ・ワルター、フルトヴェングラー、エーリッヒ・クライバー、アントニオ・グァルニエリ、デ・サバタ、カラヤンなど、二十世紀の大指揮者たちとの交流があり、その中で勉強されてきた方ですから、音楽の基礎、素養の厚さ、深さが違うのです。

作曲家が表現したいことは何か、その意図を理解してひとつひとつのフレーズをどのように表現するか。どのように息を吸って、どう発声するか、どういう風にレガートを作るか。いかに呼吸をするかを具体的かつ的確に指示してくださいました。ご自分でも歌ってくださるのです。

若いときはとても怖い先生だったそうですが、私の知る先生は人間的にもとても優しい方で、共演中はしばしばお電話をくださいました。「今日はどう?」とか、「元気?」とか。練習では必ず私の可能性をより高みに引き上げてくださり、歌と共に私自身が豊かになっていく感じがしました。私にとっては単に「先生」というよりも「音楽の神様」的な存在でした。いつか是非《蝶々夫人》を一緒にやりたいとおっしゃって、翌八〇年のフィレンツェ公演で実現するのを先生も楽しみにされてたのですが、ご子息の政治的な活動が問題になり、公演をキャンセルなさったのです。先生の指揮で《蝶々夫人》を歌う機会がなかったことは残念でなりません。でも滅多に取り上げられることのない、先生が発掘された珍しい作品でご一緒できたことは、密かな私の誇りです。イタリア放送の録音が多かったことで現在もCDが残っているのは嬉しいことです。

一度日本に、とお誘いしたのですが、もう歳なので遠いところまでの移動は体調を崩すため、アメリカからの再三の招聘も断っていると言われ、残念ながら日本での演奏は実現できませんでした。一九九六年に八十七歳でお亡くなりになられたことは、音楽界にとってとても悲しいことでした。ガヴァッツェーニ先生が亡くなられたことで、オペラの伝統にひとつのピリオドが打たれたと言えるでしょう。

一九八〇年

■不愉快だったフィレンツェでの《蝶々夫人》

一九八〇年は康子にとっていささか不愉快な公演から始まった。一月、フィレンツェ歌劇場は、当初予定されていたガヴァッツェーニがキャンセルになったものの、ミエッタ・シーゲレをタイトルロールに《蝶々夫人》の公演を企画していた。シーゲレといえばＮＨＫ招聘の「イタリア歌劇団」公演（一九六三年）でも《蝶々夫人》を歌って絶賛を博した大ベテランであった。しかし体調不良のために出演が不可能となってしまった。康子は公演後半から出演する契約であったが、初日からの出演を要請された。スケジュールは立て込んでおり、特に続く二月は息つく暇もないほどの出演予定が組まれていた。しかし、シーゲレほどの歌手の代役ということで、スケジュールを調整してフィレンツェに赴くことになった。

この公演に演出家として起用されていたのは、舞台美術家から演出に転向したばかりのサマリターニであった。第二幕、ピンカートンの帰還を待ちわびる蝶々さんのもとを、大ベテラン、ロランド・パネライ演じる長崎総領事シャープレスが訪れる。この場面では、喜んだ蝶々さんが二階から駆け下りるという演出であった。ところがサマリターニの指示は、あわてて駆け下りた蝶々さんがそこにあった椅子を蹴り倒すというものであった。康子は唖然とする。そして「日本の女性はそんなことはしません」と異を唱えた。しかしサマリターニの答えはこうであった。

「日本人の蝶々さんをするつもりは全くない！」

康子も言葉を返した。

「ならば何故私を呼んだのですか？」

この演出では演じられないと感じた康子はそのまま劇場を後にしてミラノに帰ってしまった。公演の初日はエレナ・マウティ・ヌンツィアータが呼ばれて幕を上げたが、すぐその後フィレンツェから連絡があり、サマリターニは初日を終えてフィレンツェを去ったので、直ちにフィレンツェに戻って舞台に出て欲しいと懇願されたのである。康子が持ち出すまでもなく、劇場側から「あなたの納得のいく演技で出演して欲しい」という条件がつけられた。こうして康子はフィレンツェに戻り、残りの公演すべてに出演した。この出来事の噂は尾ひれが付いてイタリアオペラ界を駆け巡り、一部で「ヤスコ・ハヤシはわがままな歌手」というレッテルを貼られることとなってしまった。もしも当初の予定通りガヴァッツェーニが指揮に当たっていたら、きっと起こることはなかったであろう。イタリアオペラ界は、どの歌手が何をしたか、どう歌ったかがすぐさま広まり、よくも悪くも油断のならない世界であった。特に国からの援助を受けて運営されている大劇場での出来事は、その内容が真実であれ嘘であれ、瞬く間もなく広まってしまう恐ろしい世界なのである。しかし康子は今でも、この時のことは全く後悔していないという。康子はプッチーニの描いた蝶々さんを、そして日本人として描かれた蝶々さんを守り抜いたという自負を、今も持ち続けている。

■バルセロナ《ラ・ボエーム》

残念だったアラガルのキャンセル

いささか不愉快なフィレンツェの後、二月は大変な忙しさであった。

まずはバルセロナで《ラ・ボエーム》に出演する。大好きなジャコモ・アラガルとの共演であり、夫のジャンニコラがコッリーネにキャスティングされていた。アラガルは相変わらず身震いするほどの素晴らしい声でリハーサルに臨んでいた。ところが何か微妙に以前のアラガルとは様子が違っていた。本人も調子が悪いと言っていた。不安は的中した。すべてのリハーサルを終えたものの、本番前日になってアラガルは突然キャンセルしてしまった。康子は七二年にバルセロナにデビューした時、素晴らしいピンカートンを演じた彼を知っている。スカラ座のデビューでは初日キャストのガブリエッラ・トゥッチが稽古に参加するまでの間、アラガルと共に幾度となく一緒に歌った。その頃から、数多いテノールの中でも素晴らしい声の持ち主だと思っていた。共演したテノールの中でも最も好きな声の持ち主だという思いは今も変わっていない。そのアラガルと久しぶりに共演の機会が訪れ、彼と舞台に立てることを心から楽しみにしていた。バルセロナ出身のアラガルは当時絶大な人気を誇る大スターだった。地元バルセロナのファン達はさぞかしがっかりしたことであろう。アラガルは非常に温かな性格の持ち主で早くから幸運なスタートをきっていた。誰もがその才能を認め、いずれ世界に冠たるテノールに成長するであろうと信じていた。ところがある時期から自信を失い、大勢の聴衆の前で歌うのが怖くなってしまったようだ。ドイツでのある公演では、《椿姫》を歌っている最中に突然演奏を中断し、舞台の上で聴衆に膝まづくと「これ以上は歌えないので許して下さい」といって舞台を去ったといううわさもあった。恐らくバルセロナの時もそのような精神的兆候が現れていたのだろう。康子は気持ちを取り直してミミの役に集中した。代役にはヨルディ・ラミーロという若手が起用された。ムゼッタはアメリカ出身のナンシー・シェイドが演じた。彼女は、かつて康子が二位となったブッセートのコンクールで三位となったソプラノである。その後、康子が辞退したヴィスコンティ演出の《マノン・レスコー》に出演し一躍その実力を認められた。

プログラムに組まれた三回の公演を無事つとめ上げた康子は、いささか残念な気持ちを抱きながらも、バルセロナの聴衆からの賛辞を受けミラノに戻った。

■ニース歌劇場

初めての《アンナ・ボレーナ》

二月末、康子はいよいよベルカントオペラの最高峰に挑むことになる。ドニゼッティの《アンナ・ボレーナ》である。

ドニゼッティの出世作であると同時に、彼が書いたオペラセリアの最高傑作とも評されるこの作品は、一八三〇年、不世出の名ソプラノとしてオペラ史上にその名を残すジュディッタ・パスタによって初演された。しかしその後百数十年の間、その真価は忘れ去られた状態にあった。イタリアでの上演史を詳細に繙《ひもと》けば、おそらくどこかの歌劇場で時たま上演はされていたのであろうが、このオペラの上演に接した人はほとんどいなかったものと思われる。上演されなかった理由として、「至難なプリマドンナ役を歌えるソプラノに恵まれなかったから」と言われることがあるが、実際には、二十世紀に入ってからのイタリアオペラ界における「ベルカントオペラの等閑視」に尽きると言えるだろう。ヴェルディの活躍を経てプッチーニやヴェリズモオペラ全盛にあって、十九世紀前半のオペラは「古いもの」として人々から過小評価を受けていたのである。この時代、レパートリーに残ったものは、ロッシーニやドニゼッティの軽妙なオペラブッファ、そして《ルチア》、ベッリーニの《ノルマ》や《夢遊病の女》といった作品だけであった。

マリア・カラスによる蘇演

一九五七年、スカラ座はようやく忘れられていた傑作を取り上げることになった。ジャナンドレア・ガヴァッツェーニの指揮、ルキーノ・ヴィスコンティの演出、そしてマリア・カラスの主演で、《アンナ・ボレーナ》を見事現代に蘇らせた。ジュリエッタ・シミオナート、ジャンニ・ライモンディ、ニコラ・ロッシ・レメーニという最高のキャストによるこの公演は熱狂的に受け入れられ、ベルカントオペラの神髄をオペラファンの前に知らしめしたのである。この演奏は現在でもＣＤによって聴くことができる。

康子はこれまで、キャリアの足がかりとなった「ロッシーニコンクール」での優勝から始まり、ロッシーニの《泥棒かささぎ》や《エジプトのモーゼ》、ドニゼッティの《マリア・ストゥアルダ》や《愛の妙薬》などで成功を収め、ベルカントオペラに相応しいソプラノとして評価されていたにもかかわらず、そのレパートリーは圧倒的に、《蝶々夫人》に代表されるプッチーニとモーツァルトの《ドン・ジョヴァンニ》、そして滅多に上演されることのない珍しいオペラが中心になっていた。ベッリーニの《ビアンカとフェルナンド》やドニゼッティの《マリア・ストゥアルダ》での名演があるにもかかわらず、決して十九世紀前半のプリマドンナオペラへの出演に恵まれていたわけではない。ニースで上演される今回の《アンナ・ボレーナ》は、康子にとって最も相応しい役柄での挑戦となった。

南フランスの有名な保養地ニースにあるオペラハウスは美しさと品位のある堂々たる建物を持ち、財政的に恵まれていることから、夏の「エクス・アン・プロヴァンス音楽祭」をそのまま冬のシーズンに移行したような意欲的公演を行っていた。フィリップ・ベンデルの指揮、マルゲリータ・ヴァルマンの演出に、旧知のヴィオリカ・コルテツ、ウンベルト・グリッリ、ボナルド・ジャイオッティの共演であった。

演出のヴァルマンは、クラシックバレエ出身で五〇、六〇年代にスカラ座でヴィスコンティ

1980年 フランス・ニース・ニース歌劇場《アンナ・ボレーナ》共演：ウンベルト・グリッリ

と共に黄金期を築き上げた女性の名演出家である。カラスの舞台も数々手がけ、プーランクの《カルメル会修道女の対話》ではスカラ座での世界初演の演出も行っている。ヴァルマンはカラスを始め、大プリマドンナから女性としてのエレガントさを引き出すことのできる大演出家であった。かなり気むずかしい演出家としても知られていた。

《アンナ・ボレーナ》で初めて康子と仕事をすることになったヴァルマンは、イングランドの実在の王妃アン・ブーリンを演じる康子に対して、当初好意的ではなかったようだ。康子は若干の人種的偏見のようなものを感じたという。康子にとってときどき起こることであった。しかし稽古を重ねるうちにヴァルマンの態度が変わっていく。次第にその演技指導は熱を帯び、最終的には康子の力を引き出してくれるようになった。康子にとっての新発見は、ヴァルマンの指導によって今までできなかったような大胆なポーズをとることもできるようになったことで、これは演技のうえでも新境地を開くものとなった。

康子にとって初めての《アンナ・ボレーナ》は、幸せな船出を迎えることができた。聴衆は康子に熱狂的な喝采を送った。

この公演の模様は「週刊音楽新聞（一九八〇年三月二十三日号）」に一ページ全部を費やしてオペラ評論家、竹原正三氏が寄稿しているのでそれを引用させていただこう。

「林康子がニースのオペラ劇場で《アンナ・ボレーナ》を歌い、非常な成功を収めた。日本人歌手が《蝶々夫人》ではなく、大プリマドンナオペラに主演して喝采を受けたことは画期的だといえる。彼女の声は典型的なベルカント唱法による美しく豊かに響くリリコソプラノで、透明な輝きと明るい色彩は圧巻。おそらくどんな口うるさいファンでも、彼女の声の純粋さには難点をつけられないだろう。人気絶大のモンセラート・カバリエ、ミレッラ・フレーニ、カティア・リッチャレッリと肩を並べるものだ。(中略)

第一幕、期待の林康子の登場で歌われたカヴァティーナと続くカバレッタで、何よりも発声の正しさとういういしい美声に驚かされる。今まで抱いていた懸念がすっ飛んで、彼女の大成功が確信された。(中略)

第二幕、アンナの「アンナに裁判ですって。ああ私の運命は定められた」、続く林の歌いぶりは絶唱と呼ぶにふさわしく、ストレッタ(筆者注：曲の急速部)を先導する緊迫は最高のクライマックスを現出。定石通り最後の音を何の危なげもなく一オクターブ上げて三点ニ音を見事に響かせた時には、オペラの醍醐味ついに極まった思いであった。(中略)

第三幕、アンナとジョヴァンナの二重唱、コルテツも好調で見事に歌われ、湧き立った満場の歓声と拍手のため、劇の進行がしばらくの間停止する興奮ぶり。大詰めのアンナの狂乱の場は切々と情感にあふれる歌いぶりで、見事なカデンツァと共に、林は天晴なプリマドンナぶりをみせた。林のあまりに見事な歌に魅了しつくされたオペラであった」

しかし日本のオペラファンが、ベルカントオペラでの康子の真価に接するには、あとまだ二年ほどを待たなければならない。

［回想］

ニースで初めて《アンナ・ボレーナ》を歌うことになりました。ベルカントオペラの傑作であると同時に、徹底したプリマドンナオペラです。この大役をやってみて私がつくづく実感したことは、私にはドニゼッティがとても合っているということでした。演出のヴァルマン先生は、スカラ座の黄金期に活躍された方でした。元々はバレリーナ出身で、その後バレエ公演の振り付けや演出を経て、オペラの演出家になられたのです。稽古でお会いした最初は「日本人がアンナ・ボレーナなんてできるのかしら」という態度だったのです。日本人であるというだけで目に見えないハンディを負うこともありますし、露骨に反発を受けたりすることもあります。でも幸いなことに練習を重ねるうちにそんな偏見は消えていきます。ヴァルマン先生は非常に気難しいことで有名でしたが、次第に優しく接してくださるようになりました。

この公演に竹原正三先生がいらしてくださったことも知らなかったのです。私の活動が日本では余り知られていなかった時に、海外での公演を実際にお聴きいただいて、その上、過分とも思える記事を書いてくださったこと、改めて感謝と御礼を申し上げたいと思います。

■スカラ座

《道楽者のなりゆき》の再演

休む間もなく、再びスカラ座の舞台に立つ。前年テアトロ・リリコで大成功を収めた《道楽者のなりゆき》のスカラ座本舞台での再演である。テノールは初演のフィリップ・ラングリッジに代わってレオ・ゲークが演じた以外は同じキャストとスタッフであったが、指揮者がハンス・フォンクに変わり、そのうえテアトロ・リリコに合わせて作られた舞台装置はスカラ座には大きすぎ、オケも手馴れたロンドンのチェンバーオーケストラではなく、いささか緊張感の欠けた公演になってしまったのは大変残念であった。

［南條年章の回想］

この当時三十歳半ばを過ぎていた林さんは、声も音楽も充実しきっていたのは事実でしょう。スカラ座で《二人のフォスカリ》と《道楽者のなりゆき》に接して、同じ日本人として大いなる誇りを感じたことを明瞭に記憶しています。特に《二人のフォスカリ》に関しては感慨もひとしおでした。一昔前だったらスカラ座で東洋人がヴェルディのヒロインを歌うなどということは誰一人想像できなかったことでしょう。未だに林さんの後にヴェルディのヒロインをスカラ座で歌ったソプラノはいません。幾度かスカラ座の舞台での稽古の様子を拝見し、カプッチッリさんと初めて親しくお話したことも懐かしい思い出です。この頃の林さんの声はまだ、リリックなものだったように思います。ヴェルディを手がけながらも《道楽者のなりゆき》のアン役のような、通常軽めのソプラノによって歌われることが多い役柄でも、全く違和感なく聴くことができました。まさに驚異的な存在だったのです。

マルティーナ・フランカでの《マリア・ストゥアルダ》も聴きに行っています。こちらは野外公演だったこともあるのでしょうか、スカラ座での演奏ほどの感激はなかったというのが正直な感想です。ドニゼッティのオペラセリアのヒロインということで、私自身の期待が余りにも大きすぎたのかも知れません。オーケストラのレベルの問題もあり、全体に少しばかり盛り上がりに欠ける演奏だったようにも思えます。

ニースに出かけなかったのは、本当に悔やまれます。初めての《アンナ・ボレーナ》だったのに！　でもそれから二年後、遥かに高水準で磨きのかかった《アンナ・ボレーナ》を一時帰国した折りに東京で聴くことができたのですから、かえって良かったのかもしれません。

■マドリードデビュー《トゥーランドット》

カバリエとの共演

五月、康子は初めてスペインの首都マドリードに登場する。スペイン第一のオペラハウスであるバルセロナのテアトロ・グラン・リセオには度々出演を果たし、康子の名はスペインでも知られていた。マドリードのサルスエラ劇場は、バルセロナに比べると重要度では後塵を拝するものの、今回の公演は康子にとって記念すべきものであった。大ソプラノ、モンセラート・カバリエとの共演だったからである。演目はプッチーニの《トゥーランドット》。指揮と演出は日本でもお馴染みのアルマンド・ガットにベッペ・デ・トマージ、共演はカバリエに加え、フランコ・ボニゾッリとクルト・リードル、おまけにポンとパンにはイタリアから名脇役ピエロ・デ・パルマとフランコ・リッチャルディが呼ばれるという理想的なキャストが組まれていた。これはモンセラート・カバリエの弟カルロス・カバリエが敏腕マネージャーとしてその手腕を振るった結果であった。

スペインが産んだスーパースター、カバリエがトゥーランドットを歌うということで前評判も高く、公演は大成功に終わった。何よりも康子にとって、当時現役の歌い手の中では最も尊敬していた大歌手との共演は、常にその側でベルカント発声の極致ともいうべき声に接することができるだけでも非常に貴重な経験となった。カバリエとはシカゴの《マリア・ストゥアルダ》で知り合っており、今回もとても温かな眼差しで、初めて聴く康子の歌声に注意深く耳を傾けてくれた。トゥーランドットの役柄を、単に大きな声でヴェリズモ風に歌えばいいという風潮の中にあって、カバリエの宝石の輝きのような新しいトゥーランドット像は、新鮮な驚きだった。カバリエの完璧ともいうべき発声は、同じベルカントオペラのレパートリーを持つ康子にとって、どれだけ貴重なお手本であり、体験であったことであろう。

1980 年スペイン・マドリード・国立サルスエラ劇場《トゥーランドット》共演：モンセラート・カバリエ／フランコ・ボニゾッリ

マドリードでは三回の公演が予定されていたのだが、例のごとくカバリエは二回を歌って舞台を下りている。残りの一回は代役によって上演されたが、これは常の如く大きな声量を誇るだけの、カバリエの品位には及ぶべくもないトゥーランドットであった。

■相次ぐ《蝶々夫人》

五月、ナポリのサン・カルロ歌劇場、おなじく五月、ドイツのシュトゥットガルト州立歌劇場、八月は南アフリカのプレトーリアとヨハネスブルク、十月はベルガモのテアトロ・ドニゼッティ、ブレーシァのテアトロ・グランデと、各地で喝采を受けた。サン・カルロ歌劇場では康子のことをこよなく愛するアントン・グアダーニョの指揮。ブレーシァとベルガモではニコラ・マルティヌッチとの共演であった。

■初めての南アフリカ

南半球では北半球と季節が逆である。冬に当たる七月から八月にかけての南アフリカ訪問は、康子にとって初めての体験であった。プレトーリアは南アフリカの首都で政治の中心であり、ここの歌劇場では、多くの一流歌手を招聘してオペラ公演が行われている。全く雨の降らない季節で気温も高く、空気はカラカラに乾燥していた。そのような環境で歌うのには慣れておらず、喉のためにも決して良い環境とはいえなかった。康子は思い返して、いつも気だるい感覚であったことを覚えているという。

プレトーリアで公演を済ませた後、南アフリカ最大の工業都市ヨハネスブルクに移動した。全十二、三回にも及ぶ《蝶々夫人》を歌った康子は「スター歌手」として破格の待遇を受けた。ヨハネスブルクのメインストリートには、ハリウッドで見かけられるような著名人の手形を歩道に残す場所があり、康子はここに手形を印すという栄誉を与えられている。この《蝶々夫人》の成功によって、三年後にもまた呼ばれて歌うことになる。

しかし海抜千五百メートルにあるヨハネスブルクの街で歌うのは、酸素が少ないために息をするのが大変で苦労したと語っている。

公演中のまとまった休みを利用し、康子はジャンニコラが運転するレンタカーで、四国ほどの大きさを誇る大自然公園クルーガーパークを訪れた。基本的に人間の手を借りずに自然なままの状態で動物たちを放し飼いにしているこの公園での休暇は、康子にとって一生忘れられない楽しい時であった。目の前に現れるライオンやキリン、決して記録映画の中でのようには動いてくれない河馬や鰐の群れ、また子供を連れた象の大群が丘を渡って行く様子に息が止まるような驚きを感じ、言葉では表現しようのない周囲の空気や地平線の彼方まで広がる大地。体験してのみわかるこれらの感動に打ち震え、アフリカの魅力のとりこになった。何よりも就学前のアナトーリオに、存分にアフリカを味わわせてやれたことは大きな喜びであった。

■ふたつの《レクイエム》

南アフリカから戻った九月は、ミラノ音楽院で、ジョヴァンニ・ボッテジーニの《レクイエム》を歌った。この美しいミサ曲は前年にミラノのクレーマ大聖堂以来、二度目である。これはミラノＲＡＩの放送のためのものであった。

続いてパレルモのマッシモ劇場で、初めて、ヴェルディの《レクイエム》に出演した。

■サンフランシスコデビュー

チョン・ミュンフンと《蝶々夫人》

ベルガモとブレーシァで《蝶々夫人》を終えて、十一月、アメリカに渡る。サンフランシスコでのデビューである。演目はチョン・ミュンフン指揮、ルイス・リーマ、ロレンツォ・サッコマーニ共演による《蝶々夫人》。今でこそ世界的指揮者となったチョン・ミュンフンも、この頃はまだアメリカを中心にキャリアを始めたばかりの若手指揮者であり、後に傑出した演技力で評価を勝ち取るルイス・リーマもまだ若手のテノールであった。二人とも康子の存在の大きさには比べられるべくもなかった。サンフランシスコの《蝶々夫人》は、「ヤスコ・ハヤシ」の公演であり、大成功を収めた。十一月十九日から十二月五日までの二週間余りの間に、全六回の公演を見事に歌い通している。

［回想］

サンフランシスコの《蝶々夫人》では、今をときめくチョン・ミュンフン先生とご一緒したのが懐かしい思い出です。オーケストラをよくコントロールされて、優雅で情熱的で、最後はシンフォニーのようなもの凄い勢いで劇的状況を作り上げて、聴衆は熱狂的に湧きました。当時はまだ「世界のチョン・ミュンフン」ではなかったのですが、将来がうかがえる指揮振りだったのをよく覚えています。またサンフランシスコに滞在中、出演した仲間たちと共に韓国レストランに招待してくださいました。とても親切で気さくな方で「僕は今、アジア人ということで《蝶々夫人》ばかりの出演依頼が多くてうんざりしている」と、ぽつりとおっしゃっていたのが印象的でした。現在これほどの大指揮者になられて素晴らしい限りです。

三千を超える客席を誇るアメリカ屈指の大劇場で、批評も非常に良く、嬉しい思いをしました。何度もくり返されるカーテンコールや、お客様が次々とスタンディングオベーションになっていったことなど、とても幸せでした。後で聞いたのですが、この劇場でのスタンディングオベーションはあのパヴァロッティさん以来だったそうです。

■イタリア大震災支援コンサート

サンフランシスコの《蝶々夫人》を終えてすぐイタリアへ戻るはずだったが、公演後すぐにシカゴへ飛んだ。当初の予定にはなかったことである。

一九八〇年、イタリアはかつてない大きな悲劇に見舞われていた。康子が南半球のプレトーリアに滞在していた八月二日、イタリアのボローニャでテロリストによる駅舎爆発事故が起き、多数の死傷者を出した。そして康子がサンフランシスコに滞在していた十一月二十三日、南イタリア、カンパーニャ地方（ナポリを中心とした県）から長靴の形をしたイタリア半島でいえばちょうど土踏まずの部分に当たるバジリカータ地方を、未曾有の大地震が襲ったのである。この地震はマグニチュード六・五、二千九百十四人の死者を出した。シカゴ・リリック・オペラでは、このニュースに接したルチアーノ・パヴァロッティの発案で、急遽支援のためのコンサートが企画され、サンフランシスコに滞在中の康子にも出演の依頼があったのである。

十二月七日に開催されたこのコンサートは、目を見張るほどの歌手が集められた。発起人のパヴァロッティが司会をつとめ、指揮者ブルーノ・バルトレッティやヴァイオリニストのアイザック・パールマン、歌手ではレナータ・スコット、キャロル・ネブレット、レオーナ・ミッチェル、アンナ・トモワ・シントウ、キャスリン・バトル、スタッフォード・ディーン、レオ・ヌッチなど、その時期アメリカにいた名歌手たちが顔を揃えていた。そこに康子は加わったのである。当時の康子の評価がいかに高かったかをうかがい知ることができるだろう。康子はこのコンサートで《蝶々夫人》から『ある晴れた日に』を歌って大喝采を受けている。

コンサートの最後にはスター歌手たちの間に混じって、リリック・オペラの合唱を従えてヴェルディの《ナブッコ》から有名な合唱『行け、我が想いよ、金色の翼に乗って』を、被害にあったイタリアへの想いを込めて歌い、スタンディングオベーションを受けた。

［回想］

シカゴ・リリック・オペラでの支援コンサートでは、パヴァロッティさんが流暢な英語で司会をつとめられ、歌手としてのみならず、このように大規模な慈善音楽会を企画した彼の人間としての寛大さを賞賛せずにはいられませんでした。また、レナータ・スコットさんの『歌に生き愛に生き』の名唱も忘れられない記憶です.

■ロッシーニ《エジプトのモーゼ》

イタリアに戻った康子は、休む間もなくヴェネツィア近郊の町トレヴィーゾに赴く。今度はロッシーニの《エジプトのモーゼ》である。指揮と演出はマドリードの《トゥーランドット》でも一緒だったアルマンド・ガットとベッペ・デ・トマージであった。このオペラは一九七四年にトリノで経験していたが、その時は盲腸炎の激痛に耐えながらエジプト王妃シナイーデ役を歌った。今回は正真正銘のヒロインであるユダヤの娘アナイーデ役での出演であった。名バス、ボナルド・ジャイオッティをタイトルロールに、ニースの《アンナ・ボレーナ》で共演したテノール、ウンベルト・グリッツリ、そして嬉しいことにジャンニコラも一緒であった。この公演は同じ地方のロヴィーゴでも上演された。
三十歳代半ばを過ぎ、まさに絶頂期を迎えようとしていた八十年はこうして終わった。

一九八一年

■ニース《ドン・ジョヴァンニ》

一月、再びニースに呼ばれ《ドン・ジョヴァンニ》を歌った。ここで康子はダルマシオ・ゴンザレスという素晴らしいテノールに出会った。イタリア的発声と声を兼ね備えた、理想的なドン・オッターヴィオに初めて出会った思いであった。

■初めての《イル・トロヴァトーレ》
ヴェルディを歌える歌手として

二月、その後の康子のキャリアの中でとても重要なレパートリーとなる作品に初出演する。ヴェルディの《イル・トロヴァトーレ》である。これまでヴェルディのオペラは《ルイーザ・ミラー》《椿姫》《二人のフォスカリ》を手がけていたが、ドラマティックな役柄として捉えられていたヒロインでの登場はこれが初めてであった。しかしドラマティックとはいっても、《イル・トロヴァトーレ》はベルカントスタイルで書かれたオペラであり、ヒロインのレオノーラはその後のヴェルディのヒロイン、例えば《運命の力》のレオノーラや《仮面舞踏会》のアメーリアに求められるような種類のものではない。まさに康子にうってつけの役柄であった。トリエステのテアトロ・ヴェルディからこの依頼が舞い込んだ時、ジャンニコラが言ったという。

「これはとても意義のあることだ。ヴェルディの《イル・トロヴァトーレ》をイタリアの劇場が歌わせてくれるということは、イタリア語で『ラ・ヴォーチェ・ヴェルディアーナ』と呼ばれる、本当にヴェルディを歌うことのできる歌手であると認められたことだよ」

イタリアの歌劇場は小さな町を含めて各都市に存在するが、国からの直接的助成を受けているものは全国でも十二しかない。ミラノのスカラ座を頂点としてトリノ、フィレンツェ、ローマなどが代表として挙げられるが、このトリエステの劇場もそのひとつである。正式名称が「テアトロ・コムナーレ（市立歌劇場）」となっていても、実質的には国立の歌劇場であり、多くの劇場とは一線を画している。このランクの歌劇場から《イル・トロヴァトーレ》への出演依頼が舞い込んだことは、画期的なことであった。

トリエステは北部イタリアの最も東に位置する町である。かつてのユーゴスラヴィア、現在のスロヴェニアと国境を接する大きな港町で、港のすぐ前にテアトロ・ヴェルディがある。イタリア国内でも重要な地位を占めるオペラハウスで、毎シーズン意欲的な公演を行いオペラファンの注目を集めている。

このシーズンの目玉と目されていたのが《イル・トロヴァトーレ》であった。ジャンフランコ・リーヴォリの指揮に、アルベルト・ファッシーニの演出、装置と衣装は、この頃まだ演出には手を染めていなかったイタリア一の舞台美術家ピエール・ルイージ・ピッツィであった。実際ピッツィの衣装は、数多くの舞台を経験してきた康子にとっても、素晴らしいものであったという。マンリーコにジョルジョ・メリーギ、ルーナ伯爵にホアン・ポンス、アズチェーナにリンダ・ヴァイナがキャスティングされていた。康子初のレオノーラは、結論から言ってしまえば予想を遥かに上廻る大成功であった。確かによりドラマティックな声で歌われる場合に比べればリリックな表現が勝った演奏ではあったが、それに関する不満は聴衆からも批評家たちからも全く聞かれなかった。おそらく七十年代後半から認知され始めたベルカントオペラの真価が、それまでの力一辺倒のヴェルディ演奏のあり方にも変化をもたらしてきていたことが大きいだろう。

ベルカント歌手としての康子の真骨頂が、このヴェルディの傑作で大きく花開いた公演となった。ラジオの音楽特集番組でもこの公演は取り上げられ、「今やハヤシは、このようなドラマティックなものを歌っても重要な存在であることを示した」と評価された。これ以降《イル・トロヴァトーレ》は、《蝶々夫人》《ドン・ジョヴァンニ》に次いで康子の重要なレパートリーになり、世界各地で歌うことになっていく。

［回想］

今思えば、四十代を迎える前に《イル・トロヴァトーレ》をレパートリーに加えることができたことは幸運でした。トリエステでの幸せなデビューの後、このオペラは私にとってかけがえのないものになり、《蝶々夫人》《ドン・ジョヴァンニ》に次いで歌った回数の多いオペラです。一度成功を収めると不思議なもので、突然のようにそのオペラのスペシャリストであるかのように評価が確定することがあります。この《イル・トロヴァトーレ》がそうでした。トリエステに続いてすぐにイスラエル、ベルガモ、フィラデルフィアから依頼があり、更にライプツィヒ、ドレスデン、ベルリン・ドイツ・オペラ、イタリア各地、そして東京へと続いていくことができたのです。これはとても幸せなことだったと思っていますし、またヴェルディのこのようなスタイルのオペラをレパートリーにできたことを誇りに思っています。

［南條年章の回想］

この時期私は非常にしばしば林さんの公演に出かけています。まずトリエステでの《イル・トロヴァトーレ》。彼女にとって最も相応しい作品であると初めから思っていましたが、期待に違わぬ出来映えで、とても嬉しく思ったのを記憶しています。今までよりもドラマティックな表現が自分のものとなっており、同時に得意のアジリタのフレーズでは「これぞベルカントスタイル」と納得させる出来映えで、本当に心から嬉しくなりました。トリエステでは余談になりますが、ジャンニさんが前後して《ラクメ》に出演しており、ルチアーナ・セッラを初めて聴いて驚愕したこと、友人のパスクアーレ・グロッシさんが手がけた装置がとても美しかったのを覚えています。グロッシさんは藤原歌劇団でもいくつかのオペラの舞台を手がけました。

■アヴィニョン／ベートーヴェン《第九》

《イル・トロヴァトーレ》の公演を終えた康子は、南フランスへ飛ぶ。コート・ダジュール近辺ではすでにエクス・アン・プロヴァンスとニースに登場していたが、今回はアヴィニョンである。フランス民謡『アヴィニョンの橋の上で』でその名を知られているこの街は歴史的には、十四世紀初頭に「アヴィニョン捕囚」と呼ばれる出来事で知られている。ローマのヴァティカンにあった法王庁が政治的な理由からここアヴィニョンに移され、ローマ教皇は生涯ローマに足を踏み入れることもない状態が続いたのである。このような生臭い歴史を持つアヴィニョンだが、現在では南フランスでも最も美しい町のひとつに数えられている。

アヴィニョン市立歌劇場もまた愛らしく美しい劇場である。今回はオペラではなく、ベートーヴェンの《第九》ソリストとしての出演。イヴァン・レナールの指揮、ナディーヌ・ドニーズ、ヘルマン・ウィンクラー、ヴィクトール・フォン・ハレムの共演であった。

ヨーロッパでは日本の年末のように《第九》が頻繁に演奏されるわけではない。康子がヨーロッパで《第九》のソロをつとめたのは、これが最初であった。後に日本では何度か歌うことになり、東京藝術大学百二十年記念事業の演奏会でもソリストをつとめた。

■またまた珍しい作品
《アブラハムとイザク》

スペイン・ラス・パルマスでの《蝶々夫人》を終えて、ミラノに帰った康子は、イタリア放送主催によるミラノのコンセルヴァトーリオ（ミラノ音楽院）大ホール出演の準備を始める。またもや非常に珍しい作品が舞い込んだからである。ヨゼフ・ミスリヴェチェク作曲の《アブラハムとイザク》である。

ミスリヴェチェクの名を知る人はオペラファンの間でもほとんどいないだろう。一七三七年にプラハで製粉業者の息子として生まれたボヘミアの作曲家である。当初は家業を受け継いだが、父親の死をきっかけに音楽家に転向し、その後イタリア、オーストリア、ドイツで人気を博した十八世紀後半の作曲家である。モーツァルトとも親交が深かったと伝えられ、モーツァルトはミスリヴェチェクの音楽を高く評価していたという。非常に多くの作品を残した作曲家であり、三十曲近いオペラを含め、その作品の多くが各地の図書館などに保存されているということであるが、今日、実際に演奏されることは全くないと言ってもいいだろう。オラトリオ《アブラハムとイザク》は一七七六年にフィレンツェで初演された作品である。

この珍しい作品を指揮したのは、スイス生まれの指揮者ペーター・マークであった。イタリア放送はまたもや、誰も手がけたことのない秘曲のヒロインに康子を抜擢した。康子はこの作品の中でアブラハムの妻サラを歌った。キャストには特別有名な名前は見当たらないが、新進バリトンとして頭角を現してきていたアレッサンドロ・コルベッリが参加しているのが興味深い。

現在でもイタリア放送には音源が残されているはずであるが、残念ながら今に至るまでCD化されておらず、貴重なミスリヴェチェクの音楽がどのようなものであるのか、そしてこの珍しい作品で康子がどのような歌唱を聴かせたのか知ることはできない。

■プラハの春音楽祭デビュー

五月、珍しい作品の後は得意の《ドン・ジョヴァンニ》である。初めて東欧に飛ぶ。チェコスロヴァキアの首都プラハで開催される「プラハの春音楽祭」の一環として企画された公演で、何と十八世紀にモーツァルトがこのオペラを世界初演したプラハ歌劇場での上演であった。ヨゼフ・クヒンカの指揮にヴァーツラフ・カシュリクの伝統的な演出、キャストも当地の歌手陣で占められた中、タイトルロールのシェリル・ミルンズとドンナ・アンナの康子は特別ゲストとして招かれていた。プログラムにもゲスト歌手として「ヤスコ・ハヤシ（日本）」と「シェリル・ミルンズ（USA）」の名前が太字で記載されている。

鳴り止まぬ拍手

ミルンズのドン・ジョヴァンニはアメリカ的というかハリウッド映画的な趣きで、颯爽とした格好良さに溢れたものであった。康子はといえば、今回も文句のつけようがない出来映えであった。モーツァルトがこのオペラを初演した劇場での演唱とあって、康子にとっても特別な気持ちを抱かせる記憶に残る公演となった。ここでは面白いエピソードが残されている。第一幕でアリアを歌い終わった康子が楽屋に戻り次の場面のために衣装を着替え終わろうという時のことであった。突然舞台のスタッフが飛んで来て「拍手が鳴り止まないで続いているので、すぐ舞台に戻って挨拶してください」と伝えた。康子は大慌てで、もとの衣装に着直して舞台に戻ると、その間ずっと拍手を続けていた満場の聴衆は、一段と盛大な拍手と歓声で称えたのである。記念すべき劇場での、まさに康子の勝利の瞬間であった。この公演の様子は、康子の出演場面が「プラハの春」という番組の中に編集されてＮＨＫを通して日本でもその一部が放送されたようである。

［南條年章の回想］

林さんのプラハ公演に出かけました。当時はまだ共産圏ということで入国するのにいささかてこずったのも、楽しい思い出です。林さんのドンナ・アンナに関しては今更何を言うことがあるでしょうか。観衆総立ちになった当夜の模様は、昨日のことのように思い起こされます。それにしてもプラハは何と美しい街だったことでしょう。でも人がいっぱいいるにもかかわらず静寂が支配しているような、何か暗い雰囲気に満ちた町でした。当時の政治状況のせいだったのでしょう。散歩している三十分ほどの間に、四人から「ドルを持っていたら譲ってくれませんか」と声をかけられました。

今プラハの人たちが自由で幸せな暮らしをしていることを願ってやみません。

■ベルリン・ドイツ・オペラデビュー
憧れのローレンガーとの共演

プラハから戻った康子は当時は西ドイツであったベルリン・ドイツ・オペラに初登場する。ホルスト・シュタイン指揮による《ドン・ジョヴァンニ》である。すでにドンナ・アンナ役では定評があった康子であるが、やはりドイツ最高のオペラハウスでのモーツァルト演奏は、他の都市で歌うのとは違っていたようである。劇場自体がモーツァルト上演の時には、他のオペラの時とは違った雰囲気を醸し出していた。この公演での最大の喜びは、憧れのピラール・ローレンガーとの共演であった。かつてコヴェント・ガーデンで《愛の妙薬》を歌った折りに親交を深めた大プリマドンナである。ドンナ・エルヴィーラを歌うローレンガーと同じ舞台に立つ幸せをかみしめ、その気品ある演唱に魅了された。

同じ五月に、再びこの劇場で《蝶々夫人》を初めて歌っている。

ベルリン・ドイツ・オペラへは、《ドン・ジョヴァンニ》をはじめ、《イル・トロヴァトーレ》、《蝶々夫人》など、正確な記録がないものを含めて数多くの出演を果たし、常に成功をおさめたが、これはその第一回目であった。

■イスラエルデビュー

ベルリンデビューに続いて、六月はこれまた初めてのイスラエルの野外公演に出かけた。これはジェノヴァ歌劇場のイスラエル引越公演で、エルサレムではカルロ・フランチ指揮による《イル・トロヴァトーレ》のレオノーラを演じ、テルアビブではアルジェオ・クワドリ指揮による《蝶々夫人》に出演した。

イスラエルでのオペラ公演は康子にとってこれが最初で最後のものとなったが、いずれの公演も好評で、満員の聴衆から温かい祝福を受けた。イスラエルはかつて砂原美智子や無名時代のプラシド・ドミンゴも専属歌手として活躍した地であり、聴衆のオペラ熱は非常に高い。康子はここでもまた抜きん出て、プリマドンナとしての評価を受けている。旧知のマリア・ルイーザ・ナーヴェやオッターヴィオ・ガラヴェンタ、ジャンフランコ・パスティネらとの共演は、初めての土地での思い出となった。

康子は公演の合い間にゴルゴタの丘や嘆きの壁などを訪れ、エルサレムの狭い区画に三つの宗教の聖地が隣り合わせに存在することに感慨無量の思いをしたという。このツアーの途中、バスでの移動中に、暑さのために体調を崩したジェノヴァのオーケストラの一員が亡くなるという悲しい出来事があった。

■ベルガモ／スペイン・オビエド／ブレーシァ／ローマ

イスラエルから戻った康子はしばしの休養後、八月ベルガモで《イル・トロヴァトーレ》に出演し、秋に入った九月、スペインに飛ぶ。スペイン北部にあるオビエドでの《蝶々夫人》である。ジャンフランコ・リーヴォリの指揮に、かつてテノールとしてゴロー役に出演していたディエーゴ・モンホの演出によるものであるが、特筆すべき公演ではなかったようである。同時期に《リゴレット》に出演していた若き日のマリエッラ・デヴィーアらと共に食事をした楽しい思い出があるという。

同じ九月には、ブレーシァのテアトロ・グランデで《イル・トロヴァトーレ》に出演。続いて十月はローマのサンタ・チェチーリア音楽院でボッテジーニの《レクイエム》に出演した。

■ボン《コシ・ファン・トゥッテ》
ニュープロダクションの招聘歌手として

十一月、初めての劇場で、日本で歌って以来十三年振りとなるオペラに出演する。当時の西ドイツの首都であったボンでモーツァルトの《コシ・ファン・トゥッテ》のフィオルディリージを歌った。ドイツでは圧倒的にベルリンとミュンヘンのオペラハウスが存在の大きさを誇っていたが、首都ボンでも意欲的な公演がシーズンを通して行われていた。初めて訪れた康子が感心したのは、何よりも劇場のシステムが非常にしっかりしていることと、良いものを作ろうという意欲に溢れていたことだったという。入念なリハーサルと公演のために他の劇場での公演にも参加しながらではあったが、何と四か月間の滞在であった。今回の《コシ・ファン・トゥッテ》は、エクス・アン・プロヴァンスの《ルイーザ・ミラー》も演出したニコラウス・レーンホフによるニュープロダクションで、アルフォンソ役にはイタリアの大ベテラン、ロランド・パネライが扮した。

フィオルディリージの役は六八年、大学院時代に小澤征爾指揮による演奏会形式での公演で歌ったことがある思い出深いオペラであった。ヨーロッパに名前が知られプリマドンナとしての扱いを受けるようになってから久しぶりに歌ったフィオルディリージは、とても斬新で美しい演出のもとで、康子は水を得た魚のように伸び伸びと歌い、この役を楽しんだ。

音楽家でもあったレーンホフの斬新な、それでいて音楽をとても大切に扱った演出が、この公演を大成功に導いた一番の要因である。例えばベッドの上で下着姿の姉妹が歌う二重唱や、三つの場面で使い分けられるように設定された島を回転舞台にした装置など、転換時間の短縮と音楽が途切れない演出手法であった。康子は演じながら、舞台上の自分たちがこれほど楽しく演じているのだから、きっと観衆もこの舞台を大いに楽しんでいるだろう、と想像しながら歌ったことを覚えている。また第二幕で歌われる低音域を駆使した至難なアリアでは、まるで自分のために書かれたのではないかと思うほど自在に歌えたと語っている。共演者たちも素晴らしく見事な演奏だった。

1981 年ドイツ・ボン・ボン市立歌劇場《コシ・ファン・トゥッテ》

日本人歌手としての偉業

今振り返ると、このボンでのシーズンオープニング公演でニュープロダクションのオペラに出演したことが、いかに日本人歌手として他に類を見ない偉業であったかが理解できる。レパートリーシステムをとるドイツでの歌劇場には、世界中から歌手が集まってくるが、主役を歌うゲスト歌手たちのほとんどは、劇場のレパートリーとして定着している演目に呼ばれるのが普通である。そしてほとんど満足にリハーサルも行われないまま舞台に立つ。このような試練を乗り越えて優れた歌い手が輩出するわけであるが、新演出の、それもシーズンオープニングの演目に招聘歌手として出演するというのは滅多にあることではない。ほんの一握りの歌手にしか与えられない名誉である。一流歌手の証しといってもいいだろう。そしてここで強調しておきたいのは、後にも先にもこの特権を得た日本人歌手はいまだに林康子ただ一人であるということである。おそらくこれから先数十年経っても、この栄誉を与えられる日本人歌手は、おそらく現れないのではないかと思われる。いや、いつか現れて欲しいというのが心からの願いである。

■東京・人見記念講堂でリサイタル

ボンでの公演中の十一月末に一時帰国し、昭和女子大学人見記念講堂でのオーケストラ伴奏によるリサイタルに出演した。このリサイタルの成功は藤原歌劇団でのオペラ出演のきっかけを作るものになった。

脅迫事件

この年、康子のキャリアとは何の関係もないことながら、ここに記しておきたい出来事が起きた。私生活の中で今となっては忘れ去りたいような不愉快な出来事であった。愛息アナトーリオに絡む、事件とも言っていいような出来事であった。

その頃、ピリウッチ夫妻は、毎晩のように真夜中の電話で起こされたという。そして康子がミラノのコンセルヴァトーリオの大ホールで、イタリア放送のための演奏会を翌日に控えていた日のことであった。知人のバリトン歌手から電話があった。それは「ある男」が次のことをジャンニコラと康子に伝えるように言ってきたというものであった。それは一種の脅迫電話とも言うべきもので、アナトーリオの誘拐をほのめかすものであった。その電話では、明日ミラノ音楽院側の教会の、一番後ろの席に三百万リラを置いておけというものであった。当然のことながら、すぐにミラノ警察に訴え極秘裡に捜査が進められた。しかし、指定の場所には誰も現れず、事件として公になることはなかった。悪質な嫌がらせだったものと思われる。しかし心配した康子とジャンニコラはアナトーリオを、他には誰にも知らせず、最も親しくしていた合原幸夫夫妻のもとに一か月余りの間預けるという生活を余儀なくされた。事件

事件が進展しなかったことで、この犯人が誰であったのかは明らかにされなかった。事件

自体ピリウッチ夫妻の周りにいた人のうち、ほんの一部の人にしか知られていないことである。ずっと後になって在ミラノ領事館からの情報により、どうやら康子の活躍を妬んだある日本人歌手の夫のしわざによるものと推察された。康子はミラノ総領事から、推察される人物の名前を聞いている。しかし、あくまでも推察であって事実として確認されたことではないとして、今回の取材で幾度となく尋ねても、康子とジャンニコラは決してその人物の名前を口にすることはなかった。被害らしきものが何もなかったとはいえ、ピリウッチ夫妻に大きな影を投げかけたことは事実であった。

一九八二年

■フィラデルフィアへ

《イル・トロヴァトーレ》

一月に入ってすぐ、ＲＡＩローマのスタジオで、ボッテジーニの《レクイエム》の録音。続いて二月、アメリカのフィラデルフィアでヴェルディの《イル・トロヴァトーレ》に出演。アメリカ合衆国東海岸に位置するフィラデルフィアは、首都ワシントンＤＣとニューヨークの中間にある大都市で、音楽が非常に盛んなことで知られている。オペラが上演されるのは三千席近くもある「アカデミー・オブ・ミュージック」で、満員の聴衆を前に康子は、トリエステとイスラエルに続いての《イル・トロヴァトーレ》に出演した。

トリエステでの幸せなデビューが全世界のオペラ関係者に伝わり、これ以降も《イル・トロヴァトーレ》への出演は続いていく。フィラデルフィア公演での指揮者はアメリカオペラ界のボス的存在であったクルト・ヘルベルト・アドラー、演出はロナルド・アドラーで、嬉しいことにルーナ伯爵を演じたのは、以前バイエルン国立歌劇場でのクライバー指揮の《椿姫》で共演したバリトン、ヴォルフガング・ブレンデルであった。

新聞評によれば、康子は「彼女の情感ある声がなければ、内に秘められた熱情というものは表現できなかったであろう」と賛辞をもらったが、演出やアンサンブルを含めて必ずしも好評を得た公演ではなかった。しかし聴衆からの拍手は申し分のないものであった。

■再びバルセロナへ／《蝶々夫人》

アメリカから戻った三月はバルセロナで二回目となる《蝶々夫人》に出演。一回目は七二年アラガルと共演した《蝶々夫人》で、リセオ大劇場へのデビューであった。七九年の《つばめ》と八十年の《ラ・ボエーム》の成功で康子の名はすでによく知られていたが、今回は再び得意の《蝶々夫人》である。ジャンフランコ・リーヴォリの指揮、ファウスト・コゼンティーノの演出で、ピンカートンがピエロ・ヴィスコンティ、シャープレスがベテランのヴィンセンテ・サルディネーロ、そして名脇役ピエロ・デ・パルマがゴローで共演した。サルディネーロとは、スカラ座での《二人のフォスカリ》などで共演した旧知の間であった。最初のバルセロナは、日本人として初めてスカラ座にデビューしてから間もない駆け出しの頃であった。それから約九年、成功は絶大であった。

「グラン・テアトロ・デル・リセオでは九年ぶりにヤスコ・ハヤシの《蝶々夫人》が上演された。彼女はこれまでここで歌った日本人歌手の中で最高峰である。彼女の蝶々さんの人物像の表現は、以前に増して更に磨きがかかっていた。声の美しさ、歌唱スタイルは文句なく素晴らしく、特に最終場面の劇的な歌唱は絶賛を浴びた」

（エル・ノティィシエーロ・ウニヴェルサール紙）

音楽評論家の竹原正三氏が五月二十三日付けの「音楽新聞」に寄稿した評を引用させていただくことにする。

「歌手陣では蝶々さんの林が、やはり当代随一だけあってたいしたものだ。ただ当夜は過労からか、極めてコンディションを悪くしていたそうなので、細かい批評は避けておこう。しかし、二重唱などで最高の美声を聴かせてくれたので、パリから千数百キロをかけつけた甲斐はあったというもの。ただ彼女の声はあくまでリリコで、あまり重いドラマティコのものは向いていないようだ（フレーニのように）。従ってこんど帰国して歌う《アンナ・ボレーナ》などが最高だ」

そして同じ記事の中で、康子の《蝶々夫人》全曲レコードが出ていないことに疑問を呈しつつ、日本のレコード会社がここに気づかないのは何故であろうとか、オペラに意欲を燃やし始めていた小澤征爾の指揮で録音するなど、日本の名誉にかけて制作すべきであろうと述べている。フィリップス社でのカレーラスとの録音が妊娠のために実現しなかったことは先に述べた通りであるが、康子が最も新鮮で充実していた七十年代後半から八十年前後にかけて全曲録音がされなかったことは、かえすがえすも残念である。

■アメリカ・ニューアーク
つわりに苦しむ中で

バルセロナから再びアメリカに飛ぶ。ニューヨーク近郊のニューアークで、地元出身のアルフレード・シリピーニ指揮による《蝶々夫人》である。実は先のバルセロナ公演中、康子は妊娠していることに気づいていた。そしてこのアメリカ滞在中、ちょうど「つわり」の時期に当たっていたようで、公演中も吐き気に襲われたり、食事も満足にできなかったりで、ジャンニコラの付き添いもないままの滞在は大変な苦労だった。しかし公演は喝采を浴び、イタリアへ戻る時にはほっとした思いであった。

■ボローニャデビュー

センセーショナルな《ドン・ジョヴァンニ》

四月はボローニャで《ドン・ジョヴァンニ》に出演した。ヨーロッパ最古の大学があることで知られる学園都市へは、これが初めてのお目見えとなった。赤いレンガ造りのポルティコと呼ばれるアーケードが連なる中世の美しい街である。イタリア全国に十二ある実質的「国立オペラハウス」のひとつであるボローニャのテアトロ・コムナーレ（市立歌劇場）は、イタリアオペラ史ではトスカニーニがワーグナーの《ローエングリン》《タンホイザー》《さまよえるオランダ人》《トリスタンとイゾルデ》をイタリア初演したことで有名である。またヴェルディの《ドン・カルロ》がパリでの世界初演後、一八六七年に「ボローニャ版」として初演されるなど、マニアにとっては一種の聖地でもあった。

1982 年イタリア・ボローニャ・ボローニャ市立歌劇場《ドン・ジョヴァンニ》

ゾルタン・ペシュコの指揮にロベルト・デ・シモーネ演出によるこの公演は、イタリアオペラ界でもセンセーショナルな評判を呼び、何と全九回の公演が組まれていた。康子はそのうちの七回を歌い通した。この頃にはイタリアでの地位を獲得していたペシュコとは、康子がピッコラ・スカラ座にデビューした《偽の女庭師》以来の共演である。ヴォルフガング・シェーネのタイトルロールで、ドンナ・エルヴィーラは頭角を現してきたレッラ・クーベルリで、七二年シエーナでの《道楽者のなりゆき》で康子が涙を飲んだもう一人のソプラノである。クーベルリとの共演はこれが初めてとなった。康子と同様彼女もまたキャリアを重ね、イタリアオペラの比較的軽めの声が要求されるオペラで実績を積んで実力が認められる歌手に成長していた。大胆な衣装、装置で多大な経費をかけての公演であった。

■理解できないベルリンの反応

翌五月には前年に引き続きベルリン・ドイツ・オペラに客演する。今回は《イル・トロヴァトーレ》と《蝶々夫人》の出演となった。

レオ・ヌッチと共演した《イル・トロヴァトーレ》は昨年の《ドン・ジョヴァンニ》と同様喝采を浴びたが、不思議なことに得意の《蝶々夫人》では、観客がそれほど湧かなかったらしい。この時のスズキはベルリン・ドイツ・オペラの専属として活躍していたメゾソプラノの野村陽子であったが、彼女が語ったところによれば「舞台も衣装も、戦後三百五十回以上もずっと使ってきたもので装置も消耗しており、お客さんがうんざりしているから」というものであったという。だから「歌手たちが一生懸命にやってもお客さんが乗ってきてくれない」らしい。イタリアでは考えられないことであった。

どこでも賛辞を受けて来た康子にとって、ベルリンでの《蝶々夫人》の反応はいまだに理解できないという。しかしその一方、昨年の《ドン・ジョヴァンニ》ではモーツァルトに対する非常な愛着が感じられ、やはり「ドイツ人」なのだとつくづく感じたという。なおふたつのオペラの指揮に当たったのは、当時オペラ界で評判を呼び始めていたミゲル・ゴメス・マルティネスであった。

■日本オペラ界に衝撃

藤原歌劇団《アンナ・ボレーナ》

八二年の夏は、康子にとってとても重要な季節となった。七月、メジャーなプロダクションでの本格的な日本でのオペラデビューとなる公演を実現したからである。六年前の七六年に「マダム・バタフライ世界コンクール」の主催による記念公演で《蝶々夫人》を歌ったことはあったし、留学前にも演奏会形式の《コシ・ファン・トゥッテ》や民音オペラの九州公演（一九六九年）で日本語による《蝶々夫人》を演じたことはあったが、日本の音楽界で評価され得るメジャーなプロダクションでの本格的なオペラの出演はこれが初めてであった。

藤原歌劇団のドニゼッティ《アンナ・ボレーナ》である（422頁）。

■身重のままチリ・サンティアゴへ

日本での公演を終えた康子は続く八月、南米チリのサンティアゴに飛んだ。プッチーニの《ラ・ボエーム》に出演するためである。この年サンティアゴのテアトロ・ムニシパル（国立劇場）は開場から百二十五年を迎えた記念のシーズンを組んでいた。ホアン・パブロ・イズクイエルドの指揮に、ニコラ・ベノアの演出。ベノアといえば四・五十年代、スカラ座を始めとする一流歌劇場で、第一級の舞台装置家として、今でもイタリア・オペラ史上に燦然と輝く存在として名を残している。ちなみにスカラ座博物館には、当時のデザイン画や模型が数多く保存されている。ロドルフォには演技派のルイス・リーマ、マルチェッロにはヴィンセンテ・サルディィネーロと旧知の友人たちが並び、楽しい公演となった。さすがに妊娠八か月ということで、リハーサルの最中に合唱団員から「妊娠してるの？」と訊ねられたが、「えっ？」と言葉がわからないふりをしてごまかしたという。妊娠の影響もなく、サンティアゴの《ラ・ボエーム》は無事幕を降ろした。

■長女誕生

九月いっぱい、気持ちのいい穏やかな秋の初めを静養にあてた康子は、翌十月七日、二人目の子供をミラノで出産する。今度は女の子でアリーチェと名付けた。これは長男アナトーリオの希望で名付けられたもので「不思議の国のアリス」のイタリア名である。またも一か月の早産ではあったが、安産であった。長男のアナトーリオがすくすくと育ち、今度は可愛らしい女の子に恵まれた。女の子の誕生は一味違う喜びをもたらしてくれた。しかし残念なことに、今回はほとんど母乳が出ず、そのため、夜中でもミルクをやってくれる乳母とベビーシッターを雇いながらの育児であった。そのような中で、一か月後に控えた仕事の準備をしなければならなかった。

■ヴェネツィアへ

そして、十一月、産後の休養もそこそこにヴェネツィアへ旅立つ。フェニーチェ歌劇場でのエリアフ・インバル指揮によるマーラーの交響曲第二番《復活》のソロである。これはフェニーチェ歌劇場の制作によるもので、フェニーチェを始め、ヴェネツィアの本土側の町メストレや近郊の町での数回にわたる演奏会であった。一般に知られているヴェネツィアというのは、本土から橋で繋がれた「ラグーナ」と呼ばれる潟の上に造られた町で、メストレはその橋の手前に位置している。この演奏会はソリストとしての歌唱部分が少なく、産後の康子にとっては負担が軽く、幸いであった。

この演奏会で記憶に残っているのは、指揮のインバルがマーラーと同様ユダヤ人ということもあって熱狂的に迎えられたこと、そして共演のメゾソプラノ、エレオノーラ・ヤンコーヴィッチが素晴らしかったことである。ヤンコーヴィッチは決して国際的に有名になった歌手ではないが、パレルモでのヴェルディの《レクイエム》やスカラ座での《道楽者のなりゆき》で共演しており、康子にとって尊敬すべき良き歌手仲間であった。

■ライプツィヒ／ドレスデン《イル・トロヴァトーレ》

続いて、ヴェネツィアから当時はまだ東ドイツであったライプツィヒ、ドレスデンに向かう。《イル・トロヴァトーレ》の連続出演である。指揮はペーター・マーク、オッターヴィオ・ガラヴェンタの共演。これも産後の影響もなく無事やり通すことができた。この公演はフェニーチェ歌劇場の引越公演であった。東西ベルリンの出入りの厳しさに、まるで戦争のさなかのように感じたという。

■スイス・ローザンヌ《蝶々夫人》

十二月、カリアリ劇場の引越公演として、スイス・ローザンヌで《蝶々夫人》。こうして、産後も活動が続き、一九八二年は終わった。

一九八三年

■カターニャ《マリア・ストゥアルダ》

八三年の最初は、シチリア島にあるカターニャでのドニゼッティ《マリア・ストゥアルダ》である。ベッリーニの生地であるこの町のオペラハウスは「テアトロ・ベッリーニ」と呼ばれている。ここへの出演は二度目であるが、前回登場した七九年はガヴァッツェーニ指揮によるドニゼッティとケルビーニの宗教曲での演奏会であった。

アルマンド・ガットの指揮、フィリッポ・クリヴェッリの演出に、マリア・ルイーザ・ナーヴェのエリザベッタ、ジャンフランコ・パスティネのレスターに加え、ジャンニコラがタルボット卿として参加しており、康子にとってはとても楽しい公演となった。

■再び南アフリカへ

二月から四月にかけて、再び南アフリカへ飛ぶ。前回一八八〇年と同様にプレトーリアとヨハネスブルクで、全十二回の《蝶々夫人》である。ヴィチェンツォ・ベッロとの共演で、今回もまた拍手喝采を受けて終えた。まだ小さかったアリーチェはミラノの友人、越野量路夫妻にあずけ、アナトーリオとジャンニコラが再び同行した。またもアフリカの魅力にとりこになった康子は、いつか公演抜きでも訪れたいと思ったほどであったという。

■ジェノヴァ《コシ・ファン・トゥッテ》

四月はジェノヴァでの《コシ・ファン・トゥッテ》に出演。このオペラを歌うのはイタリア国内では初めてのことであったが、すでにドイツ・ボンでのシーズンオープニング公演に出演し、素晴らしい新演出のもとみっちり稽古を積んでいた。康子の身体の中にはこのオペラはしっかりと入っていた。

ここで康子は、後に「超高音テノール」として知られることになるウィリアム・マテウッツィと共演した。公演自体はボンほどに特筆すべき点はあまりなかったが、マテウッツィのことは鮮明に記憶していると語っている。というのも、後にロッシーニテノールとして名を馳せる彼も、この頃はまだ、決して高音が得意なテノールではなかったどころか、稽古の度に出てくる高音はことごとく失敗するという状態で（モーツァルトではロッシーニほどの超高音は使われていないにもかかわらずである）、本番は一体どういうことになるだろうと周囲を心配させた。公演ではどうにかやり通したものの、高音域の不安定さは相変わらずであったという。

演出はマリア・フランチェスカ・シチリアーニ。五十年代から六十年代にかけて、イタリアオペラ界にはフランチェスコ・シチリアーニという優れたマエストロがいた。マエストロといっても指揮者専門ではなく、芸術監督やプロデューサーとして力を振るった人物である。フィレンツェでの公演でマリア・カラスを正真正銘の大プリマドンナとして成功させ、スカラ座の芸術監督を十八年も務めた。ペルージャの音楽祭に何度も呼んで歌う機会を与え、いつか歴史的歌手になるだろうとまで言って勇気づけてくれた人物である。そのフランチェスコ・シチリアーニの娘が、今回の演出家である。彼女は後にカターニャの劇場の芸術監督にまでなる政治的手腕のある人物であった。彼女とは一九七四年、ルッカでの《蝶々夫人》で一緒に仕事をしていたが、ジェノヴァでの演出も正当的なもので、康子にとっては気持ちのいい公演となった。ちなみに彼女は藤原歌劇団の《椿姫》で、演出のため来日（一九九〇年）している。

この稽古中に、マテウッツィから「ロッシーニコンクールであなたの歌を聴いて、自分もオペラ歌手を目指そうと思った」と言われたことは、前述の通りである。デビューして間もないこの若いテノールが、後に努力の末「超高音テノール」として大活躍するようになるとは、当時は想像もできなかったという。康子のキャリアの上では幾度かこのような嬉しい出来事に巡り会っている。先輩はもちろんであるが、同僚や後輩から認められるたびに勇気を与えられたという。

■スカラ座《コシ・ファン・トゥッテ》
リッカルド・ムーティ

続く五月、同じ《コシ・ファン・トゥッテ》でスカラ座への出演である。しかし、今回はいささか不愉快な出来事となった。

ジェノヴァでの公演を終えた五月のある日の朝、ミラノの自宅でのんびり過ごしていた康子のもとに一本の電話がかかってきた。スカラ座からであった。その時期スカラ座ではムーティ指揮による《コシ・ファン・トゥッテ》が上演されている最中であった。フィオルディリージ役はエリザベス・コネルがつとめていたが、急病のためその夜に予定されていた公演をキャンセルした。そこで急遽康子に白羽の矢が立ったのである。わずか一か月前にジェノヴァで同役を歌っていた康子は、気楽な気持ちでその申し出を受けることにした。

夜の公演の場合には、必ず昼食後に昼寝をするのを習慣にしていた。これは夜の公演にコンディションを合わせるためである。康子はそのことを条件に引き受けた。午睡の後、約束通り午後五時、康子の自宅にリハーサルのためにスカラ座からピアニストがやってきた。ムーティのエディションでは、通常カットされるのが当たり前になっている少なからぬレチタティーヴォの部分もノーカットでやるというので、今まで歌ったことのない部分も含めて、とりあえず全曲を歌わなければならなかった。こんなことは康子のキャリアの中でも初めてのことであった。

劇場入りをした康子を待っていたのはムーティ自身で、すぐ舞台に上がるように指示された。舞台上の打ち合わせかと思った康子に対してムーティが要求したのは、フィオルディリージの二曲のアリアを聴かせてくれというものであった。ムーティ自身は客席後方に座って聴いているだけで何も言わない。まるで新人歌手のオーディションであった。ジャンニコラがその場にいたら、決してこんな状況を受け入れることはなかったであろう。拒否して帰宅してしまったに違いない。いくら相手がマエストロ・ムーティであっても、そうすべきだった。スカラ座ではすでに幾つものオペラで主役を歌っているのである。康子の歌を直接聴いたことがなかったにせよ、この劇場での康子の地位は、少なからずムーティも知らされていたはずである。

とにかく二曲のアリアを歌い終わった康子は芸術監督の部屋へと導かれた。そこでなんと、ムーティのピアノ伴奏によるおさらいが始まったのである。スカラ座入りをする前に、初めて歌うレチタティーヴォの部分も含めて、すでに全曲をさらっていた康子にとっては、コンディションを整えるどころか声を必要以上に疲労させるだけであったのは当然のことだろう。しかしムーティは本番直前に、再び全曲を歌わせたのである。数時間のうちに二度も全曲を歌った康子は、休む間もなく衣装に着替え、演出的にはおおまかな出入りを指示されただけでスカラ座の本舞台に立ち、この日三度目の全曲を歌った。

自分なりには満足した本番を終えたものの、非常に不快な一夜となった。中止になったかもしれない公演を救った康子に、ムーティからは感謝の一言どころか、終始無表情で無愛想な態度しか返ってこなかったという。一日に三度もオペラ全曲を歌った康子は疲労困憊したに違いない。それ以上に、歌手への思いやりも敬意もないムーティの態度はひどく腹立たしかった。康子の何かが気に入らない様子だった指揮者には以前にも出会ったことはあるが、最低限の礼儀というものは守っていたし、カーテンコールでは手を繋いで祝福の態度を示すものだが、公演前も公演後も、そして舞台上のカーテンコールでも、康子に笑いかけもせず、手を取ることもしなかった指揮者というのは、後にも先にもムーティ唯一人であったという。

本番に駆けつけたジャンニコラは、一連の出来事を知って激怒した。康子本人の怒りや不愉快さの比ではなかったようだ。このような歌手に対するムーティの威圧的な接し方はその後もスカラ座で続いていくのだが、それと同時に独裁的な彼のやり方に、多くのスカラ座関係者が不満を募らせていく。演目や歌手の選定、そしてスカラ座の運営方法自体までもが、やがてムーティの独断でなされるようになり、多くの意見は抹殺されるところまでになった。そしてとうとう、それから数年後、オーケストラ、合唱、裏方、運営陣によってスカラ座の大舞台と客席を使って開催された大集会でムーティ帝国は崩壊した。

■ヴェローナ野外劇場《蝶々夫人》

スカラ座での不愉快な出来事の後、康子には楽しい公演が待っていた。ヴェローナのアレーナ野外劇場への出演である。演目は《蝶々夫人》。マウリツィオ・アレーナの指揮にジュリオ・シャザレットの演出。旧知のライナ・カバイヴァンスカとのダブルキャストで、ピンカートンがベニアミーノ・プリオール、シャープレスはダブルキャストを組んでいたロレンツォ・

サッコマーニと大ベテラン、ロランド・パネライの二人と共演した。記念すべき「ロッシーニコンクール」から十年が経っていたが、イタリアの聴衆にはいまだにテレビでの康子の姿を覚えている者が多かったし、それに加え《蝶々夫人》での活躍は多くのオペラファンの知るところであった。新聞にはそれまでのスカラ座での活躍ぶりに触れ、《蝶々夫人》《ラ・ボエーム》《二人のフォスカリ》《道楽者のなりゆき》に出演したこと、来シーズンにはヴェルディの《イ・ロンバルディ》が予定されていること、「アレーナ・ディ・ヴェローナ（ヴェローナ、アレーナ音楽祭）」の引越公演として《イル・トロヴァトーレ》をスイスのルガーノで歌うこと等々が紹介された。

このアレーナ野外劇場での《蝶々夫人》は文句無しの大成功であった。得意な《蝶々夫人》とはいえ、生身の人間である。今までも時にはコンディションの良くない状態での舞台を体験したこともあった。しかし今回は三回の公演全てが絶好のコンディションで、夏の夜空のもと、二万三千人収容の大アレーナ（古代の円形劇場）を埋めた満員の聴衆から盛大な喝采を浴びた。

康子にとっても普段のオペラハウスとは違う感慨を味わう公演になった。特に、夜空に輝く月の光がふりそそぐ中での一幕は新鮮な臨場感で、自分の声も聴衆の長い拍手も天上にのぼっていくような響きであったという。公演後にはホテルに帰る途中アレーナのカフェやレストランから飛び出してくる大勢のファンからサインぜめにあった。

1983年イタリア・ヴェローナ・ヴェローナ野外劇場《蝶々夫人》二幕

1983 年イタリア・ヴェローナ・ヴェローナ野外劇場《蝶々夫人》二幕

ちなみに共演のテノール、ベニアミーノ・プリオールは、康子が優勝した「ロッシーニコンクール」の前年に開催された「ヴェルディコンクール」で、カティア・リッチャレッリと共にテノール部門で優勝した若手歌手で、一九七六年ベネズエラのカラカス劇場で《椿姫》と《蝶々夫人》で共演している仲であった。

■ガヴァッツェーニと
《スターバト・マーテル》と《ミゼレーレ》

秋は、ベルガモ・ドニゼッティ劇場で、ＲＡＩミラノの実況中継のための、ジャナンドレア・ガヴァッツェーニの指揮によるロッシーニの『スターバト・マーテル』と、ドニゼッティの『ミゼレーレ』という、二つの宗教曲による演奏会であった。この大巨匠との共演は何にも増して大きな喜びを与えてくれる。有名なペルゴレージの『スターバト・マーテル』も以前ガヴァッツェーニのもとで歌ったことがある。

■ドニゼッティの生地で
《アンナ・ボレーナ》

そして記念すべき、ドニゼッティの生地ベルガモで《アンナ・ボレーナ》が続く。指揮はヴェローナに続いてのマウリツィオ・アレーナ、共演はオッターヴィオ・ガラヴェンタ、マ

1983年イタリア・ベルガモ・ドニゼッティ歌劇場《アンナ・ボレーナ》
共演：オッターヴィオ・ガラヴェンタ

リア・ルイーザ・ナーヴェ、マリオ・リナウドであった。

ジョルナーレ・ディ・ベルガモ紙には「キャストの中ではヤスコ・ハヤシを第一に挙げなければならない。彼女は力強い声の持ち主であるが、ヒロインの宿命を浮き上がらせることに成功していた」という評が掲載された。この評ではガラヴェンタは褒められているものの、実質的には康子のための《アンナ・ボレーナ》であったというのが実際のところであったと思われる。

この頃になると康子は、自分の声と音楽が「ベルカントオペラ」に最も向いているという確信を深めた。十九世紀前半のオペラを歌った時の自分が、他の時代のレパートリーを歌う時よりも声が効果的に使え、より実力が発揮できることに気づいたと語っている。

この《アンナ・ボレーナ》は、翌十月にブレーシァのグランデ劇場でもそのまま公演されている。

■「**金の射手座賞**」

九月三十日、ベルガモでの幸せな《アンナ・ボレーナ》を終えた康子は、ミラノから一時間ほどのところにある保養地サルソ・マッジョーレで、イタリアのオペラ歌手にとって最高の名誉である「金の射手座賞」を授与される。これはその年に最も優れた活躍を示した歌手に送られるもので、この年には共にソプラノのマリア・キアーラ、テノールのジャンフランコ・

チェッケレ、オッターヴィオ・ガラヴェンタ、ジョルジョ・メリーギが受賞している。受賞後のパーティーでは往年の名歌手であるソプラノのヴィルジニア・ゼアーニ、バスのニコラ・ロッシ・レメーニ夫妻とテーブルを共にし、地道な努力と活躍がここまで実った喜びを分かち合った。特別ゲストに招待されていた名テノール、フェルッチョ・タリアヴィーニから祝福の言葉を受けたことも、大きな喜びであった。まだ康子がキャリアを積む前、シチリア島のエンナで開催されたコンクールで優勝した時の審査委員長でもあった。彼は康子のことを覚えていてくれたのである。タリアヴィーニは、映画「忘れな草」に出演したことで知られ、NHK招聘の「イタリア歌劇団」公演などで何度か来日している。

■スイス・ルガーノ

フィオレンツァ・コッソットと初共演

十一月はスイス・ルガーノでヴェローナのアレーナ音楽祭の引越公演《イル・トロヴァトーレ》に参加した。

ルガーノはイタリア国境を越えたすぐのところにある小さな町で、北イタリアの中心都市ミラノからならば、風光明媚なコモ市を経由して一時間ほどで行くことができる。町の市議会会館の中にある多目的ホールで行われた公演であったが、これはヴェローナがかなり力を入れた公演であった。指揮がルイージ・カンパニーノ、演出がカルロ・チェーシェ、ルーナ伯爵にアントニオ・サルヴァドーリ、マンリーコにカルロ・ビーニ、そしてアズチェーナにフィオレンツァ・コッソットがキャスティングされていた。フェッランドはコッソットの夫君イーヴォ・ヴィンコがつとめた。

康子とコッソットの共演はこれが初めてであった。コッソットは大歌手シミオナート引退後、彼女の後継者として、イタリアオペラ界を代表するメゾソプラノの第一人者として君臨していた。稽古場でコッソットと初めて顔を合わせた康子は「あなたのような偉大な方と一緒の舞台で歌えるなんて夢のようです」と挨拶した。康子の思い出の中では、この偉大なメゾソプラノは、NHK招聘の《ノルマ》や《ラ・ファヴォリータ》の公演を上野の東京文化会館で聴いて（一九七一年の帰国中）以来、自分にとっては手の届かないところにいる大歌手と思っていた。

コッソットは康子のことを大層気に入ってくれたようで、その後マチェラータ音楽祭やヴェローナ音楽祭といった野外劇場で共演する度に、とても優しく接してくれたという。日本でも藤原歌劇団の公演では《イル・トロヴァトーレ》と《アイーダ》という、コッソットが最も得意とするオペラで同じ舞台に立てたことは、今なお鮮烈な記憶と共に、大いなる誇りとして残っているという。

康子にとってヴェルディの作品とはいえベルカントスタイルで書かれたこのオペラは、得意中の得意ともいうべきものになっていた。非の打ち所のないコッソットのアズチェーナを向こうに回し、康子も完全燃焼した公演となった。

［回想］

コッソットさん

ルガーノでの《イル・トロヴァトーレ》でコッソットさんと共演できたことは、私のキャリアの中でも非常に重要なことでした。コッソットさんが本番前に全曲を通してさらうことは知られています。可能な限りテンションを上げてから本番に臨まれるのです。こちらもそんな彼女に対抗しなければならないから大変です。その後もご一緒させていただいて経験を積み、彼女が凄まじい迫力で登場する分こちらも燃えてきて、二重唱ではお互い負けないように張り合うことが何度もありました。彼女の何が一番尊敬できる点かと問われるなら、それは彼女の徹底した歌の基盤です。これは滅多に他の人が到達できるレベルのものではありませんでした。ディクションの素晴らしさ、発声の素晴らしさなど、彼女が他のメゾソプラノを寄せ付けないほどの高みに達することができたのは、美しい声と共にそれらの基盤がしっかりしていたからに他なりません。私もそのような伝統的な基盤を身につける努力を重ねていたので、身にしみてよくわかりました。本当に極上の歌手でした。自分にも相手にもいい加減なことは許さない厳しさがありました。本物の大スターですし、相手に対する敬意というものをお持ちの方でした。そして後に《アイーダ》で共演した時には、私のことを「理想的なアイーダ」と、自信をつけてくださったのです。

■トレヴィーゾ《ルイーザ・ミラー》

十一月と十二月はトレヴィーゾでヴェルディの《ルイーザ・ミラー》に出演。ヴェネツィアの北に位置するトレヴィーゾは小さな街であるが、現在では「ベネトン」社が生まれた街として国際的にも知られている。この街では毎年公演のためのオーディション「トティ・ダル・モンテ国際コンクール」を開催することでオペラファンの間ではつとに知られていた。ここから巣立って行った若手歌手は枚挙にいとまがない。

今回の《ルイーザ・ミラー》は、ブルーノ・マルティノッティの指揮にフィリッポ・クリヴェッリの演出。相手役は地元出身のヴィンチェンツォ・ベッロであった。ベッロは南アフリカでの一か月にわたる《蝶々夫人》で友情を深めた仲であった。この劇場へはこれまでに《蝶々夫人》やロッシーニの《エジプトのモーゼ》に出演していたし、世界的な活躍も知られていただけに、聴衆から温かな拍手を受けた。康子にとってはとても相性が良く、この美しい街と決して大きくはないけれども音響の素晴らしい劇場で歌うことは、毎回大きな喜びであった。

《ルイーザ・ミラー》もまたベルカントスタイルで作曲されたオペラであり、康子がエクス・アン・プロヴァンスで初めて手がけた相性のいいヴェルディの作品であった。しかしこの役での康子の歌唱を日本で聴くことができるのは、ずっと後の九八年まで待たなければならない。

このプロダクションは、トレヴィーゾに続いていつものようにロヴィーゴでも上演されている。

一九八四年

■相次ぐ《ドン・ジョヴァンニ》

一九八四年はベルリンでの《ドン・ジョヴァンニ》の公演で始まり、続いて、八二年に次いでボローニャで《ドン・ジョヴァンニ》の再演に加わった。ゾルタン・ペシュコの老練な指揮に、ロベルト・デ・シモーネの斬新な演出以下、キャストもエルヴィーラを除いては同じメンバーで、とても良い雰囲気のうちにリハーサル、本番と進んだ。エルヴィーラ役は当初テレサ・ヅィリス・ガラが予定されていたようであるが、急遽キャンセルとなってしまった。六回の公演数であったが、前回同様にこのセクシーな衣装（291頁）がいささか恥ずかしかったという。

二月の半ばには再びベルリンで《ドン・ジョヴァンニ》を歌った。ドンナ・アンナの力量はもはやヨーロッパで知られるところとなっていた。

■《イル・トロヴァトーレ》の連続出演

二月、三月は北イタリアのピアチェンツァ・ムニチバーレ歌劇場、ラベンナのアリギェーリ歌劇場、レッジョ・エミーリアのローモ・ヴェルリ歌劇場、モデナの市立歌劇場で《イル・トロヴァトーレ》に出演。この四つの劇場での公演は、企画自体は独立したものであったが、実質的には先のルガーノ公演と同じスタッフ、キャストによる公演であった。ここでも康子はコッソットと共演した。新聞などでの取り上げられ方はルガーノを遥かに凌ぐ大きなものであり、公演は熱狂的な成功のうちに終わった。特に歌手陣の好演が評価された。

「ヤスコ・ハヤシのレオノーラは透明感のある心地よい、叙情性に溢れたものであった。彼女のベルカント様式による歌唱は、時折もっと情熱的な表現が求められる個所もあったにせよ、インテリジェンスに満ち、揺るぐことない均一性をもって役柄を演じた」

（リベルタ紙八四年三月二日）

実はこのピアチェンツァでの公演には、一九八五年に藤原歌劇団の総監督となる五十嵐喜芳が訪れていた。康子はすでに藤原歌劇団には登場していたが、ここでのレオノーラを聴いた五十嵐は、コッソットと肩を並べられる国際的歌手が日本からも誕生したことを実感したという。これがきっかけで、五十嵐総監督のもとで藤原歌劇団での活躍が定着する。

■新演出スカラ座の《イ・ロンバルディ》

四月はスカラ座でのリハーサルに費やされた。五月に上演される新演出のヴェルディ《イ・ロンバルディ》のためである。

ヴェルディの《イ・ロンバルディ（十字軍のロンバルディア人）》は、イタリアでも滅多に上演されることのないオペラである。一八四三年にスカラ座で初演されて以来、十九世紀にはとても人気を博した作品であったが、二十世紀に入ってからはほとんど取り上げられることがなくなってしまった。十九世紀の人気が、イタリア独立運動の機運に乗ってのものであったことは明白である。スカラ座でも一九三〇年のシーズンオープニングに上演されて以来、舞台にかけられることがなかった。

ベルカントスタイルを色濃く留めた作風で、ヒロインのジゼルダはドラマティックな声とアジリタの技術が求められる至難な役柄であった。この新演出の舞台にヒロインとして起用されたのは、当時ドラマティックソプラノの第一人者として認められていたゲーナ・ディミトローヴァと、よりリリックな声の持ち主である康子の二人であった。康子にとって何よりも嬉しかったのは、指揮がジャナンドレア・ガヴァッツェーニであったことである。この大指揮者のもとでヴェルディのベルカントスタイルのオペラを歌うことは、康子にとって素晴らしい体験であった。スカラ座の聴衆もまたガヴァッツェーニの登場に沸き返り、ちょっとしたお祭り騒ぎの様相を呈した。

演劇界の重鎮であり優れた舞台俳優でもあったガブリエーレ・ラヴィーアの演出のもと、稽古は順調に進んだ。ディミトローヴァと康子の声質の違いは明らかであったから、オペラファンの間でも多くの期待が持たれていた。結果は、康子の方がより役柄に合っていたというのが大方の見方である。ディミトローヴァの声は、ジゼルダにはドラマティック過ぎたのは事実であるが、それでもアジリタのテクニックを充分に駆使し、何よりもその力強い声質

1984 年イタリア・ミラノ・スカラ座《イ・ロンバルディ（十字軍のロンバルディア人）》

は誰にも真似ができないものであった。両者共に多大な成功を収め、それによって直ちに二年後の再演が決定された。

当時を振り返りながら康子は語っている。ガヴァッツェーニの歌い手の力量を充分に引き出す老練な指揮は、オーケストラと一体になる新鮮な感動を与えてくれたという。ガヴァッツェーニの音楽は、聴衆がこうあって欲しいと感じることを見事なほど実現する手腕に長けており、またそれ以上の興奮を聴き手にもたらしてくれるものであった。。康子は、彼の指揮のもとでは人間の魂が余す所なく表現されるようだと語っている。そして二十一世紀に入ってから、ガヴァッツェーニのような「ベルカント様式」のオペラを的確に振れる、そして声のことを熟知している指揮者がいなくなってしまったことを心から嘆いている。

［回想］

スカラ座の《イ・ロンバルディ》はガヴァッツェーニ先生のご要望で出演することになりました。スカラ座でヴェルディを、尊敬する巨匠の信頼を得て歌うことになったのは大きな喜びでした。先生とは宗教曲や《イ・リトゥアーニ》などを演奏会形式での共演はあったものの、オペラの舞台上演では初めてのことでした。先生は声について精通されており、練習では「若いときはいい声をしていたんだ」とテノールのパートを歌ってくださったりしました。先生が指揮台に立たれると、オケも、歌手も、コーラスも皆が一体となるのです。スローテンポでは情感たっぷりと、ドラマティックな場面ではご自身もうなり声を出しながら全体を引っ張っていき、舞台と聴衆が一体となって震えんばかりの感動を呼び起こされるのです。

先生は「作曲家は楽譜という手段でしか自分の主張を表すしか方法がない。だから、指揮者や演奏家は楽譜から作曲家の意図を読み取り、引き出さねばならない。作曲家の求めるところをどのように再現するかは演奏家にゆだねられている。メトロノームのように楽譜通りに演奏しても意味がない。作曲家の意図を深く知ったうえで、自分らしい演奏してこそ素晴らしい音楽となる」とおっしゃっていました。

先生は多くの作曲家と交友があり、まさにその言葉通りの演奏を実現され、歌手やオケを導き、聴衆を感動に引き込んでくださったのです。

アリアや重唱を歌うごとに拍手がどっと押し寄せる経験をスカラ座の舞台で味わうことができたのです。このようなことはそうそう体験できるものではありません。スカラ座の舞台はまさに至福の時間で、歌手冥利につきることでした。

ゲーナ・ディミトローヴァさん

この時ダブルキャストで出演していたゲーナ・ディミトローヴァさんは、年齢的には私よりも三歳ほど年上でしたが、スカラ座の養成所では一年後輩にあたりました。同じゴルリンスキーの事務所に所属していたので良く知っていました。稽古中に彼女が「あなたは私より声が軽いからアジリタがやりやすくていいわね」と言っていたことを思い出します。ドラマティックソプラノである彼女は、このオペラでは速いアジリタと高音で苦労していたようでした。でも彼女のような稀にみるほどのドラマティックソプラノは本当に珍しい存在でした。まだまだ活躍できる年齢でありながら二〇〇六年にお亡くなりになったことは残念でなりません。

■藤原歌劇団《マリア・ストゥアルダ》

スカラ座での公演が終わると、五月半ばにドイツのヴィスバーデンで《蝶々夫人》を歌い、すぐ帰国する。藤原歌劇団で上演されるドニゼッティの《マリア・ストゥアルダ》のためである（432頁）

■アルゼンチン／テアトロ・コロンデビュー

東京での《マリア・ストゥアルダ》が終わると、康子は南米のアルゼンチンへ飛んだ。ブエノス・アイレスのテアトロ・コロンに《蝶々夫人》で初登場することになっていた。

ブエノス・アイレスのテアトロ・コロンといえば、南アメリカ最大のオペラハウスとして知られており、オペラ界でも屈指の重要な劇場である。歴史あるこの劇場は、かつてサン・サーンスやリヒャルト・シュトラウス、ストラヴィンスキーなどが自作を指揮し、大スターや大指揮者も数多くヨーロッパから船旅で訪れている。最も有名なエピソードは、まだ二十代そこそこのアルトゥーロ・トスカニーニがオーケストラの一員として訪れた折り、急遽、《アイーダ》を指揮して大成功を収め、指揮者としての道を歩む第一歩を刻んだことである。

演出家との対話

今回の公演は、指揮のマリオ・ペルッソ以下、国際的な歌手は康子一人であった。ここでもまた康子にとって、とんでもない、しかし結果的には優れた演出家と出喰わすことになった。演出に当たったのはロベルト・オズワルドであったが、彼は日本の文化を知らなかった。欧米での《蝶々夫人》に関しては、多くの演出家が日本の文化を理解しないまま舞台を作り上げている。我々日本人からすると風俗や立ち居振る舞いで驚くようなことが、そして笑ってしまうようなことがしばしばある。オズワルドもそのような一人で、当然のことながら立ち居振る舞いの指示は滅茶苦茶なものであり、それに何の疑問も抱いていなかった。

彼は、プッチーニ自身も日本を知らなかったはずだ。だから、イタリア人から見た日本にすればよい、との考えである。これは外国人演出家の一般的な考えでもある。しかし、康子は稽古中に日本の文化について根気よく話を重ね、最終的にはとても良い雰囲気の公演にすることに成功した。異文化に関して素直に耳を傾けることのできる演出家は稀であるようだが、康子にとって幸運なことに、オズワルドはそういった数少ない演出家の一人であったようだ。

アルゼンチンはイタリアからの移民も多く、ラテン気質の国民性からか聴衆は熱狂的ともいえる喝采を送った。七六年にベネズエラを訪れて以来の、四回目となる南アメリカ訪問は、以前にも増して大きな喜びを与えてくれた。

■ベルリンで《蝶々夫人》と《ドン・ジョヴァンニ》

アルゼンチンから戻ると、今度はベルリン・ドイツ・オペラで《蝶々夫人》と《ドン・ジョヴァンニ》に急遽呼ばれた。もうすっかりおなじみとなった劇場である。

■シュトゥットガルト
シーズンオープニング《ドン・ジョヴァンニ》

十月、康子はシュトゥットガルトに赴く。十一月一日に予定されていたこの歌劇場にとって歴史的に記念すべき《ドン・ジョヴァンニ》に出演するためである。これはリニューアルされたシュトゥットガルト州立劇場のシーズンオープニングに予定された公演で、総力を振り絞った感のある一大プロジェクトとして、一か月の稽古期間が組まれた意欲的なものであった。康子は公演を含めて、およそ二か月余りの滞在となった。

シュトゥットガルトは比較的フランス国境に近い南ドイツの街である。ドイツオペラ界でも屈指の地位を誇っており、由緒正しい劇場での《ドン・ジョヴァンニ》は、康子の得意な演目でもあり、とても充実したものであったようだ。タイトルロールは、この年の一月にボローニャでの《ドン・ジョヴァンニ》で共演したばかりのヴォルフガング・シェーネであった。

レパートリーシステムを取っているドイツのオペラハウスは、再演の折りにはほとんどリハーサルもされず、急遽組まれたキャストや劇場付きの専属歌手たちによる公演が行われるのが普通である。演出家が参加する場合もあるが、ほとんどは劇場付きの演出助手が舞台を作ることが多い。指揮者も同様で、少ないリハーサルで本番というやり方がまかり通っていた。この決して芸術的とはいえないシステムは、何十年もの間ドイツ語圏では毎日劇場を満席にするための、そして経済的にできるだけ支出を押さえるための苦肉の策と推察される。康子も《蝶々夫人》《ドン・ジョヴァンニ》では、同じ演出による再演に急遽呼ばれて歌うことが多く、彼女自身そのような公演に何度接したか記憶にないほどであるという。しかし今回の《ドン・ジョヴァンニ》では一か月にわたるみっちりとしたリハーサルが組まれ、共演者達もよりすぐりの歌手ばかりで、ハイレベルの舞台に康子も大満足であった。

先にもボンでの《コシ・ファン・トゥッテ》で述べたとおり、今回のシュトゥットガルトもまた、シーズンオープニングの新しいプロダクションによる公演である。くり返しになるが、このような公演に招聘される歌手は世界でもほんの一握りで、当時ヤスコ・ハヤシはそのようなランクのオペラ歌手であり、今なお日本人では唯一の存在である。

［回想］

シュトゥットガルトでの《ドン・ジョヴァンニ》は、以前のボンでの《コシ・ファン・

1984年ドイツ・シュトゥットガルト・シュトゥットガルト州立劇場《ドン・ジョヴァンニ》

1984年ドイツ・シュトゥットガルト・シュトゥットガルト州立劇場《ドン・ジョヴァンニ》楽屋にて

トゥッテ》と同様に、新演出で稽古も充分にあり、とてもやりがいのあるお仕事でした。ドイツのオペラハウスでは、新演出の時には稽古をみっちりやるのですが、再演の場合は演出助手の手に委ねられキャストが変わってもほとんど稽古なしで上演することが多いのです。そういった公演には多く呼ばれました。今回の機会に資料を整理しても、再演時の公演プログラムなども手元に残っていないものが多く、私の出演記録から漏れてしまっているのもあるようです。数日前に突然お呼びがかかって急遽駆けつけて歌うという場合もありましたが、通常の客演の場合は、事前に契約を交わし（一年前に契約することもある）、公演日の前々日に到着し、公演前日に音楽稽古と演出プランの確認を済ますというのが普通でした。ドイツ以外の国、例えばイタリアなどでは再演時には初演ほどの稽古はされないのですが、大劇場ではそれでも二週間ほどの稽古時間が確保されています。

ドイツの再演のやり方が「世界の常識」であるかのように広まっていることは残念でなりません。良い舞台を作るためには、再演でも許す範囲内でできる限りの稽古はすべきです。一か月必要な仕事を一日で仕上げることは不可能です。歌い手がその実力を発揮でき、芸術的な価値をその公演の中で生み出すことが必要不可欠ですが、現在のやり方は正反対の方向に進んでいるのではないでしょうか。また、音楽練習よりもあまりにも演出練習優先の傾向があることも心配です。

■モネ劇場への緊急出演

シュトゥットガルトでの練習の合い間にベルギーへ飛ぶ。ベルギー屈指のオペラハウス、ブリュッセルのモネ劇場で上演中であった《ドン・ジョヴァンニ》に急遽出演することになったからである。十月五日の公演であった。ドンナ・アンナ役のソプラノが急病となり、シュトゥットガルトにいた康子に突然のオファーがあったのである。

美しいモネ劇場は、大きくはないが、ヨーロッパではその公演水準の高さから第一級のオペラハウスとして認識されている。近年、指揮者の大野和士が音楽監督をつとめたことで日本でも一躍知られるようになった。

タイトルロールはジョゼ・ファン・ダン。バリトンの第一人者であるが、演技中に腕をとんでもない力で掴まれたり、激しく身体を扱われたりと、康子にとっては決してやりやすい相手ではなかったようである。ブリュッセルでの一回公演を済ませてシュトゥットガルトに戻り、紳士的なシェーネのドン・ジョヴァンニにほっとしたことを記憶していると語っている。

一九八五年

前年十一月一日初日を迎えたシュトゥットガルトの《ドン・ジョヴァンニ》は、この年になってからも五月まで上演され続け、康子はその間何回か呼びもどされた。しかし、今までの仕事に追いまくられた歳月とは違って、スケジュールは比較的緩やかなものであった。そしてこの年、康子はスカラ座の頂点に立つ。しかしそれは年末まで待たなければならない。

■ドニゼッティ《世界の洪水》

一月またも、ジェノヴァの歌劇場で非常に珍しいオペラに出演する。ドニゼッティの《世界の洪水》である。このオペラは一八三〇年にナポリのサン・カルロ歌劇場で世界初演されたものであるが、二十世紀にはすっかり忘れ去られた作品となっていた。

旧約聖書の有名な「ノアの方船」を描いた物語で、主役のノアを演じたのは名バス、ボナルド・ジャイオッティ。康子はこのオペラの中でオッターヴィオ・ガラヴェンタ演じる役人の妻セラを歌った。もちろん堂々たるヒロインである。この公演にはノアの息子の一人としてジャンニコラも参加しており、旧知のジャイオッティやガラヴェンタとの共演と併せて康子にとっては嬉しい舞台であった。指揮は若手のヤン・ラタン・ケーニッヒ、演出はベテランのルチアーノ・ダミアーニで、舞台美術もダミアーニのデザインによる様式感に満ちた美

1985年イタリア・ジェノヴァ・カルロ・フェリーチェ歌劇場《世界の洪水》共演：ボナルド・ジャイオッティ

しいものであった。

康子はどんなオペラ歌手よりも多くの珍しいオペラを手がけてきているが、この《世界の洪水》もそうしたオペラのひとつで、ラジオ放送を音源とした録音がCD化され、現在でも手に入る。ただし、現在イタリアのボンジョヴァンニ社から発売されているCDは、残念ながら康子の歌唱ではない。ダブルキャストが組まれていたもう一方のキャスティングによるもので、CDには康子の名前が記されているのはボンジョヴァンニ社の間違いであることをここに記しておく。

■ボローニャ新演出の《蝶々夫人》

三月、康子はボローニャへ向かう。テアトロ・コムナーレでの《蝶々夫人》である。このボローニャ公演は二週間の間に全九回というプログラムで、康子はそのうち何と六回の公演をこなした。指揮はティツィアーノ・セヴェリーニ、演出はアルド・トリオンフォ、特にジャンカルロ・ビニャルディによる衣装は美しく、外国人が手がけた蝶々さんの衣装としては出色のできで、康子には喜んで着た思い出が残っている。和服のカッティングとは全く違うために、より日本の着物らしく見せるために、持参した着付け用の衿で工夫を凝らしたという（巻頭口絵Ⅷ）。

この公演では、ケイト・ピンカートンでデビューした若手のメゾソプラノの印象が強く残っている。その名はアンナ・カテリーナ・アントナッチ。後にイタリアオペラ界で大きなキャリアを積むことになった美人メゾソプラノである。優秀な若手歌手のデビューを目にすることはベテランの域に達しつつある康子にとっても嬉しいことであっただろう。

■突然のハンブルク

このボローニャの直後、一回だけの客演公演であるが突然ハンブルク国立歌劇場から呼ばれ《蝶々夫人》に出演した。シュテファン・ゾルテツの指揮、ウルリッヒ・ヴェンクの演出、共演はピンカートンがピエロ・ヴィスコンティ、シャープレスが大ベテラン、ロランド・パネライ、スズキがエリザベート・シュタイナーであった。イタリアオペラ界の名バリトン、パネライとの度重なる共演となった。

■「ベルカント作曲家の夕」

四月、トリノＲＡＩでステファノ・テンピア協会主催のリサイタルに出演。

［回想］

ＲＡＩトリノでの「ベルカント作曲家の夕べ」のリサイタルは、デ・フランチェスコ先生のピアノ伴奏のもとで、ロッシーニ、ドニゼッティ、ベッリーニというベルカント三大作曲家の歌曲だけを集めた珍しいものでした。このリサイタルを通して偉大な作曲家たちの音楽をより深く知ることができたように感じました。

■マチェラータ音楽祭／《アイーダ》デビュー

五月はベルリン・ドイツ・オペラで《イル・トロヴァトーレ》。六月はカターニャで《蝶々夫人》と続き、七月、康子は新たなオペラに挑戦する。マチェラータ野外劇場でのヴェルディの大作《アイーダ》である。このオペラは、以前から待望していたものであった。

リリコスピントのソプラノの役柄であるアイーダがついに康子のレパートリーとなったのである。これまでも強めの声が相応しいヒロインは数多く手がけてきてはいたが、それらはいずれもベルカントスタイルの作品であった。アイーダのアリアは学生時代から二つのアリアを勉強していた。日本のコンクールやブッセートの「ヴェルディコンクール」などでも歌ってきていた。いつか全曲《アイーダ》の実現を憧れていたのだ。トリエステでの《イル・トロヴァトーレ》が評判を呼んでいたこともあって、ことによったら近いうちに…と思っていたという。しかもマチェラータ音楽祭での《アイーダ》デビューである。このような注目を集めるプロダクションで実現するとは夢にも思っていなかった。

アイーダを歌うことの感慨

《アイーダ》への出演依頼を受けて、康子はこのように考えたと語っている。

「私の本来の声質はこのスピントの役にぴったりというわけではありません。でも声の音色はリリックでも、これまでのキャリアを通じて、厚いオーケストラを越えて行くだけの声はあるという自信と、ベルカント唱法でアクセントを与えながらドラマティックな表現をするテクニックでやりおおせると思いました。コレペティトーレのデ・フランチェスコ先生もグアリーニ先生も、よくそうおっしゃっていました。『ああ、私はついにこのイタリアでアイーダが歌える』という感慨は大きなものでした」

イタリア半島の東海岸、アドリア海に面した中部イタリア地方にアンコーナという大きな港湾都市がある。ロッシーニの生地であるペーザロから少し南下したところである。そのアンコーナから南西に少しばかり内陸に入ったところにマチェラータの街はある。街の中央部に残された古代ローマ時代の遺跡で毎年夏開催されるのが「マチェラータ音楽祭」である。マチェラータの野外オペラは、北部イタリアのヴェローナで開催される「アレーナ音楽祭」と肩を並べる重要な夏のオペラフェスティヴァルでもある。一般に野外劇場はヴェローナのように円形劇場なのだがここは横に長い形であるのが特徴である。かつてはボール競技などスポーツに使われていた。康子はヴェローナにはすでに出演していたが、このマチェラータへの登場はこれが初めてとなった。そのデビューが大傑作《アイーダ》だったのである。

このシーズン、マチェラータ音楽祭は《アイーダ》の他にヴェルディの《リゴレット》、後に世界的プリマドンナとなるジューン・アンダースンのイタリアデビューとなったドニゼッティの《ルチア》に加え、近代イタリアを代表する国民的作家アレッサンドロ・マンゾー

1985年イタリア・マチェラータ・マチェラータ野外劇場《アイーダ》

1985年イタリア・マチェラータ・マチェラータ野外劇場《アイーダ》共演：フィオレンツァ・コッソット

ニの有名な小説を題材にした現代イタリアの作曲家ロベルト・ハゾン作曲のバレエ《婚約者たち》をスカラ座バレエ団の出演でプログラミングしていた。しかし公演の規模も歌手陣も、シーズンの白眉は《アイーダ》であった。ホセ・コッラードの指揮、フラヴィオ・トレヴィザンの演出に、フィオレンツァ・コッソット（アムネリス）、ニコラ・マルティヌッチ（ラダメス）、ベニート・ベッロ（アモナスロ）、イーヴォ・ヴィンコ（ラムフィス）という超豪華キャストが組まれていた。公演は熱狂的ともいえる大成功で、康子にとって幸せな《アイーダ》デビューとなった。

「ヤスコ・ハヤシはコッソットと共に、この二つの重要な主役を感情表現豊かに演じた。幾度となく聴衆から熱狂的な割れんばかりの喝采を浴びていた」（イル・メッサッジェーロ紙）

「新たに登場したヤスコ・ハヤシのアイーダは、ドラマティック性よりも旋律の美しさを際立たせた非常に好ましいものであった」

「ここで演じられたアイーダのうち、ヤスコ・ハヤシの歌唱は最も優れたものと言えるだろう。美しく調和のとれた繊細なアイーダである」

「ハヤシのアイーダはとても喜ばしい新たな発見であった」

マルケ州（イタリア中東部）の新聞、雑誌はひとつの漏れもなくこの公演の成功を伝え、いずれの評でも康子のアイーダは絶賛されている。しかし康子を最も喜ばせたのは批評家からの好評だけではなかった。共演したコッソットの「あなたのような叙情的でリリックな表現こそが本来のアイーダだと思う」という言葉こそ、康子に対する最高の賛辞であった。

こうしてイタリアオペラの中でも最も重要な役柄のひとつともいえるアイーダで、このうえない幸せなデビューを果たしたのである。

このマチェラータ音楽祭の公演は、そっくりそのまま直後にルーゴ野外劇場で、引越公演が行われている。

■藤原歌劇団《マノン・レスコー》

晩秋の十一月、《アンナ・ボレーナ》《マリア・ストゥアルダ》に続く、日本での第三作目となるオペラのために帰国する。全二作がドニゼッティであったのに対し、今回はプッチーニの《マノン・レスコー》である（436頁）。

■スカラ座の新演出

「アサリ・バタフライ」


そして、十二月、康子はスカラ座に登場する。新演出の《蝶々夫人》である。これは七二年、七八年に続きスカラ座での三つ目のエディションへの出演となる。同じ演目でそれぞれ異なる三つのエディションに出演した歌手は、スカラ座史上初めてのことであろう（95頁参照）。

この公演実現に至るストーリーを語るには一九八二年まで時間を遡らなければならない。

およそ八二年頃、スカラ座では新しい演出による《蝶々夫人》の公演を芸術監督マッツォーニスのもとで八五年のシーズンに取り上げることが決定していた。これは今までにない画期的ともいうべきもので、日本人演出家、浅利慶太による、そして彼が選んだ日本人スタッフが集まって上演するという、海外のオペラハウスでは異例で初めての魅惑的なものであった。

もともとこの発想はスカラ座での上演とは全く関係ないところから出発していた。遡ること二十年以上前（一九六三年）、日生劇場のオープニングにベルリン・ドイツ・オペラが招聘されたことがあった。その時、期待の若手指揮者としてロリン・マゼールが来日していた。マゼールはこの時ワーグナーの《トリスタンとイゾルデ》を振っている。一方、浅利慶太は日生劇場の総監督の地位にあり、めざましい活動を展開していたのだが、この時のマゼールと浅利との親交から、二人によるオペラでの共演への夢が始まったのであった。まさに二十年余の発酵期間を経て実現したものだったのである。

若き二人の芸術家が長い間温めてきた夢は、当初ウィーンで実現することが内定し、ようやく日の目を見るところまでこぎつけた。しかし諸々の事情で、この企画は挫折してしまう。それと引き換えのように、その直後マゼールに、スカラ座から《蝶々夫人》のオファーが来たのである。こうして二十年以上にわたる二人の夢が具体化されることになった。直ちに歯車が動き始める。浅利のもとに演出依頼が届き、浅利もイタリアオペラ界最高の殿堂でのオペラ演出を快諾する。

早速、浅利は「チーム・アサリ」を形成する。世界に発信するオペラ公演を実現するため、スタッフには最高の人材を集めた。装置に高田一郎、衣装に森英恵、そして通常劇場つきのスタッフに任されることが当然であった照明にも、自分の演出プランを最も効果的に活かすため、日本の舞台照明の第一人者であるベテランの吉井澄夫を起用し、幸いなことにスカラ座からの了承を取り付けた。このようなことは、スカラ座では前代未聞のことである。スカラ座のマゼールへの信頼とこの《蝶々夫人》にかける芸術監督マッツォーニスの意欲の現れである。

難航したキャスティング

早速、スカラ座では歌い手の選考が始まった。当時のスカラ座の芸術監督マッツォーニスは、浅利の「どうしても」という希望で日本人スタッフで制作する公演であることを考慮して、可能な限り日本人またはアジア人の蝶々さんとスズキを起用したいと考えていた。また浅利は演出家として、それまでにいろいろな《蝶々夫人》を経験したソプラノよりも、全く白紙で、自分の演出意図がそのまま活かされる新進歌手をぜひとも探し出したいと思っていた。演出家としては、まっさらな歌手を自分の演出意図に添って作り上げたいと考えるのは理解できることである。

しかし、イタリアオペラの最高峰スカラ座で通用するような《蝶々夫人》の主役歌手を選ぶのがどれほど難しいものであるか、オペラ界に決して通暁していたとはいえない浅利は想像もしていなかったことだろう。

マッツォーニスは極秘に来日し、浅利と《蝶々夫人》を歌える多くの日本人ソプラノをオーディションした。その中にはおそらく優れたソプラノもいたことだろうが、スカラ座の大舞台に主役として登場させるに相応しい人材は見つからなかったようである。経験の浅いソプラノに天下のスカラ座で主役を歌わせることは常識で考えられない。オペラファンにとっても、オペラ歌手にとってもスカラ座は頂点なのである。この時点ではスズキ役に韓国のメゾソプラノ、キム・ハクナムが内定していただけであった。その後人種、年齢を問わず、世界中からオペラの殿堂スカラ座での浅利版《蝶々夫人》の主役を務めさせるに相応しいソプラノ探しが続けられた。スカラ座でのオーディションには名のある日本人歌手達も参加したようである。しかし容易には見つからなかった。

このような噂は八四年頃にはイタリアオペラ界にも広まっていた。康子はといえば、すでにスカラ座でふたつのエディションに出演しており、いずれも成功を収めていた。当時《蝶々夫人》といえば「ヤスコ・ハヤシ」が世界中でも第一人者として評価されていたことから、何故自分に声がかからないのだろうと思っていたという。おそらく浅利は徹頭徹尾「浅利のバタフライ」を実現したいと考え、世界的評価が確立している康子では「ハヤシのバタフライ」になってしまうことを危惧したのだろう。

ヒロイン探しは難航した。スズキのキム・ハクナムに続いてピンカートンにペーター・ドヴォルスキー、シャープレスにホアン・ポンス、などのキャストが決定して行く中で、スカラ座の舞台を使ってのオーディションが続けられていたが蝶々さんを歌うソプラノだけが決まらなかった。

スカラ座の決断

八五年の夏、リハーサルが開始されるまでに三か月弱を残すところまできて、とうとうスカラ座は決断を下す。演出家の望む「色の付いていない新進ソプラノ」でスカラ座に相応しいレベルの歌手は見つからない、という判断であった。

この時期康子は、家族と共にマクニャーガの山で夏期休暇を過ごしていた。滞在していたホテルに、スカラ座芸術監督のマッツォーニスから電話が入る。十二月に予定されている《蝶々夫人》に関してであった。スカラ座側ではこの時点で康子の起用を決めていたようである。それまで康子は指揮者マゼールのもとで歌ったことがなかった。そこでマッツォーニスは「形だけでもいいから」マゼールに声を聞かせてもらえないだろうかと伝えてきたのである。《蝶々夫人》に関しては世界的に認識されているという誇りを持っていた康子は、この申し出を聞いたとき、正直いささかの怒りを覚えたという。しかし康子はマッツォーニスの立場を考えて、ロンドンのゴルリンスキー事務所の仲介もあってミラノに戻った。スカラ座で行われたオーディションは、結局マッツォーニスの言った「形だけでも」となった。やはり康子の歌唱力は、声の威力、表現の深みからして、それまでマッツォーニスやマゼールが蝶々さん探しで聴いてきたソプラノとは次元の違うものであったのである。
　スカラ座はすぐに康子との間に出演契約を交わした。幸いなことに、偶然ではあるが《蝶々夫人》が予定されている十二月から翌年にかけての康子のスケジュールは、八六年二月にスカラ座への出演が決定していたヴェルディの《イ・ロンバルディ（十字軍のロンバルディア人）》の再演まで空いていたのである。この《蝶々夫人》がそれ以降にプログラミングされていたら実現しなかったスケジュールであった。《イ・ロンバルディ》の後ベルリン、再びスカラ座での《アイーダ》等々、イタリア国内はもとよりフランス、アメリカでの公演が目白押しであった。まさにスカラ座にとっても康子にとっても幸運に恵まれたといえるだろう。先の日本での《マノン・レスコー》は、こうしたスカラ座での《蝶々夫人》が決定した状態の公演だったのであった（337頁）。

ハードな稽古の日々

　十一月に入ってからは連日の稽古となった。リハーサルは月曜日が休みだったが、それ以外は午前中から夜に至るまでのハードなものであった。当然のことながら、康子の起用は浅利の気に入らないところであった。先の日本滞在中、森英恵のアトリエで衣装合わせが行われたが、その場に顔を出した浅利は、康子の動きを一目見て「そんな歩き方では駄目じゃないか」と、不快感をあらわにして帰ってしまったという。それに加えどこからか「林康子はわがままで個性が強い」と聞かされており、自分の《蝶々夫人》がこの生意気なソプラノで成功するのかどうかという疑問を強く抱いていたようである。

浅利は自らの演出家としての姿勢を示すため、稽古を始めるにあたってわざわざマスコミを集め、自分の《蝶々夫人》の演出について、その原点や意図などを、通訳を通して長時間にわたり説明した。その際には、全出演者、合唱、助演、その他関係者が一同に会したが、残念ながら通訳があまり良くなく、どの程度人々が理解できたかは疑問であった。それでも全員がこれから大変な《蝶々夫人》が始まるであろうことは予見できたようである。これこそが浅利の第一の目的であったに違いない。

当然スカラ座での稽古も、康子に対して非常に厳しいものであった。最初の二日ほど浅利は怖い顔で臨んだ。一方康子の方はできるだけ平静を装って指示に従い、冷静に浅利の演技指導や解釈を理解し、受け入れていく。そして素直に稽古を続けた。稽古三日目、浅利の態度ががらりと変わった。おそらく二日間の稽古で、浅利を納得させるものがあったのだろう。前日までの怖い顔が嘘のように穏やかなものとなり笑顔を見せるまでになった、康子には自分に協調してくれているような姿勢にまでも感じた。康子はこの時「ああ、やっと私の実力をわかってもらえたのか」と感じ、この対決に終止符が打たれたのだと思ったという。

それ以降は、通常の倍くらいの圧倒的に練習量が多いことで辛い思いはしたものの、毎日ほぼ八時間にわたる稽古に必死で食らいついていった。いつもであれば自分のコンディションのことをまず第一にするために、演出家に自分の考えを主張していたであろう。しかし浅利の情熱はそれを言わせないほどのものがあった。演出家は普通《蝶々夫人》の稽古ではヒロインの過酷さを知っているので、主役に合わせてリハーサルを進める。一番大切な初日に良いコンデションで歌ってほしいからである。康子自身当時を振り返って、《蝶々夫人》のプロダクションでこれほど練習を積み重ねたのは初めてであったと語っている。

後に浅利自身が週刊朝日（一九八七年八月十四日号）の康子との対談で語っているところによれば、稽古の最終段階に入った頃、稽古に立ち合ったジャンニコラは浅利に「僕は日本人と結婚したと思ったら、実はナポレターナだった。ナポリ女のヤスコは浅利さんの演出でだんだん日本人になっていく」と言ったらしい。浅利はその言葉が気に入ったようだったという。

後日、浅利が語ったところによると、演出家の技術を駆使して「猛獣を飼い馴らした」そうである。面白いエピソードである。

演技開眼

四半世紀が過ぎた今、康子は当時を振り返って語っている。それまで康子は、蝶々夫人の役に限り、自分が日本人であることから、蝶々さんの心情を伝えようと演じていた。周囲が日本人の所作を理解していない中、日本人らしさをわかってもらうために、無意識にいささかオーバーな表現をしていたのに気がついた。

浅利は、動かなくても心情は伝えることができること、むしろ動き過ぎることで観客の目が彼女に集中しなくなることを強調した。そして、主役が最も引き立つように照明を当て演出するから安心するように納得させた。康子にとってこれはひとつの大きな演技開眼になった。舞台が日本の世界であれば、特に日本人であることを強調する動きも必要なく、舞台で不必要な動きを押さえることで逆に余裕が生まれ、それまで以上に役柄の本質が出せるようになったと感じた。しかし公演後には、今までの方が伸びやかで表情豊かな林康子の《蝶々夫人》であったという意見もあった。受けとり方はさまざまである。

一方浅利は、スカラ座のスタッフや合唱との調整に大変な思いをした。イタリアでは組合組織が非常にしっかりしており、特に合唱は突然のスケジュール変更や時間超過などは絶対に許されなかった。これにわずかでも違反すると訴訟問題に発展してしまうのである。劇団四季でのように、自分の思うままにはそうそう動くわけがなかった。浅利の望むような充分な稽古時間を確保するのに大変な苦労をしたと伝えられている。そのため浅利の体重は最初の一週間で五キロも減ってしまったらしい。後になって浅利は、康子に気を許し「僕はこの《蝶々夫人》が成功しなければ生きて日本に帰らない」と決心して成田を発ったのだと告白したという。康子が留意したのは、とにかく声だけは疲労しすぎないようにということだけであった。

スカラ座の頂点へ
世界が賞賛

一九八五年十二月二十日、スカラ座での「アサリ・バタフライ」の幕が上がった。

観客が劇場に足を踏み入れると、開演三十分前の舞台では法被姿の大工たちが家の組み立てをやっているのが目に入る。オペラが始まる以前に、観客は「今から一体何が始まるのだろう」と興味をかき立てられる。瞬く間に柱が組まれ家が作られていった。音楽が始まる前からドラマが始まっているのである。

マゼール指揮による音楽が始まると、満場の聴衆は一気に舞台に引き込まれていった。決して具象的な舞台装置ではないが、シンプルで美しい、紙と木で造られた日本家屋が見事な照明によって幻想的に浮き上がり、観客が引き込まれていくような世界を生み出した。そこには日本の香りや空気が漂っているようだった。おそらくヨーロッパの人たちにとって初めて遭遇した日本的な空間であっただろう。それはまさに浅利と彼の率いるスタッフたちの勝利であった。

そして康子の歌唱と演技。数えきれない程の《蝶々夫人》を演じてきた康子にとって、この「アサリ・バタフライ」はそれまでと全く違う新しいオペラとなった。蝶のように和傘が舞う中での蝶々さんの登場、第二幕幕切れの「ハミングコーラス」の流れる中、障子の裏で踊る閑崎ひで女のシルエットに会場中が溜息をつく。フィナーレで白い衣装に着替えた蝶々さんが髪をほどいた姿で現れ、白い布の上で静かに座り、短刀に見立てた扇子を胸に突き立てる。血が飛び散るがごとく扇が広げられ、白い衣装に身を包んだ黒衣たちが白い布の四隅を引っ張ると、血の海が広がって行くように真っ赤な色に変わり、倒れ込む。観客が息を呑んでいるのが、舞台の上にまでひしひしと伝わってきた。最後の演技の場面では物凄い緊張感を感じたと語っている。

［回想］

オーケストラの最後の音が鳴り終わったとき、一瞬、ほんの数秒でしたが、沈黙がありました。床に伏したまま「一体どうしたのだろう」と思ったのでした。と、その時、突然、大爆発のような拍手が飛んできました。あまりの感動と緊張で息を飲み、拍手することすら忘れられていたのです。その後は終わることのない拍手が続き、「大成功！」だったのだと、感無量でした。

世界が賞賛

この公演の大成功振りはイタリア国内のみならず、全世界に喧伝された。新聞評もまさに「手放しで」賞賛したと言っても過言ではなかった。日本国内でも同様で、多くの新聞や雑誌が取り上げて見事な舞台を伝えた。日本のオペラ界ではすでに別格の存在であった康子も、一般的にはその国際的活躍が決して広く知られているわけではなかった。しかし今回は違った。各紙はすべて絶賛し、今までにない評の取りあげ方であった。イタリアのみならず、康子は世界のオペラ界で名実ともに頂点を極めたのである。

この「アサリ・バタフライ」は翌八六年一月九日の公演が録画され、世界にビデオで、日本ではレーザー・ディスクで発売された。この時のシャープレスはジョルジョ・ザンカナーロが演じた。

公演から二十余年経った二〇〇九年、新たにイタリアでDVDが発売された。これはスカラ座でのいくつかの舞台がシリーズとして順次発売された一環で、「24時間」という名を持つイタリア第一の経済新聞社が、DVDの廉価版を発売したものである。そして、それまでに発売された同シリーズのオペラの中で、この《蝶々夫人》だけは、発売当日に売り切れになってしまったということである。康子は、四半世紀前の公演をイタリアの人々がいまだに忘れずにいてくれたことに、感激したと語っている。

八五年、四十二歳になった絶頂期の康子は、こうして最高の一年を締め括った。

〔回想〕

スカラ座で《蝶々夫人》三つのエディションに出演

この浅利先生の《蝶々夫人》への出演は、スカラ座で三つ目のエディションによる《蝶々夫人》を体験するという幸運にも恵まれたものでした。スカラ座の長い歴史の中でも、初めてのことだと思います。一九七二年から八六年まで現役としてスカラ座で歌い続けてきた証でもありました。

日本人の、日本文化の勝利

本当に素晴らしい舞台で、私も褒められて面目を施したのですが、これは浅利先生をはじめとする今回のプロダクションのスタッフ全員への賞賛です。私への賞賛はもちろんとても嬉しかったのですが、何よりも今回の《蝶々夫人》を通して、生きた日本文化がヨーロッパで理解されるようになったのです。プッチーニ自身が日本に近づけたかった渇望を思うと、ようやく日本人らしい《蝶々夫人》を世界に見せることができた歴史的瞬間と言ってもよいのではないかと思います。

カーテンコールでは、聴衆の皆さんはもちろんのこと、舞台裏でもイタリア人スタッフや助演の黒衣、大道具の人たち全員が拍手していました。彼らも自分たちが関わった舞台の素晴らしさに圧倒されていたようでした。それまでスカラ座には何度も出演していましたが、これほどの満ち足りた感激を味わったのは初めてでした。

大成功だったこの公演で、少々残念だったこともあります。実はあの鬘、ニューヨークで活躍されている優秀なヘアメイクの方が一日だけスカラ座に来られて、本番直前に作られたものだったのですが、第一幕、第二幕のふたつのかつらを作るには余りにも時間がなく、私の頭に合わせることができないままにニューヨークへお帰りになったのでした。

一幕の花嫁の鬘は問題なかったのですが、二幕の鬘は私の頭にはいささか大きく、

1985年イタリア・ミラノ・スカラ座《蝶々夫人》一幕

1985 年イタリア・ミラノ・スカラ座《蝶々夫人》二幕

1985年イタリア・ミラノ・スカラ座≪蝶々夫人≫初日、左からホアン・ポンス／浅利慶太／ペーター・ドボルスキー／ロリン・マゼール／林康子／森英恵

スカラ座の髪結さんが私の頭に合わせて小さくしてくれたのです。しかし、今度は伝統的な美しい形を失ってしまい、日本風なのか洋風なのかわからない変な形になってしまったのです。鬘の直しはゲネプロ直前のことで、私としてはもう何もできませんでした。あればかりは何としても心残りです。

稽古中のエピソード

この《蝶々夫人》の稽古中に面白い貴重な体験をしました。八五年のスカラ座のオープニング公演は、マゼール先生指揮の《アイーダ》、二番目が《蝶々夫人》でした。その《アイーダ》のゲネプロ前の舞台上でのオケ伴による練習に、主役のマリア・キアーラさんが調子を崩して来ることができませんでした。そこでマゼール先生から、蝶々夫人の稽古中であった私が急遽、代役で練習に駆り出され、ギャウロフさん、カプッチッリさんなど錚々たるメンバーと、本番さながらに《アイーダ》を経験したのです。マゼール先生は私がアイーダも歌えることに驚かれたようでした。実はこのオープニングの《アイーダ》は、演出が不評でブーイングが出てしまいました。そのおかげと言ったら失礼ですが二番目のわたしたちの《蝶々夫人》は、その成功がますます際立つ結果となりました。

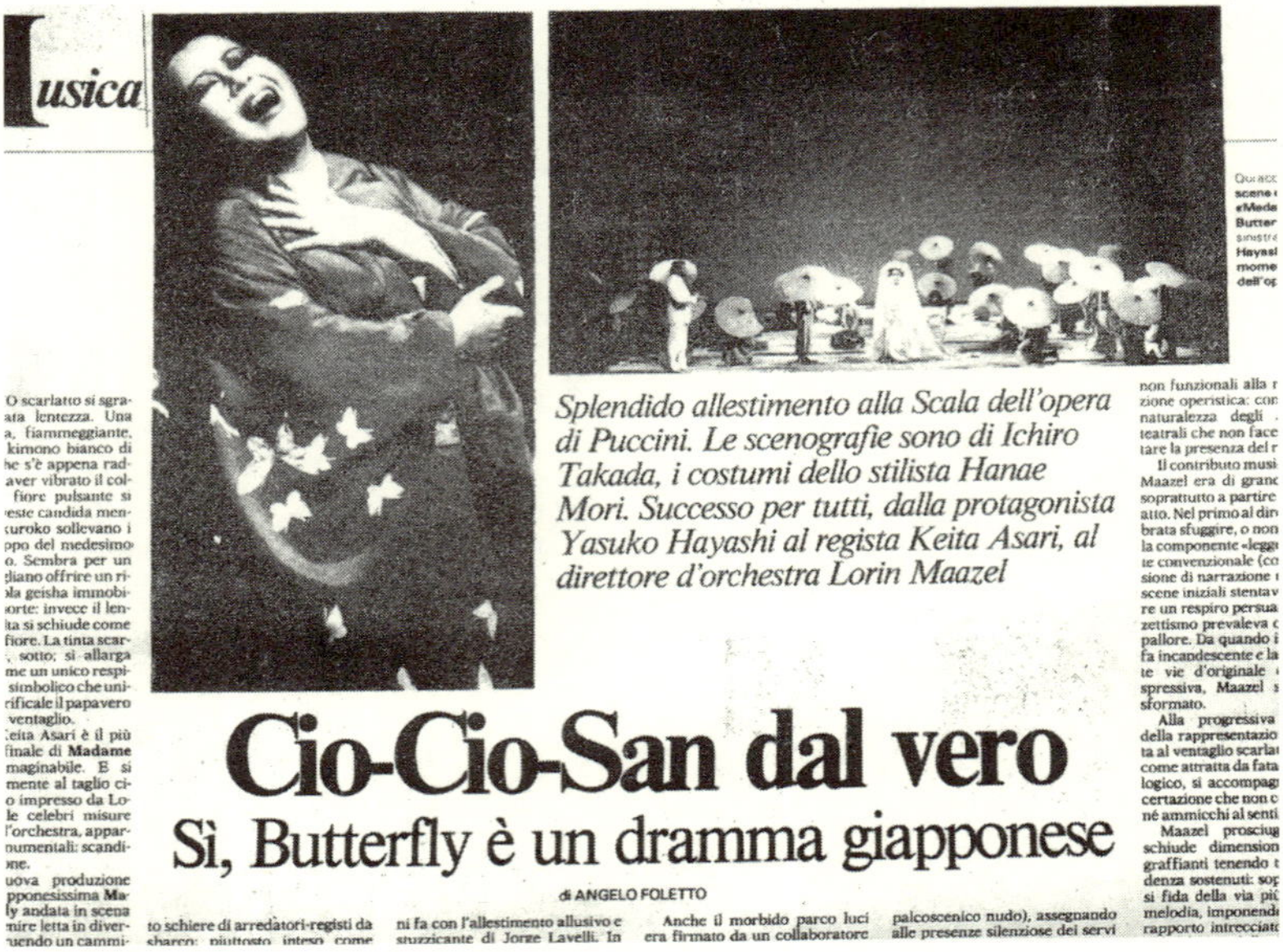

Musica

Splendido allestimento alla Scala dell'opera di Puccini. Le scenografie sono di Ichiro Takada, i costumi dello stilista Hanae Mori. Successo per tutti, dalla protagonista Yasuko Hayashi al regista Keita Asari, al direttore d'orchestra Lorin Maazel

Cio-Cio-San dal vero

Sì, Butterfly è un dramma giapponese

di ANGELO FOLETTO

《蝶々夫人》の成功を伝える新聞

2009 年イタリアで発売されたミラノ・スカラ座
《蝶々夫人》・1985 年の DVD

一九八六年

■スカラ座《蝶々夫人》

一九八六年の船出は素晴らしいものであった。大成功を収め、前年からのスカラ座の《蝶々夫人》は、いずれも初日公演に勝るとも劣らない熱狂振りで、客席の興奮は冷めやらないものがあった。「アサリ・バタフライ」の評価は日毎に高まり、イタリア国内は言うにおよばず、世界中から一目見ようと訪れた聴衆で、客席は湧き続けた。

■スカラ座《イ・ロンバルディ》再演

《蝶々夫人》が終わって間もない二月もスカラ座の舞台に立つ。八四年に上演された《イ・ロンバルディ》の再演である。ガヴァッツェーニの見事な指揮で幕を開けた先の公演はベルカントスタイルによるオペラの粋を集めた演奏であったが、今回は残念ながら前回のような高水準には至らなかった。エリザベート・コンネルとダブルキャストを組んだ康子の出来映えは一昨年と変わらないものであった。《蝶々夫人》の成功によって康子は乗りに乗っている状態でもあった。テノールがアルベルト・クピード、バスがパータ・ブルチュラーゼと共演者は代わっていたものの、前回のような結果が出なかったのはひとえに指揮に当たったトーマス・フルトンが原因であった。

若手指揮者フルトンはいかんせん経験が余りにも少なかった。加えて十九世紀前半のベルカントオペラ様式で書かれたオペラである。声についての知識、認識も甘く、歌い手たちは呼吸が合わずかなり苦労したらしい。主役ではただひとり、康子は前回に引き続いての出演で、ガヴァッツェーニの老練な指揮を経験していただけに、フルトンの声を無視したようなテンポ設定に苛立ちを押さえきれなかったという。同じ作品、それも一年余りしか経っていない公演であるにもかかわらず、指揮者によってこれほど違う結果になってしまう恐ろしさを感じた。

■突然の出演が多かったベルリン・ドイツ・オペラ

三か月にわたるスカラ座での《蝶々夫人》と《イ・ロンバルディ》の出演を果たした康子は、続く三月ベルリンに飛ぶ。《蝶々夫人》への出演である。ベルリンでの同オペラ出演は八二年に初登場して以来、劇場の正式な年間公演カレンダーでは二度目となるが、康子の記憶ではこの間も、また八六年以降も、突然呼ばれて歌ったことが幾度かあるという。しかしそのような突然の出演に関しては記録が残っておらず、康子の記憶も曖昧で、今となっては詳細を知ることができない。いずれにせよ客演の形で招聘されたのはこのベルリン・ドイツ・オペラが最も回数が多く、その中にはレオ・ヌッチと共演した《イル・トロヴァトーレ》も含まれている。《蝶々夫人》は八二年の公演同様、今回も使い古された装置と衣装による上演であった。前回と同様このエディションは同演出、同装置のまま、戦後三百五十回以上も上演され続けたもので、全体に古びて黒っぽく色褪せており、長い間新演出が待たれている情況であった。前回に引き続きスズキを歌った野村陽子との共演は息もぴったり合ったものだったが、客席の盛り上がりは今ひとつであったようである。指揮はミヒャエル・ハイゼ、ピンカートンには、イタリアからフランコ・タリアヴィーニが客演として呼ばれていた。彼とは一九七三年、シカゴの《マリア・ストゥアルダ》以来の共演であった。

■スカラ座で
《アイーダ》を歌う

四月、モデナのテアトロ・コムナーレで《蝶々夫人》を演じた後、康子は再びスカラ座に戻ってくる。これほど続けざまにスカラ座に出演したことは今までになかった。今回は《アイーダ》への出演である。天下のスカラ座でヴェルディの最大傑作《アイーダ》のタイトルロールに起用されるという栄誉を、康子はどのように感じていたのであろうか。

ジュゼッペ・パタネの指揮、ルイージ・ロンコーニの演出、共演はラダメスがニコラ・マルティヌッチ、アムネリスがリュドミラ・セムチュックという豪華キャストであった。パタネの指揮による音楽作りは老練なもので、イタリアオペラの音楽様式と声の特質を熟知した見事なものであった。康子の記憶でのパタネは、独裁的なところのある指揮者ではあったが天才肌で、どのようなオペラにおいても魅力的に、しかも巨匠と呼ばれた父親（フランコ・パタネ）ゆずりの才能を持ち、オーケストラと歌い手の能力を引き出す力に長けていた。何よりも歌い手の声を熟知しているということが指揮者としての大きな魅力で、自分の音楽を主張しながら同時に歌い手たちに伸び伸びと歌わせる力量を持っていた。大指揮者のもとスカラ座でヴェルディの《アイーダ》を任されたことに対する感激はひとしおであった。

［回想］

一九八四年から八六年にかけて、何と三つのオペラを連続してスカラ座で歌うことになりました。

《アイーダ》は、前年の《蝶々夫人》の練習中に、マゼール先生のもとでリハーサルの代役として歌ったことがありましたが、今回は本番で、しかもパタネ先生とご一緒できたことは大きな喜びでした。実はこれがパタネ先生と三つ目のオペラでの共演でした。ヴェローナのアレーナ野外劇場にデビューした《トゥーランドット》、そしてハンブルクでの《ラ・ボエーム》、そして今回です。いずれも魔法をかけたような余裕の指揮であり、その点では他の指揮者が及ばないような力を備えた巨匠だったと思います。この《アイーダ》は歌手たちは賞賛を浴びたものの、演出が不評をこうむり、公演自体は決して幸せでなかったのが残念でした。

パタネ先生は一九八九年、演奏中に亡くなられ、オペラ界にとってはとても悔やま

1986 年イタリア・ミラノ・スカラ座《アイーダ》

れる出来事でした。余談ですが、主人によれば、私の顔は黒人のアイーダが一番ぴったりだそうです。

■サルデーニャ島連続公演

愛娘アリーチェの《蝶々夫人》デビュー

スカラ座での充実した春を過ごしたあと、五月末から一か月以上にわたって、イタリア半島西部に位置するサルデーニャ島での《蝶々夫人》の公演に向かう。カリアリのアレーナを出発点として、アルギエーロ、ボーザ、サンタ・テレーザ・ディ・ガッルーラ、オルビア、ヌオーロ、オリスターノの各地を巡演した。この巡演は公演回数が多かったために、キャストはトリプルキャストが組まれていた。

ニーノ・ボナヴォロンタの指揮にジャンカルロ・デル・モナコ（大テノール、マリオ・デル・モナコの息子）の演出。康子はピンカートンのヴィンチェンツォ・ベッロ及びジャンフランコ・パスティネ、シャープレスのロレンツォ・サッコマーニ及びアッティーリオ・ドラーツィと共演している。何よりもスズキを演じたアンナ・ディ・スタジオはまさに日本人そのものと思わせるほどのスズキであったという。それもそのはずで、かつてNHKが招聘した「イタリア歌劇団」公演（一九六三年）で、ミエッタ・シーゲレが主役をつとめた《蝶々夫人》では、日本人以上に日本人らしい所作のスズキを演じて大評判になったメゾソプラノであった。演技力に秀でたディ・スタジオのスズキを得て、康子の蝶々さんも一層の魅力を放った。ちなみにこの公演でゴローを演じていたのは、彼女の夫君、大ベテランのアウグスト・ペドローニであった。

このような巡回公演ではこれまでに共演した、一定の評価が定着している歌手たちと再会することが多く、気心の知れた楽しい公演になるという。

イタリア西側とフランス南側とに接するティレニア海に位置するサルデーニャ島は、フランス領であるコルシカ島（ナポレオンの生地として知られている）の南にある大きな島で、風光明媚なことで知られている。イタリアの富豪たちが別荘やヨットでバカンスを楽しむところでもある。息子アナトーリオは勉強のためにベビーシッターと共にミラノの自宅でお留守番であったが、康子は爽やかな初夏をジャンニコラと娘アリーチェと一緒に過ごした。初夏とはいえかなり厳しい暑さであったことをよく覚えているという。

このサルデーニャ公演で、アリーチェが《蝶々夫人》デビューを果たした。四歳のアリーチェが蝶々さんの息子役を演じたのである。これにはとても微笑ましいエピソードが残されている。ピリウッチ家の子供たちは、アナトーリオもアリーチェも、普段「パパ、ママ」という呼び方はせず、両親を呼ぶ時「ジャンニ、ヤスコ」と呼んでいた。オペラ終幕、蝶々さんが短刀で自害しようとする時、子供が「マンマ、マンマ！」と呼びかける場面があるが、その場面でアリーチェは普段の癖が出かかって、「ヤス……マンマ、マンマ！」と名前を呼

1986年イタリア・サルデーニャ島巡回公演《蝶々夫人》
オペラデビューした愛娘アリーチェと

びそうになったらしい。アリーチェはこのデビューに続き、翌八七年のスカラ座での「アサリ・バタフライ」でも子役を演じることになる。そこでも感動的なエピソードを残しているが、それはまた後ほど述べることにしよう。

■マチェラータ音楽祭《イル・トロヴァトーレ》

サルデーニャ島から戻った康子は、今度は中部イタリアに飛ぶ。マチェラータ音楽祭での《イル・トロヴァトーレ》である。前年の《アイーダ》での成功を受けての出演であった。旧知のアントン・グアダーニョの指揮に、演出はシャルル・デヴローで、フィオレンツァ・コッソット、ランド・バルトリーニ、ジョルジョ・ザンカナーロ、イーヴォ・ヴィンコという素晴らしいキャストが組まれていた。

康子にとって嬉しかったのは、かつてブッセートの「ヴェルディコンクール」で一位と二位を分け合い、その後カラカスでのデビューとなった《椿姫》での共演、またスカラ座での浅利版《蝶々夫人》で共演したザンカナーロと、そして何にも増して偉大なコッソットと三度目の《イル・トロヴァトーレ》の共演であったことである。いつもながらの彼女の卓越したアズチェーナに感動することしきりであったという。康子は今でも「コッソットを越えるメゾソプラノはいまだに出現していない」と思っている。それほどの大きなインパクトを与えた名歌手との共演は、これ以上はないほどの喜びを与えてくれた。

■ジュネーヴ／ユニセフ・チャリティー・コンサート

短い夏期休暇を過ごした後の九月、スイスのヴェンゲン音楽祭でリサイタルに出演し、ジュネーヴに向かう。オペラ出演ではなく、「クラシック・エイド・コンサート」と銘打たれた、ユニセフ主催の大規模なチャリティー・コンサートのためである。康子の参加はロリン・マゼールからの招きによるものであった。イタリアを代表する名女優ジーナ・ロロブリジーダ、フランスを代表する名女優カトリーヌ・ドヌーヴ、ロシア出身でアメリカ映画界を代表する名優ピーター・ユスティノフらが司会をつとめる超豪華コンサートであった。世界の音楽界を代表する名手たちが集まり、ピアニストのウラディミール・アシュケナージやヴァイオリニストのアイザック・パールマンなどが名を連ねており、オペラ界からは三人のソプラノが招かれていた。康子とジューン・アンダースン、スーザン・ダンである。ロリン・マゼールが指揮をつとめた。

康子は蝶をデザインした森英恵のドレスを着て《蝶々夫人》から『ある晴れた日に』を歌ったのだが、舞台にはスカラ座での公演から同じ場面がスクリーンに映し出されていた。コンサートでの実演とスカラ座での映像が、寸分の違いもなく演奏されたという。これに関して康子は、マゼールのその緻密な指揮振りに感心したことを明瞭に覚えている。

出演者が多数であったうえ、台本にはないマゼールの楽しいおしゃべりも加わって、コンサートは真夜中まで続いた。そしてその後には豪華なレセプションが催された。モナコから臨席された国王とカロリーナ王女から直接記念品を手渡され、康子は世界に名だたる名士たちの中で、明け方まで楽しい一夜を過ごした。このコンサートの模様は録画され、ヨーロッパでは映像ビデオが発売されたらしいが、日本には残念ながら入っていない。

［回想］

このジュネーヴでの「クラシック・エイド・コンサート」は、とにかく経験したことのない規模で、以前シカゴのリリック・オペラでパヴァロッティさんの発案で大地震に見舞われたイタリアを応援するためのチャリティー・コンサート以来でした。きちんとした台本があるわけではなく、マゼール先生が自由にお話されるので、所要時間はますます長くなり、大スターたちが大挙して出演していたこともあって、コンサートは夜中の二時過ぎまで続いたのです。

司会のロロブリジーダさんとドヌーヴさんは、決してお互いの顔を見ることはなく、言葉を交わすこともありませんでした。大スターさんたちの人間模様を垣間見ることができて面白かったのを覚えています。でもお二人共息を呑むほどおきれいで、美人女優というのはこういうものなんだと納得させられました。

私は『ある晴れた日に』を歌ったのですが、先にマゼール先生の指揮でスカラ座公演を経験していたので息もぴったり合って、それにしても、スクリーンに投影されたスカラ座での場面と寸分の狂いもなく指揮をされたので、さすがマゼール先生だと感

1986年スイス・ジュネーブ・ユニセフのチャリティーコンサート：ロリン・マゼールの指揮で歌う

同上のコンサート：左からカトリーヌ・ドヌーヴ／ロリン・マゼール／ジーナ・ロロブリジーダ／右端の花束を持っているのが林康子

服しました。レセプションで主人と共に多くの一流アーティストの方々と交流できたことも大きな喜びでした。同じ音楽家といっても、普段は違う分野の方々と親しくできる機会などありませんから。

大変残念なことに、二〇一四年、マゼール先生は突然お亡くなりになってしまいました。《蝶々夫人》の初日の後、スカラ座のファンクラブの打ち上げパーティーで大きなポスターを持ってこられ、私にサインを求めて下さったことなど、思い出いっぱいで感慨無量です。ご冥福を心からお祈り申し上げます。

■新発見《アイーダ》

十月、今度はフランスに飛ぶ。アヴィニョンでの《アイーダ》である。《アイーダ》はスカラ座などで、いずれも満足すべき評価を得ているレパートリーであるが、今までは野外公演であったり、大きな劇場での公演で、アヴィニョンのような中規模の劇場での公演は初めてである。しかしここで康子は大きな、そして貴重な発見をする。

指揮はミケランジェロ・ヴェルトリ、ラダメスにウォルター・ドナーティ、アムネリスにブルーナ・バリオーニという布陣であった。

当時アヴィニョンの市立歌劇場は、ヴェルトリを芸術監督に据えて数々の意欲的な公演を実現していた。今回の《アイーダ》出演もヴェルトリの熱烈な依頼に応えて実現したものであった。このオペラハウスへは八一年、ベートーヴェンの『第九』で訪れており、その美しさと音響の良さに康子は惚れ込んでいた。そしてオペラと歌手の特性を知り尽くしたヴェルトリの指揮のもと、康子はこれまでにない満足感を味わった。

それまで康子自身も、《アイーダ》というオペラは巨大な空間で演じられるに相応しい大規模なオペラだと認識していた。しかし、今回の公演でその認識を覆された。もしかしたらヴェルディが理想としていたのは、このくらいの規模の劇場で上演された時に生まれる効果ではなかったのだろうかと。確かに《アイーダ》は大規模な装置や舞台上に登場する人物の多さから、野外劇場や大舞台に相応しいものであるのは疑いのない事実である（大アレーナでは大味な公演となることもあったが）。しかし、作曲された当時、イタリアではあらゆる地方都市の劇場で上演され、かつ成果を収めてきたのには、中規模の劇場であるからこそ実現する、より内面的な表現効果が可能だったからではないかと感じたのである。この新たな認識は康子にこのうえない幸せをもたらしてくれた。以前コッソットから「あなたのようなリリックな声で歌われるべきだと思う」と言われたことは、まさに正鵠を得ていた言葉であった。

アヴィニョンで満足に足る成果を収めた康子は、マッサでジャンニコラとジョイントコンサート、十一月にトレヴィーゾで《蝶々夫人》を歌い、アメリカに渡る。

■パーム・ビーチ《マノン・レスコー》

アメリカ合衆国の南端、フロリダ州にあるリゾート地パーム・ビーチのオペラハウスは、旧知のアントン・グアダーニョが音楽監督をつとめていた。前年十一月に東京での《マノン・レスコー》で共演した時に、すでにパーム・ビーチでの公演は決定していた。

古い付き合いともいうべきグアダーニョの強力な推薦で実現したものであった。それに《マノン・レスコー》は、プッチーニの作品の中でも、「最も自分の声に合ったヒロイン」という認識を持っている役柄である。

グアダーニョの指揮に、スティーブン・トーマスの演出、デ・グリューにはイタリアからブルーノ・セバスティアンが招聘されていた。何の奇をてらったところのない正統的な演出による舞台で、康子は好きな役柄を伸び伸びと気持ちよく演じることができた。

■急遽ベルリンへ

十二月中旬、パーム・ビーチでの二回の公演を終えて、この年の活動は終わるはずであった。しかしミラノに戻った康子のもとにベルリンから緊急の電話が入る。年末に予定されていた《ドン・ジョヴァンニ》へ急遽出演することになる。

ベルリンでの《ドン・ジョヴァンニ》は、シーズンの目玉と目されていた公演で、レオポルド・ハーガーの指揮にフランコ・ゼッフィレッリの演出、そして大ベテラン、ヘルマン・プライがベルリンでは初めてドン・ジョヴァンニを歌うということで前評判が高かった。当初ドンナ・アンナにはエディタ・グルベローヴァがキャスティングされていたが、どのような理由からか突然キャンセルとなった。そこで白羽の矢が康子に立ったのであった。突然このように呼ばれるということは、そのオペラでの評価が確定しているという証であり、康子自身は、歌手同士の間でなんらかの事情があって出演が不可能になってしまった場合には、お互い様だという精神で時間が許す限り突然のオファーを受けてきたという。

ベルリンでは《蝶々夫人》《イル・トロヴァトーレ》そして圧倒的に《ドン・ジョヴァンニ》での出演回数が多かったということであるが、それにしてもドイツで、モーツァルトの役柄の第一人者として認められていたのである。現在のように日本人歌手が劇場付き専属歌手として活躍する時代にあっても、専属歌手とゲスト歌手は、その存在のあり方自体が全く違う。康子は常に一流のゲスト歌手として活躍し続けてきたのだから、これは驚くほかはない。

いささか慌ただしい年末ではあったが、絶頂期ともいうべき八六年はこうして終わった。

一九八七年

■最初で最後の《エルナーニ》

一九八七年は初役から始まった。一月、シチリア島のカターニャにあるテアトロ・マッシモ・ベッリーニでのヴェルディの《エルナーニ》である。カターニャが生んだ作曲家ヴィンチェンツォ・ベッリーニの名前を冠したこの劇場には、四回目の出演である。

一八四四年にヴェネツィアのフェニーチェ歌劇場で初演された《エルナーニ》は、十九世紀前半のベルカントスタイルをそのまま踏襲したオペラである。康子にとってはうってつけともいえる作品である。ヒロイン、エルヴィーラによって歌われるアリア『エルナーニ、私を連れて逃げて』は広く知られており、康子が好きな曲でもある。美しい装置と衣装に囲まれたこの公演は、初役を演じる康子にとって幸せなものであった。ヴェルディの作品の中でも、特にこのような様式で書かれたオペラは、ベルカントオペラを得意とする康子に満足をもたらしてくれたものと想像する。しかし康子の感想は、このエルヴィーラという役が、一般に思われている以上にドラマティックなものであったということである。コロラトゥーラの技巧を駆使したアリア以外のページはドラマティックソプラノに相応しい劇的なものだったと語っている。

アラン・ロンバールの指揮、当劇場の芸術監督をつとめていたマリア・フランチェスカ・

シチリアーニの演出による公演である。ロンバールとはかつてエクス・アン・プロヴァンス音楽祭（一九七四年）で初めてのヴェルディ作品となった《ルイーザ・ミラー》で共演して以来であった。ドラマティックな役柄であったとはいえ、様式的に康子にぴったりのオペラだと推察されるが、《エルナーニ》の出演は、このカターニャでの六回の公演が最初で最後となってしまったのは、かえすがえすも残念である。

この《エルナーニ》の出演に関連してトラブルが発生した。《エルナーニ》を引き受けたために、同時期に予定されていたジュゼッペ・シノーポリ指揮によるサントリーホールでの《蝶々夫人》への出演が不可能になってしまったのである。日本でのマネージメントの不備が原因であった。シノーポリはこの演奏会形式の公演に続いて康子を起用して《蝶々夫人》のレコード録音を作る意図を持っていたらしい。この公演は藤原歌劇団が総力をあげて協力するものであったが、康子はそのことを知らなかった。後になって日本オペラ振興会理事の下八川共祐氏に対して申し訳ない気持ちを抱いたと語っている。

〔回想〕

村上春樹氏

最近、最初で最後になったこの時の《エルナーニ》を、その当時パレルモに滞在中だった作家の村上春樹氏が偶然にもお聴きくださっていたことを知り、とても嬉しくなりました。その時の様子を『遠い太鼓』（講談社）に書かれているのです。ちなみに私の役はエルヴィーラでした。

■**相次ぐ《蝶々夫人》**

しばらくの休養の後、春から初夏にかけてまたフル回転の忙しい時期を迎えることになった。三月、南イタリアのバーリで《蝶々夫人》を歌う。バーリで歌うのはこれで何度目になるだろう。セイモア・リプキンの指揮、ホルヘ・ラヴェッリの演出で、この公演はバーリに続いて、イタリア半島本土と狭い海峡で接しているシチリア島のメッシーナでも上演された。ラヴェッリといえば、かつてスカラ座で新演出として上演された《蝶々夫人》で聴衆から激しいブーイングを浴びた演出家であり、康子も出演して非常に不愉快な思いを味わったことがあった。康子はバーリのこの《蝶々夫人》がラヴェッリの演出であったことを、まったく覚えていなかった。それもそのはずで、この公演にラヴェッリ自身は現れず、助手に任せて変更されていたのである。このプロダクションはメッシーナに続いてコゼンツァでも上演された。

■**フランス・トゥーロン《ドン・ジョヴァンニ》**

シチリア島での公演を終えると、フランスのトゥーロンに移動する。この南フランスでは、エクス・アン・プロヴァンスやニース、アヴィニョンなどコート・ダジュール各地で歌っていたこともあって、聴衆の間での康子の知名度はかなり高かった。それに得意の《ドン・ジョヴァンニ》である。アントワーヌ・セルヴァの指揮、マルゲリータ・ヴァルマンの演出（実際には演出助手の手によって舞台が作られたようである）、サルヴァドーレ・アガーケ、エンリコ・フィッソーレらが共演したこの公演でも、康子のドンナ・アンナは新聞評などで絶賛されている。

■再びスカラ座の「アサリ・バタフライ」

愛娘アリーチェとの共演

ミラノに戻った康子は、スカラ座での《蝶々夫人》のリハーサルに参加する。一年と数か月前に演じた「アサリ・バタフライ」だけに、演技も蝶々さんの精神も康子の中には確実に残っていた。当然のことながら、今回も康子の蝶々さんは絶賛された。当時の新聞評を見ても、いずれも初演に勝るとも劣らない高い評価が与えられている。

この公演では初演時とは主なキャストが変わり、ピンカートンをブルーノ・ベッカリーア、シャープレスをアントニオ・サルヴァドーリが演じている。その他キム・ハクナムのスズキを始めとしたキャストは同じであった。

しかし今回最も大きな変更は指揮者であった。この再演で指揮台に立ったのは、ガルシア・ナヴァッロであった。スペイン人のこの若い指揮者はウィーンでクラウディオ・アッバード

1987 年イタリア・ミラノ・スカラ座≪蝶々夫人≫：娘のアリーチェと

1987 年イタリア・ミラノ・スカラ座≪蝶々夫人≫で共演した指揮者の菊池彦典と

のアシスタントをしながら経験を積んでいた。しかしいかんせん指揮者としての力量が違い過ぎた。初演時のマゼールの素晴らしい指揮が記憶に新しい中では、ナヴァッロの音楽作りは余りにも未熟であった。音楽の流れや歌い手の状況を無視したかに思われる音楽は、出演者全員にかなりの苛立ちを感じさせたようである。また再演ということで途中でかけつけた浅利慶太との稽古も充分とはいえず、初演の緊張感と高まりは望むべくもなかった。しかし公演自体は大成功で、今回も大盛況で客席からの反応が素晴らしかったのがせめてもの救いであった。

この《蝶々夫人》で娘のアリーチェが蝶々さんの子供役でスカラ座デビューしている。前年のサルデーニャ島公演で初めて子役をつとめたアリーチェは、今回も康子と息の合った演技を見せた。しかしオペラの最終幕では康子の迫真の演技と劇場中を支配する緊張感の高まりの中で、現実と虚構との区別がつけられなくなるという、幼児らしい体験もしたらしい。舞台で康子が自害して倒れ込んだ後なかなか起き上がらない姿を舞台脇で見ていたアリーチェは、毎公演「ママがもう起き上がらないのではないか」という恐怖にさらされたという。昨年のサルデーニャ島公演では味わうことのなかった舞台の神髄を経験したということであろう。またアリーチェの美しい黒髪を見た浅利が、台本上では「金髪の巻き毛」と指定されているのを承知で、あえて鬘なしで演じさせたという。

さらに康子の脳裏に強く焼き付いた思い出がある。それはアリーチェが、《蝶々夫人》の全幕を覚えていて、最後の場面のアリア『可愛い坊や』を歌っている時、ちょこんと康子の前に座り顔をじっとみつめながら、必死で康子の歌う言葉と一緒に口を動かしていたという。娘のことをこの時ほど愛おしいと思ったことはなかったと語っている。

このときの《蝶々夫人》では、指揮者の菊池彦典とも共演している。

■ドレスデン《蝶々夫人》

続いて今度はローマ歌劇場の引越公演としてドレスデンでの《蝶々夫人》のために統一前の東ドイツに飛んだ。中規模の美しいドレスデンのゼンパー歌劇場は全てがきちんとしており、ドイツの伝統的な良さが色濃く残っているのを今でもはっきりと覚えている。この公演には、ソプラノのライナ・カバイヴァンスカも参加しており、同じ車で移動した折りには旧交を温め合った。公演の詳細は資料が残されておらず、他のキャストなどはわかっていない。古いドイツの気配のような、共産圏に特有な物寂しい空気だけは記憶の中に鮮明に残っているという。

■十年ぶりの《椿姫》

七月、シチリア島最西端にほど近いトラーパニに飛んだ。七八年にバーリで歌って以来十年振りの《椿姫》への出演である。このヴィオレッタ役はこれもまた野外劇場での公演である。

シチリア島はかつて長い間ギリシアの勢力下にあったために、現在でも多くの遺跡が残されており、夏には各地でそのような遺跡を利用してオペラ公演や演劇が開催されている。アルフレードにエツィオ・ディ・チェーザレ、ジェルモンにアレッサンドロ・カッシス、指揮はアントン・グアダーニョであった。

十年振りに《椿姫》を演じて、康子は自分の声がかつてより重くなっていることを実感する。コロラトゥーラの技法を駆使した第一幕からドラマティックソプラノに相応しい第三幕まで多彩な声の技術が要求されるヴィオレッタ役は、声楽的には康子にぴったりの役柄であっただけに、日本での《椿姫》公演が実現しなかったことはまことに残念であるが、これ以降康子のレパートリーは、ドラマティックな表現を必要とする「リリコ（あるいはドランマーティコ）・コン・アジリタ（劇的な声質や表現力を持ちながらも、同時にコロラトゥーラの技術を要求されるイタリアベルカント特有の声）」や「スピント系」のものが増えていく。しかし常に注意したことは、それらのドラマティックなオペラを歌いながらも、ヴェリズモオペラ風の発声に陥ることなく、ベルカントの道を歩み続けることであった。

■ルーゴ野外劇場《マノン・レスコー》

八月、前回《アイーダ》を歌ったルーゴの野外劇場で《マノン・レスコー》に出演した。これはマチェラータ音楽祭の制作によるもので、ミゲル・ゴメツ・マルティネスの指揮。共演はマウリツィオ・フルゾーニ、カルロ・デル・ボリトリ、アンジェロ・ロメーロらであった。

■ヴェローナ野外劇場《蝶々夫人》

同じ八月にはヴェローナの野外劇場で二度目の《蝶々夫人》に出演。これはレナータ・スコットの演出、菊池彦典の指揮によるものであった。

■初めての《ファウスタ》

ヴェローナ野外劇場での夏を過ごした康子は、九月に再びドニゼッティの生地ベルガモに赴く。今回はＲＡＩの主催による、とても珍しいドニゼッティの《ファウスタ》への出演である。

《ファウスタ》は一八三七年に初演されたオペラで、その後ほとんど舞台にかけられることがなかった。ベルガモでは二十世紀に入ってからは初めて取り上げられた。今回は「ドニゼッティとその時代」と銘打たれたシーズン中の演奏会形式の公演で、指揮がヤン・ラタン・ケーニヒ、共演はセルジョ・ベルトッキ、リチニオ・モンテフスコ、カルロ・デル・ボリトリであった。ここでも康子は、女王物オペラに匹敵するほどのベルカントの妙技を披露した。

「今や絶頂期といってもいいヤスコ・ハヤシは、このオペラをほとんど一人で支えきらなければならないという課題を見事に克服し、ヒロインに課せられた声楽的な威厳を示すことに成功している。温かく情熱的な声で責務を果たした。ハヤシは他の歌手たちに比較しても抜きん出ており、ドニゼッティを歌うために必要な陰翳ある豊かな声を駆使して演じきった」

（イル・ジョルナーレ・ディ・ベルガモ紙　一九八七年九月二三日）

康子はそのキャリアの中で多くの珍しいオペラを歌ってきており、二十世紀での蘇演演目もいくつか手がけてきた。それらの珍しいオペラをＲＡＩからの要請で歌うことになったのは、当時のイタリアでは短期間に珍しい、そのうえ難しいレパートリーをこなせる歌手が少なかったからである。康子はベルカントものを確実に歌える歌手として高い評価を受けていたのである。

■エジプト・カイロ

ピラミッドを背景に《アイーダ》

同じ九月に、ベルガモからエジプトのカイロに飛ぶ。今回はジャンニコラと子供たち二人を連れての旅となった。初めてのエジプトはピリウッチ家の人々にはわくわくするものだった。特にローマ生まれのジャンニコラは、到着の翌朝、ホテルの窓を開けて、間近に見るピラミッドの偉容に感激を押さえきれなかったという。エジプトはイタリア人にとって、紀元前のチェーザレ（シーザー）、アントーニオ（アンソニー）、クレオパトラの時代から大きな繋がりを持ってきただけに、特別な感情があったのだろう。

この公演はバーリのテアトロ・ペトゥルツェッリの企画によるもので、八回にわたる公演には、カルロ・フランチの指揮のもと、当初は康子を始めカティア・リッチャレッリ、ゲーナ・ディミトローヴァ、グレース・バンブリー、エレナ・オブラスツォーワ、ニコラ・マルティヌッチ、ジュゼッペ・ジャコミーニ、フスティーノ・ディアツ、ジョルジョ・ザンカナーロ、ニコライ・ギュゼレフ、ロベルト・スカンディウッツィら、驚くべきキャストが発表されていた。しかし実際には、リッチャレッリなど予定されていた歌手のうち数人は参加しなかった模様である。康子は旧知のマルティヌッチやザンカナーロ、そして若手としてめきめき頭角を現してきていたバスのスカンディウッツィと歌い、余暇にはカイロ周辺の観光を大いに楽しんだ。

舞台は、何とクフ王のピラミッドとスフィンクスがすぐうしろに背景として収まるように特設舞台が組まれ、観客席は五千人が収容できる巨大なものであった。イタリアやフランスでの野外公演は、ローマ時代の劇場や闘技場といった遺跡、あるいはルネサンス時代の建物の中庭などを利用して上演されるのが普通で、壁が思いもかけない素晴らしい音響効果をもたらしてくれる。しかし今回はそうはいかなかった。舞台背景は申し分なかったが反響するような囲いが全くない舞台で、ピン・マイクを付けてのオペラは康子にとって初めてのことであった。しかし、何せ本物のスフィンクスの前で歌ったのである。

楽しいイベントへの参加ではあったものの、滞在中に息子アナトーリオが、イタリアを出発する前に予防注射を済ませ、現地ではミネラルウォーターで歯磨きをさせるなど万全の注意を払っていたにもかかわらず、大変なお腹の不調を訴えたのが残念なことであった。

■藤原歌劇団《イル・トロヴァトーレ》

十月、康子は東京に向かう。藤原歌劇団の《イル・トロヴァトーレ》に出演するためである。今回の公演の呼び物はアズチェーナにフィオレンツァ・コッソットがキャスティングされていたことであった（439頁）。

■大作《ドン・カルロ》に初挑戦

東京からヨーロッパに戻った康子は《コシ・ファン・トゥッテ》ですっかりお馴染みになったボン歌劇場での《ドン・カルロ》公演に参加する。初役である。しかも十回にも及ぶ出演であった。ヴェルディのオペラの中でも特に大作といえるこの作品は、《イル・トロヴァトーレ》や《アイーダ》をレパートリーに加えた康子にとっては今やうってつけともいえる作品であった。予想に違わず見事なエリザベッタ王妃を歌いきることに成功する。その歌唱は、二年後日本でも接することができるようになる。

このボンでの公演は、ゴメス・マルティネスの指揮で、ジョルジョ・ザンカナーロやジョルジョ・ランベルティら旧知の仲間と共に、アグネス・バルツァがエボリ公爵夫人を歌っている。しかし康子の記憶の中には、宗教裁判長を歌った大ベテランのバス、マルッティ・タルヴェーラの素晴らしい声と歌唱が強烈な印象として残されている。バルツァとはその後ウィーンで《マリア・ストゥアルダ》でも共演することになる。ボン歌劇場では、国際的な大スターとなっていたバルツァのキャストやスタッフを含む周りの人々への対応は、いささか不快な思いをさせるものだったらしい。この公演には、当時ボン歌劇場の専属であったメゾソプラノの寺谷千恵子が小姓役で出演している。

年末はベルリンで《ドン・ジョヴァンニ》を歌い、この年も忙しく終わった。

一九八八年

年が明けた一月十八日、康子の音楽活動はジェノヴァにほど近い港町ラ・スペーツィアでのコンサートから始まった。クラリネット奏者で指揮者でもある、友人のジュゼッペ・ガルバリーノが呼んでくれたのである。テノールのオッターヴィオ・ガラヴェンタとジャンニコラの三人によるジョイントコンサートであった。

■不愉快だったジェノヴァの出来事

ラ・スペーツィアでのコンサートが終わるとすぐに、今度はジェノヴァへ移る。ダニエル・オーレン指揮、ステーファノ・ヴィツィオーリ演出による《蝶々夫人》に出演するためである。二月いっぱいに組まれていたこの《蝶々夫人》は全八回にわたるもので、ソプラノはトリプルキャストが組まれていた。この公演で康子はジュリアーノ・チャンネッラのピンカートンにアレッサンドロ・カッシスのシャープレスと共演した。

ジェノヴァでは康子はよく知られており、愛される存在になっていた。今回の《蝶々夫人》でも同様で、終演後のカーテンコールでは熱狂的ともいえる喝采を浴びた。しかしこの由緒ある港町で不愉快な思いを味わされる。

初日の公演はいつものとおり絶賛されるような出来映えであったし、観客は総立ちで康子に喝采を送った。ところが翌日、あるタブロイド紙にこのうえなく正当性を欠いた批評が載せられた。いわく、ヤスコ・ハヤシの余りにも酷いできに、観客は舞台の幕が下りた途端、一刻も早く劇場を後にしようと我先にクロークに走り家路についた、というものであった。他の有力紙ではいずれも公演の成功が正しく伝えられていた。真相は、後になって、トリプルキャストの三番手であったイタリア人ソプラノのマネージャーをつとめていた人物が手を回して書かせた記事であることが明らかとなった。当時このマネージャーは某有名イタリア人テノールの夫人で、イタリアオペラ界では大物とされており、その影響力はかなり大きなものがあったようだ。記事が載せられたのはいわゆる三流紙であった。康子はジャンニコラと相談して名誉毀損の訴訟を起こす気にまでなっていたが重要紙ではなかったし、オペラ界では誰もが真相を知っており、そのままに捨て置いた。

しかし、このことは、その後のイタリアでの康子のキャリアに影を落とすことになる。

■連続する《蝶々夫人》

不愉快なジェノヴァでの出来事の後、翌三月、南イタリアのレッチェへ飛ぶ。長靴の形をしたイタリア半島のヒールの部分に位置するレッチェは決して大きくはないが、歴史ある美しい景観を誇り、イタリアの都市としてはめずらしくゴミひとつ落ちていないような街である。南イタリアのオペラハウスの雄バーリのテアトロ・ペトゥルッツェッリのエディションを使用したりするなど、高水準の舞台を作り上げる劇場でもある。パオロ・ペローゾの指揮、エツィオ・ディ・チェーザレの共演であった。

さらに、長靴の形で言えばイタリア半島のつま先に位置するレッジョ・ディ・カラブリアと、海峡を挟んだシチリア島のメッシーナでも同企画の《蝶々夫人》を歌っている。

［回想］

南イタリアのバーリやレッチェなどプーリア地方で歌うことは大きな喜びでした。ここは敬愛するグアリーニ先生の生まれ故郷であり、グアリーニ先生の親友で偉大なソプラノでもあったマリア・ヴィターレさんがこの地方の劇場の重要人物であったことから、主人のジャンニともどもよく呼んでいただきました。レッチェにはローマ時代のアレーナもあり、スカラ座にデビューした直後に、《蝶々夫人》を歌ったこともありました。当時は足袋裸足で、雨にぬれた石造りの舞台を走って、冷たい思いをしたのも、今はなつかしい思い出です。

ジュゼッペ・タッデーイさん

レッチェでは、プッチーニの三部作を演出されるためにいらしていた大バリトン、ジュゼッペ・タッデーイさんと知り合うことができました。まさか、後年、タッデーイさんが「NHKニューイヤー・オペラ・コンサート」にゲスト出演され、《ファルスタッフ》のフィナーレでご一緒に歌うことになるなどとは、この時には夢にも思わないことでした。

■スペイン・マラガ／バレンシア

五月前半はスペインでの《蝶々夫人》公演が続いた。スペインの地中海側、最も南に位置するマラガのテアトロ・セルバンテス、そして海岸線の中央部にほど近いバレンシアのバレンシア音楽堂での公演である。

■ドイツ・マンハイム

五月下旬、南ドイツのマンハイムでの《蝶々夫人》に出演。ヴァジーレ・モルドヴァヌのピンカートンにアルベルト・リナルディのシャープレスというキャストであった。リナルディとはローマでの《泥棒かささぎ》以来の共演であった。康子は、マンハイム国立劇場のシーズン通しのプログラムに、テノールのペーター・ホフマン、ジークフリード・イェルサレムと並んでトップ・クラスの歌手三人として紹介されている。

■大傑作《ノルマ》デビュー

六月、イタリアへ戻った康子に、非常に重要なデビューが控えていた。北イタリアのノヴァーラでの、ヴィンチェンツォ・ベッリーニの最高傑作《ノルマ》である。大役ノルマは康子にとってデビューの役柄である。ベルカントオペラの神髄を詰め込んだこのプリマドンナオペラは、ヴェルディの偉大な役柄をものにしてきた康子にとって、次に最も重要な、かつ最終目標といっても過言ではない最高峰のオペラであった。ベルカントオペラを自己のレパートリーの中心に考えていた康子であったが、これまで《ノルマ》の余りの偉大さに手を出すことがなかった。しかし声も音楽も頂点を迎えていたこの時期、歌いたくて仕方がなかったというこの役柄を実現することになったのである。

その短い生涯に十作のオペラを残したベッリーニであるが、《ノルマ》は一八三一年にスカラ座で初演した第七番目のオペラである。不世出の歴史的プリマドンナ、ジュディッタ・パスタによって創唱され、イタリアオペラの金字塔とも言われている。ベルカントオペラをレパートリーにしているソプラノにとって、これ以上の役柄はないとされており、歌唱技術はもちろんのこと、ドラマティックな歌唱表現力、スケールの大きさ、きめこまやかな心理の襞を表出しなければならない。

ノヴァーラでの公演は、通常オペラが上演されるテアトロ・コッチャではなく、野外劇場で行われた。待望の《ノルマ》役へのチャレンジで、旧知のオッターヴィオ・ガラヴェンタがポッリオーネ役をつとめている。指揮をつとめたのはフランス出身のマルチェッロ・ヴィオッティであった。ヴィオッティとはこの後二〇〇〇年に新国立劇場での《トスカ》で再会をしている。彼はその実力で国際的に華々しく活躍を広げ、ヴェネツィアのフェニーチェ歌劇場の芸術監督として手腕を振るっていたさなかに、若くして（二〇〇五年）この世を去っている。

この後《ノルマ》はスペインのラス・パルマスと日本で演じることになるが、公演回数を積み重ねることで康子の《ノルマ》は完成に近づいていくのである。

［回想］

ノヴァーラでの初めての《ノルマ》は、練習期間がとても短く、思っていたようなノルマを歌うのにはほど遠かったと思います。ソプラノにとってはとても難しい音域でレチタティーヴォが書かれており、中間音域で多大な表現を要求されるのです。これはアリア『清らかな女神』や『とうとうあなたは私の手に』でも同じで、大変難しい低い音域が駆使されているのです。このようなことはドニゼッティのオペラでは感じられないことでした。でも次の機会には、このとき感じた不完全さを克服したいと決意しました。

最近、この時のライブがテレビ放送されたのを見ました。《ノルマ》のデビューが記録されていたことを嬉しく思いました。

■《トスカ》デビュー

大役のノルマを歌い終えた康子は、また初めての役柄に取り組む。プッチーニの名作《トスカ》である。

七月から八月にかけて、サルデーニャ島のカリアリでの公演であった。ニーノ・ボナヴォロンタの指揮、マリア・エイラ・ドノーフリオの演出に、カヴァラドッシがランド・バルトリーニ、スカルピアがイングヴァル・ヴィクセルというキャストで、演劇的要素が非常に要求されるトスカとしてのデビューに、悪役スカルピアを演じる大ベテランで演技力に定評のあるヴィクセルと共演できたことは幸せなことであった。《トスカ》で共演したバリトンの中でも、ヴィクセルのスカルピアは最高峰に位置している。

この頃から康子は、自分の声が以前よりもドラマティックなものも歌い切れるようになってきていることをはっきりと認識し始めている。ヴェルディの諸作品で努力を積み重ねてきた結果であろう。今回純粋にドラマティックソプラノのために書かれた《トスカ》をレパートリーにしたことは大きな出来事であった。

カリアリでの公演はアンフィ・テアトロ・ロマーノと呼ばれているローマ時代の遺跡での公演であった。野外劇場での公演では、繊細な表現力よりも声を遠くに届けることが優先されるのが普通であるが、岩の山をくりぬいて作られたこの遺跡の音響効果は素晴らしく、このような驚嘆すべきことに出会えるのも、歴史あるイタリアならでのことであった。カリアリではかつて（一九八六年）、ジャンカルロ・デル・モナコ（大テノール、マリオ・デル・モナコの息子）の演出で、《蝶々夫人》を歌ったことがあった。

1988 年イタリア・カリアリ・アンフィ・テアトロ・ロマーノ《トスカ》共演：イングヴァル・ヴィクセル

「ヤスコ・ハヤシはドラマティックさよりも音楽的な才能をより発揮する演奏を示した。特に滑らかな発声技術は、レガート（滑らかに歌う技術）とメッツァ・ヴォーチェ（最弱音の技術）で威力を発揮した」（ルニオーネ・サルダ紙一九八八年八月九日）

自分の声がドラマティックソプラノではなく、あくまでもリリックソプラノであると認識している康子にとっては、最善最良の歌唱であった。《ノルマ》と同様《トスカ》も公演回数を重ねるにつれて、ドラマティックな要素も次第に加味されて完成度を高めていくのを、我々日本の聴衆はやがて目の当たりにすることになる。

康子は常に師グアリーニの教えを忘れることがなかった。それは「ドラマティックな役柄だといって無理にそれらしく真似をしてはいけない。自分の声で歌いなさい」というものであった。また康子にとって生涯のコレペティトーレでもあったシルヴァーノ・デ・フランチェスコは「アクセントをしっかり使って歌えばドラマティックな歌唱になり得る」とも助言した。康子はこれらのアドヴァイスをいつも厳しく守りながら歌っていくうちに「林康子のドラマティック歌唱」を自然に発見していったと思われる。それらは数多い《蝶々夫人》の経験の中で学び続けたことでもあった。以前ほどには軽いレパートリーでの活躍が減少してきたとしたら、それは年齢による声の変化によるものであろう。

■《ルクレツィア・ボルジア》デビュー

九月から十月にかけて、この年もベルガモでのドニゼッティのオペラが控えていた。八〇年に《蝶々夫人》でこのドニゼッティの生地の劇場に登場して以来、《イル・トロヴァトーレ》《アンナ・ボレーナ》《ファウスタ》に続き、今度は《ルクレツィア・ボルジア》を任されることになった。日本人ソプラノがドニゼッティの生地ベルガモで彼の作曲したプリマドンナオペラをこれだけ演じさせてもらえるということは、康子が名実共にベルカントソプラノとして認められていたということに他ならない。

一八三三年にスカラ座で初演された《ルクレツィア・ボルジア》は、その後日陰の道を歩む運命に見舞われた。二十世紀に入ってからは、いわゆる「忘れ去られたオペラ」として、その作品名だけがオペラ史に残されているだけの存在となっていた。この名作が再び陽の目を浴びるようになったのは、六〇年代半ばからモンセラート・カバリエによって取り上げられる機会を得たからであった。そしてこれら珍しいオペラの発掘演奏によって、七〇・八〇年代のベルカントオペラ復興へと繋がって行く。

《ルクレツィア・ボルジア》は康子にとっても思い出深いオペラであった。かつてスカラ座の養成所で学んでいた一九七〇年、モンセラート・カバリエがこのオペラでスカラ座に初登場したのである。この公演はまさにイタリアオペラ界にセンセーションを巻き起こしたもので、カバリエの完璧とも言える歌唱によって、ベルカントオペラが現代に蘇ったのである。かつて五〇年代にマリア・カラスが《アンナ・ボレーナ》やベッリーニの諸作品でベルカント復興を成し遂げた歴史的事実の再来でもあった。カバリエを聴くために、若き康子はスカラ座の天井座敷に座り、その歌唱に酔いしれたのである。

それから十八年、とうとう康子にもこのオペラを歌うチャンスが巡ってきた。リハーサルの段階から、康子の頭にはスカラ座でのカバリエの歌唱が蘇っていたという。

ロベルト・アッバードの指揮、ジャンカルロ・デ・ボージオの演出、キャストはヴィンチェンツォ・ラ・スコーラ、ミケーレ・ペルトゥージら実力派が揃えられた。特に当時まだ二十代前半であったペルトゥージの出現には驚かされたという。バスという絶対数の少ない声種で、これほどの才能が現れ出たことに驚嘆した。二〇〇九年、東京での「藤原歌劇団七十五周年記念コンサート」で康子と再会したペルトゥージは開口一番、ベルガモでの《ルクレツィア・ボルジア》の印象が如何に強烈であったかを語ったという。康子は二十年前の思い出を熱く話すペルトゥージに、逆に感激したという。

初役に挑戦したベルガモ公演はキャストに恵まれたこともあって、《ノルマ》や《トスカ》のデビューよりも遥かに満足のいくものとなった。ロベルト・アッバードは名指揮者クラウディオ・アッバードの甥にあたり、八〇年代からめきめき頭角を現してきた若手であった。ベルカントオペラも手がけており、歌手のことも理解している指揮者であったが、音楽的にはどちらかと言えば生真面目で、伸びやかな部分などでもう少し遊びがあったらいいのにと感じさせたという。しかしこの若手に対しては康子も好印象を残しており、公演自体も大成

1988 年イタリア・ベルガモ・ドニゼッティ歌劇場《ルクレツィア・ボルジア》

功裡に終わることができた。この公演はＲＡＩが共催していたこともあって、ラジオ放送された。ＲＡＩとのかかわり合いは、これが事実上最後となった。

［回想］

《ルクレツィア・ボルジア》といえば、最初にカバリエさんの歌を思い浮かべます。まだ私がスカラ座の研修生だった頃、スカラ座にデビューしたカバリエさんの第一声のフレーズを聴いた時、余りの声の美しさに、時が止まってしまったかのように感じました。初めて聴く彼女の声は「これぞベルカントの声」と、その後の私の指針となったのです。そのうえ、グアリーニ先生がレッスンの折りに出してくださる声がとても彼女の声に似ていて、現在、歌っている歌手の中で手本となるのはカバリエさんだけだとよく言っておられました。

カバリエさんの声の出し方とフレージングを学ぶべきと自分でも強く感じており、声の出し方が、グアリーニ先生の教えとぴったり一致していたことは全く奇跡のようで、私は何と運の良い人間なのだろうと、つくづく思いました。

この《ルクレツィア・ボルジア》には思いがけない、嬉しい後日譚がありました。十二月に、パルマのテアトロ・ヴェルディで合唱も加わったコンサートに出演した時のことです。これまで何度も共演したバスのニコライ・ギュゼレフさんと共に、ヴェルディの曲を中心をしたプログラムでした。この時、かつてスカラ座の《蝶々夫人》

デビューの際に共演した大テノール、ジャンニ・ライモンディさんが楽屋においで下さり、「十月にラジオ放送で《ルクレツィア・ボルジア》を聴いたのだけれど、あの難曲を君は素晴らしく歌ったね。僕もあのオペラは歌ったことがあって良く知っているから感激したよ」と、まるでずっと友人であったかの如く親しく、手放しで喜んで下さいました。一緒に何か飲まないかと誘われたのですが、ミラノへ帰る友人を待たせていたので、後ろ髪を引かれる思いでお別れしました。あれが大テノールとの最後のお別れになってしまいました。二〇〇八年に惜しまれながらお亡くなりになったのです。

■ウィーン《マリア・ストゥアルダ》
アグネス・バルツァとの火花

ベルガモでの《ルクレツィア・ボルジア》の直後、康子はウィーンから急遽呼ばれる。ウィーン国立歌劇場で上演されるドニゼッティの《マリア・ストゥアルダ》でソプラノがキャンセルとなり、康子に白羽の矢が立ったのである。公演までには四日しかなかったという。急な出演のために正規の資料が残されていない。ここで康子は八七年に続いてメゾソプラノのアグネス・バルツァと共演する。前回の《ドン・カルロ》とは違って、《マリア・ストゥアルダ》では二人のヒロインが舞台上で激しく対立し、罵り合いに近いような場面設定がある。実際、康子とバルツァの間には火花が散ったらしい。オペラ第二幕、バルツァ演じるエリザベス女王からこのうえない侮辱の言葉を浴びせかけられたストゥアルダはエリザベスにこう言い返す。

「ボレーナの不義の娘よ、お前が不名誉について話すのか。恥知らずな淫売女よ、恥を知るべきはお前の方だ。英国の王座は卑しい私生児によって汚されているのだから」

康子のコンディションは非常に良かった。雄大なフレーズを歌い終わった康子に、音楽が続いているにもかかわらず盛大な拍手が巻き起こった。それがどうやらバルツァの気に障ったらしい。喝采に包まれた第二幕終了後のカーテンコールでは、手をつなごうともしなかった。前回の《ドン・カルロ》でも決して相性は良くなかったようであるが、ウィーンで大人気を博していたバルツァの世界的大スターとしてのプライドが傷つけられたというところだったのであろうか。

■藤原歌劇団《蝶々夫人》

十一月、ウィーンから康子は日本に戻る。藤原歌劇団による東京を始めとする各地での《蝶々夫人》に出演するためである。これはサントリー音楽賞の受賞となった公演である（444頁）。

一九八九年

■日本での《ドン・カルロ》

五月、前年の十一月に続いて帰国。今回は藤原歌劇団の《ドン・カルロ》への出演である。これほど短い期間を置いての帰国は始めてである（448頁）。

■巨大なアレーナで《アイーダ》

東京からミラノへ戻った康子は、少しばかりの休養後の七月、ヴェローナへ赴く。アレーナ野外劇場で行われる《アイーダ》に出演するためである。

アレーナ・ディ・ヴェローナへは八七年の《蝶々夫人》に続いての出演である。イタリア最大の夏の野外音楽祭に、今回はアレーナでも最も人気が高い作品での出演であった。マウリツィオ・アレーナの指揮に、ジャンカルロ・デ・ボージオの演出。アイーダには康子やアプリーレ・ミッロなど四人がキャスティングされていた。何しろ全十三回の公演である。康子はここでフランコ・ボニゾッリのラダメス、シルヴァーノ・カッロリのアモナスロ、フィオレンツァ・コッソットのアムネリスなど、公演毎に違ったキャストで歌っている。

《アイーダ》はすでにマチェラータ野外劇場、ルーゴ野外劇場、スカラ座、アヴィニョン歌劇場、カイロのピラミッド特設劇場で歌っていたのですっかり手の内に入っていたが、ヴェローナの巨大な舞台で演じるのは初めてのことであった。新聞では康子の「アイーダデビュー」（当然のことながらヴェローナでのデビューという意味である）が公演前から大きく喧伝された。古代円形競技場跡での大きな舞台面を活かしての演技は、まるでアイーダが生きていた時代と場所に立っているという錯覚を起こさせるような体験をもたらしてくれた。このスケールの大きさが逆に康子の感性を刺激し、このオペラに挑む勇気を奮い立たせてくれたと語っている。またこの公演にはイタリアを訪れていた両親も客席におり、さぞかしスケールの大きさと聴衆の熱狂振りにびっくりしたことだろう。

康子はこの巨大なアレーナで、両親の前でアイーダを歌うことの幸せを感じ、また、ヴェローナの街を案内し、ベルガモの家で過ごしたりしたことが懐かしい思い出となった。

スカラ座から《アイーダ》に呼ばれ、今回もまたヴェローナでの《アイーダ》に招聘されたということは、康子が名実共に頂点を極めた証であった。それにも増して康子が幸せに感じたことは、大好きなコッソットと再び、マチェラータやルーゴでの《アイーダ》に続いて共演できたことである。そしてこの喜びは十一月と十二月、日本でも繰り返されることになる。

■アヴィニョン《イル・トロヴァトーレ》

夏はフランスのアヴィニョンでの公演が続く。ベートーヴェンの『第九』のソロとヴェルディの《アイーダ》でお目見えしていたこの街での今回の演目は、得意の《イル・トロヴァトーレ》であった。今までと違ったのは、公演がアヴィニョンのオペラハウスではなく、「アレーナ・ド・ミーム」と呼ばれるローマ時代の古代劇場跡で行われたことである。フランチェスコ・コルティの指揮に、ニコラ・マルティヌッチ、アントニオ・サルヴァドーリ、ミルナ・ペーチレという豪華キャストが組まれた。この時にルーナ伯爵役を歌ったバリトンのサルヴァドーリは、彼がデビューした当初からよく知っている旧知の人物であった。一九九〇年には日本での《ドン・ジョヴァンニ》でも共演した。もともと満ちあふれるような声に恵まれていたが、八九年当時は最も油の乗り切った時期で、完成度の高い素晴らしい歌を聴かせたことは、嬉しい驚きであった。若くしてこの世を去ってしまった（二〇〇六年）ことを康子はイタリアオペラ界の大いなる損失と残念がっている。

■アドリア《蝶々夫人》

九月はアドリアでの《蝶々夫人》に出演。ヴェネツィアの南に位置する小さな町であるが、アドリア海に面した風光明媚なことで知られている。オッターヴィオ・ガラヴェンタとの共演であった。

アドリアは家具の特産地である。康子はガラヴェンタの知人を通して自宅の食卓用テーブルと椅子のセットを注文した。それらは今もミラノの台所で存在感を示しているという。

■**東京で《アイーダ》**

十月，サントリーホール三周年記念ガラ・コンサートに出演し、十一月、再び帰国した康子は、渋谷公会堂でのジャンニコラとのジョイントリサイタルを終えて、藤原歌劇団公演《アイーダ》のリハーサルに入る。コッソットに加え、テノールにジュゼッペ・ジャコミーニ、バスにイーヴォ・ヴィンコが参加した（452頁）。

◆一九九〇年代

一九九〇年代に入ると、日本での活動が増えるとともに、ヨーロッパでの出演が少なくなる。コヴェント・ガーデンでのデビュー以来マネージメント事務所の代表であったゴルリンスキーが亡くなり、事務所を離れてフリーで活動を始めたことが関係していると思われる。かつてはマリア・カラスなどを抱えていたゴルリンスキー事務所も、そのマネージメント力が低下し、世界的規模でのオファーを獲得することができなくなっていた。さらに、ヨーロッパの劇場が若い歌手の抜擢を図ろうとする潮流があったものと思われる。特に、イタリアオペラ界での何らかの事情があったものと推察される。

一九九〇年

■ウィーン国立歌劇場《蝶々夫人》

二月、ウィーン国立歌劇場に登場する。ウィーン国立歌劇場では《椿姫》、《ドン・ジョヴァンニ》、《マリア・ストゥアルダ》で康子の評価が決定していたが、この《蝶々夫人》も高い評価を得ている。

■サントリー音楽賞受賞記念コンサート

ウィーンでの《蝶々夫人》を終えて帰国する。前年に受賞したサントリー音楽賞の記念コンサートのためである（454頁）。アントン・グアダーニョ指揮によるオーケストラ伴奏によるもので、円熟期の康子の実力をあますところなく示した。

■スペイン・ラス・パルマス《ノルマ》

あわただしい二月を過ごした康子は、三月、ローマの日本文化会館でリサイタルに出演し、最も気候の良い四月、スペイン・ラス・パルマスのペレツ・ガルドス歌劇場の《ノルマ》に出演する。記念すべき素晴らしい公演となった。ポッリオーネにフランスのテノールスピントのジルベール・ピイ、オロヴェーゾにボナルド・ジャイオッティというキャストで、二年前にノヴァーラでこのオペラに初めて挑戦した康子はより円熟味を増し賞賛を浴びた。公演プログラムにはアダルジーザにコッソットの名前がキャスティングされていたが、何らかの理由で参加はなかった。指揮はエンリーコ・デ・モーリ、演出はコスタンティ・ノーフリであった。

■愛知芸術劇場《蝶々夫人》

ラス・パルマスでの公演を終えて帰国した康子は、徳島新聞社主催によるリサイタル（徳島県郷土文化会館）に出演し、愛知芸術劇場での《蝶々夫人》に臨んだ（454頁）。

■**ナポリ・サン・カルロ歌劇場《蝶々夫人》**

名古屋での《蝶々夫人》を終えた康子は、六月、ナポリのサン・カルロ歌劇場に赴く。ナザレーノ・アンティノーリを相手役に《蝶々夫人》を歌った。康子の《蝶々夫人》は評価がすっかり定着したもので、今回のナポリでも聴衆を熱狂させている。ただしこの時の演出は、余り舞台経験はないが世界的に著名な映画監督マリオ・ボロニーニによるもので、第一、二幕は舞台全体が川の上に設定され、大きな弧を描く橋が架けられた。この橋が蝶々さんの登場やピンカートンを待つ場面で有効に使われ、第二幕の蝶々さんの家は小さな舟であった。演出家の頭の中には、日本というよりも漠然とした「東洋」として、東南アジアの水上生活がイメージされていたのかもしれない。

康子は演出意図のわからない外国での《蝶々夫人》を演じる難しさと情けなさを、あらためて感じたという。

■**藤原歌劇団《ドン・ジョヴァンニ》**

十一月に再び帰国。今回は藤原歌劇団の《ドン・ジョヴァンニ》で得意のドンナ・アンナを披露した（455頁）。

1990年イタリア・ナポリ・サン・カルロ歌劇場《蝶々夫人》の舞台

年の瀬に東京からミラノに戻った康子は、北イタリアのピアチェンツァで《蝶々夫人》に出演し、一九九〇年を締めくくった。

一九九一年

■ローマ歌劇場《カルミナ・ブラーナ》

一月、ローマで、カール・オルフの《カルミナ・ブラーナ》でソプラノパートのソロをつとめる。康子自身大好きな曲だという。この公演は舞台上ではバレエとして上演され、歌手はオーケストラ・ボックスで歌った。指揮は日本で《蝶々夫人》や《アイーダ》で共演したアルベルト・ヴェントゥーラ。

■ガヴァッツェーニと《ルクレツィア・ボルジア》

続いて二月にかけて忘れられない公演が続いた。それはパレルモでのドニゼッティの《ルクレツィア・ボルジア》である。このオペラはすでにドニゼッティの生地ベルガモで歌っていたが、今回はより思い出に残るものであった。それはイタリアオペラ界の至宝ともいうべきジャナンドレア・ガヴァッツェーニの指揮だったからである。ガヴァッツェーニとはこれまでに幾度も共演しており、その度に計り知れないほどの教えを受けてきた。パレルモでの公演はガヴァッツェーニが最も造詣深く愛情を注いでいるドニゼッティの作品である。イタリアオペラの歌手として、このような条件のもとで歌えることは例えようもない喜びであり、かつまたパレルモのテアトロ・マッシモという第一級のオペラハウスの公演である。

康子は全身全霊を傾けてルクレツィアを歌いあげた。その出来映えは大御所ガヴァッツェーニをも充分に満足させるもので、実り多い公演となった。この少し前、ガヴァッツェーニは何十歳も若いイタリア人ソプラノと結婚したばかりで、康子とダブルキャストを組んでいた。当然のことながらガヴァッツェーニは妻との共演に全力を注いでいたことだろう。しかし康子との舞台が終わった後、ガヴァッツェーニは康子を呼び、歌唱の素晴らしさを讃えてくれた。

今回も両親を招き、素晴らしいシチリア島、特にギリシア神殿遺跡巡りを楽しんだ。アグリジェントやセリヌンテなど、家族六人で楽しく過ごした。

1991年パレルモ《ルクレツィア・ボルジア》大巨匠ジャナンドレア・ガヴァッツェーニと

■パーム・ビーチ《蝶々夫人》

シチリアでの公演の後、今度はアメリカのパーム・ビーチへ飛んだ。これは指揮者アントン・グアダーニョの好意で実現した《蝶々夫人》で、同行したジャンニコラと子供達は車を借りてディズニーワールドを訪れた。

■レコード録音／プッチーニとヴェルディ

六月から七月にかけて、ロンドンのヘンリー・ウッド・ホールを使ってレコード録音をした。ソニー・ミュージック・エンタテインメントによる「ある晴れた日に～プッチーニのヒロインたち」である。アントン・グアダーニョ指揮で、ロンドン交響楽団オーケストラをバックに得意のアリアを収録している。ちなみに翌九二年には、同じくグアダーニョの指揮、ロイヤル・フィルハーモニーで、「ヴェルディ・オペラ・アリア集」を録音している。

康子のレコード録音は三十歳代前半に、ビクター産業から「イタリア古典歌曲集」と「オペラアリア集」が出されているが、今回の録音では円熟味を増した絶頂期の歌唱が聴ける。

実はこの録音は、東京での《イル・トロヴァトーレ》以来康子を応援し続けてきた松田賢司氏がスポンサーとなって実現したものだった。しかし、松田の五十六歳という若すぎる突然の死によって、この二つのアリア集は契約上の理由で再発売が不可能となってしまっている。我々ファンとしても残念なことであるが、康子自身もそのことを思うと、何とも言えない深い悲しみに襲われる、と語っている。

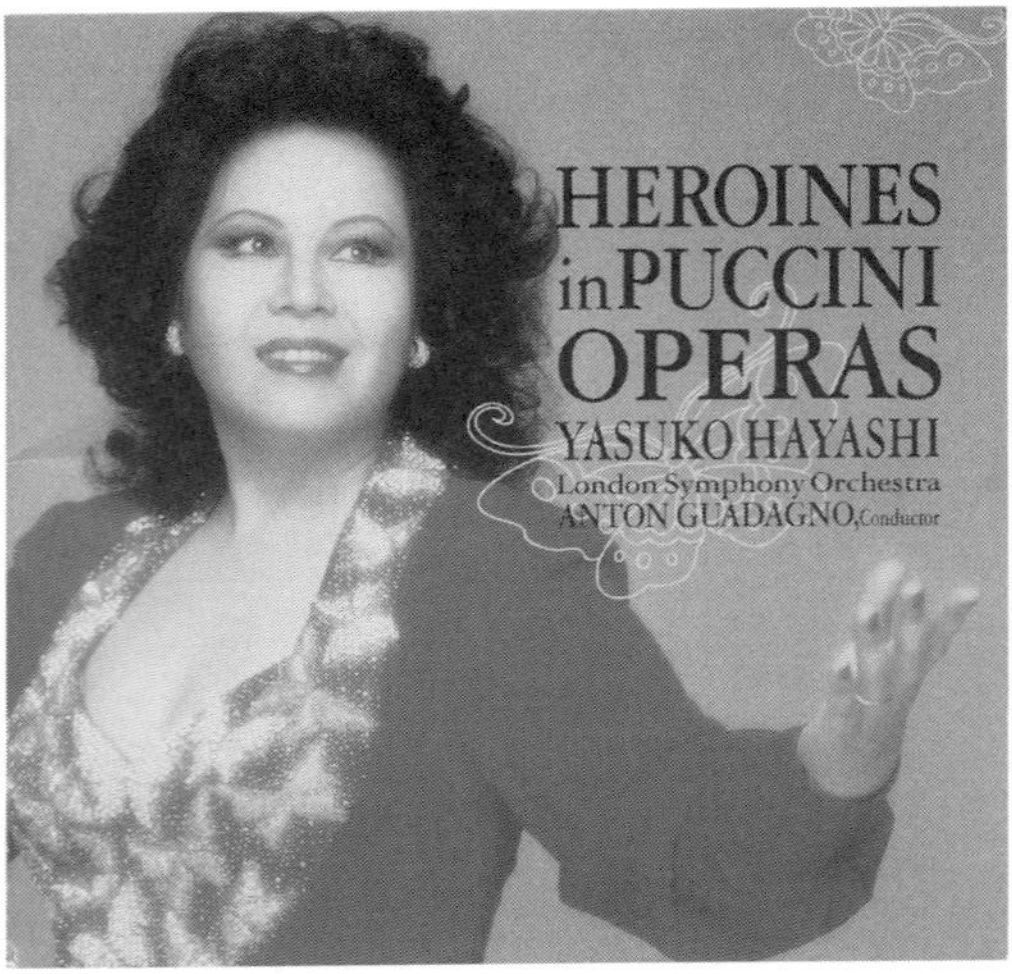

CD：林康子「ある晴れた日に〜プッチーニのヒロインたち」

CD：林康子「ヴェルディ・オペラ・アリア集」

■**マチェラータ音楽祭《蝶々夫人》**

「プッチーニのヒロインたち」の録音を終え、七月は中部イタリアの、マチェラータ音楽祭に参加する。マチェラータには八五年に《アイーダ》で、八六年に《イル・トロヴァトーレ》で出演しており、今回は六年振り三度目の出演である。

演目は《蝶々夫人》。舞台や演出は先のサン・カルロ歌劇場版が使われ、ピンカートンにマリオ・マラニーニ、シャープレスにロベルト・セルヴィッツィレがキャスティングされ、指揮はサン・カルロでの公演に替わって、女性指揮者エリザベッタ・マスキオがつとめた。小さな舟の中で蝶々さんを演じるのは大変だったという（406頁）。

■カリアリ《マノン・レスコー》

十一月、スイス国境に近いコモのテアトロ・ソチアーレでの《蝶々夫人》を歌った後、十二月はサルデーニャ島に渡り、カリアリでプッチーニの《マノン・レスコー》に出演する。ニーノ・ボナヴェロンタ指揮のこの公演は、共演にニコラ・マルティヌッチとロレンツォ・サッコマーニを迎えた非常にレベルの高いものであった。

七九年にパレルモで初めてこのオペラに挑戦して以来十二年余、東京、アメリカ、スイスと歌い継いできたこの役は、今回のテアトロ・リリコ・ディ・カリアリでの公演で、康子のレパートリー中、プッチーニのオペラの中で蝶々さんに次いで重要なヒロインとして成熟の域に達した。

しかも康子は特別な想いでこの役を愛していた。パレルモの公演で感じた「自分に合っている」という感覚が、この時もなお心の中で燃え続けているようであったと語っている。

1991年イタリア・カリアリ・リリコ・ディ・カリアリ歌劇場《マノン・レスコー》共演：ロレンツォ・サッコマーニ

一九九二年

この年、二月は東京で待望の《ノルマ》に出演（456頁）。そして同じ二月、サントリーホールでのヴェルディ《レクイエム》に出演した。七月にトラーパニで《蝶々夫人》。そして、先に記したロンドンでの「ヴェルディ・オペラ・アリア集」の録音が記されている。

一九九三年

四月、イタリア・マルサーラで、旧知のニコラ・マルティヌッチ、そして盲目の歌手として世界的人気を集め始めていたアンドレア・ボッチェッリとの三人によるジョイントコンサートを開いた。ボッチェッリとは《ボエーム》第一幕から二重唱を歌った。

八月に帰国して広島で《蝶々夫人》に出演（457頁）。

十月は地中海に浮かぶマリョルカ島（マヨルカ島・マジョルカ島とも記される）での演奏会形式による《ノルマ》に出演。すぐに帰国して、オーチャードホールでの《ラ・ボエーム》に出演した（457頁）。

十二月には、モデナのテアトロ・コムナーレで《蝶々夫人》に出演した。

一九九四年

二月、横須賀と東京で《蝶々夫人》に出演（457頁）。

この頃になると海外での活動はほとんど見られない。八月、イタリアのバッサーノ・デル・グラッパでの《蝶々夫人》のみである。

九月、サントリーホールで『心からの感謝をこめて』と題したコンサートを開催（458頁）。

一九九五年

この年、海外での活動はイタリア、アンコーナでのガラ・コンサートのみが記録にある。

一九九六年

二月と十月、東京と横浜で藤原歌劇団による《トスカ》に出演（463頁）。

そして、この四月、康子は東京藝術大学に着任する。活動の場を海外から日本に移した。

一九九七年

■ベルリン国立歌劇場《蝶々夫人》

一月、ベルリン国立歌劇場の《蝶々夫人》に出演。日本に活動の場を移した康子の最後の海外公演となった。

東西ドイツが統一された後も、旧東ベルリンのオペラ・ハウスにはまだ、芸術に対する真摯な精神が満ちていた。劇場の仕事に携わる人々は全て、全く見知らぬ間柄であっても常ににこやかに挨拶を交わすことに康子は大きな感銘を受けた。

この《蝶々夫人》では二回の公演に出演したが、西ベルリンの盛り上がらない公演に比べると比較にならないほどの熱狂を聴衆が示したことは、結果として海外での最後の《蝶々夫人》を歌う康子には幸せなことだったであろうと思われる。

ある日の家族とともに

ある日の両親と：香川県・金毘羅宮への参道

TEATRO ALLA SCALA

第3章 日本で歌う

日本でのオペラ出演

イタリア・ミラノに拠点をおき、欧米を活動の場としていた康子は、一九八二年、藤原歌劇団の《アンナ・ボレーナ》に出演して以来、イタリアと日本を往来しながら徐々に日本での活動が増えて行った。そんな康子の日本でのオペラ公演をみることにしよう。

一九七六年

■マダム・バタフライ世界コンクール主催《蝶々夫人》

四月、ローマでの《ラ・ボエーム》を終えた康子は帰国する。

康子がプロの歌手として日本の舞台に立ったのは、すでに一九七二年にスカラ座にデビューし、フィレンツェ、ヴェネツィア、ローマ、ヴェローナなどのイタリア各地は言うまでもなく、バルセロナ、シカゴ、ロンドン、ウィーンなど、まさに次々と世界での成功を続けていた一九七六年四月のことである。

留学直前の六九年九月に民音主催の日本語による《蝶々夫人》に出演して以来、およそ六年半振りの日本でのオペラ出演は、《蝶々夫人》であった。康子にとっても感無量なことだったろうと推察する。

この公演は「マダム・バタフライ世界コンクール」が主催するものであった。数年置きに開催されていたこのコンクールは、もともと流行歌手としてヒットを出したこともあるソプラノの小林伸江が、かつて三浦環の弟子であったことから、日本が産んだ初めての世界的大ソプラノの偉業を顕彰するために始められたものであった。七六年はちょうど三浦環の没後三十周年に当たっていたことから、コンクール理事長、中島新吉の企画で大々的にオペラ公演を実現させた。

二日間の間に三回という非常にハードな日程の中で行われたこの公演は、アルベルト・ヴェントゥーラの指揮に、大谷洌子の演出、蝶々さんはトリプルキャストで四月十七日の昼公演が林康子、夜公演が「第三回マダム・バタフライ世界コンクール」で第一位を獲得したルーマニアのソプラノ、エウジェニア・モルドヴァヌ、十九日の公演はヴァイオリニストとして名声を獲得していた佐藤陽子が初めてオペラの舞台に立った。ピンカートンを歌ったのは、やはり「第三回マダム・バタフライ世界コンクール」でテノール部門の第一位を獲得したルーマニア出身のエミール・ゲアマンと二位のイタリア出身のフォンガロ、スズキは浦野りせ子、シャープレスは田島好一、ゴローは及川貢というキャストであった。

当初この公演に参加することについては、康子の周りでは危惧する声も若干あった。何故かというと、二期会や藤原歌劇団とは違ってオペラ上演の経験がない団体の企画であったし、公演日も含め変更に次ぐ変更が重なったりしたからである。しかし康子は、中島新吉の強い要請に出演を決断した。康子にしてみれば、スカラ座やコヴェント・ガーデンにも出演を果たし、どこのオペラハウスでも喝采を浴びて成功を収めていたのに、いまだに所属する二期会での公演が実現しなかったからである。これまで二期会からはヴェルディの《オテロ》の出演依頼があったのだが、休みがとれないスケジュールの中で、しかも日本語での公演はどうにも調整できずに断っていた。康子の活躍ぶりは日本でも喧伝されており、日本のオペラファンもその登場を心待ちにしていたことは間違いない状況で、誰も康子のレパートリーを歌わせようと思わなかったことは不思議議である。おそらく七〇年代の二期会は「オペラ上演団体」というよりも「オペラ研究団体」としてのポリシーを第一義にしていたことから、世界的に名声を広げていた康子をゲスト歌手のような扱いで「招聘」することは前例もなく、条件が合わなかったのではないかと推察される。

こうした状況の中で、康子は出演を決断した。日本の聴衆に自分の舞台を観てもらうにはこの機会しかなかったからである。

多くのオペラファンが待ちわびていた康子の里帰り公演は、当初危惧された公演に関する不都合もなく、満員の聴衆を集めて大成功に終わった。マスコミを通してしか知ることのできなかった康子の実力に、多くのオペラファンは熱狂した。

「林康子の成長ぶりに驚かされた。美しい声とはこういう声を言うのだろう。世界のヤスコの名に恥じぬ、見事な日本デビューである。フォルテからピアニッシモにわたって、イタリアオペラを歌う理想的な発声技術が身についていて、それが音楽と表現と一体になっているのはさすがだった。日本人歌手が往々にして陥りがちな、なんとかして『表現をつくろうとする』ことからまったく解放されて、プッチーニの音楽に寄り添っているこの蝶々さんが、今や世界の一流劇場から引く手あまたというのも、むべなるかなである」

（朝日新聞一九七六年四月二四日）

「林康子が一際抜きん出ていて申し分のない舞台を作った。張りのある滑らかな発声と、この歌劇を十分に知り尽くした自在の歌唱と演技で終始ステージを引き締めたことは絶賛に値する。日本的な気分にとらわれず、バタ臭いバタフライだったのが面白く、それが海外での名声を裏付ける原因になっているのではないかと想像した」（音楽の友一九七六年六月号）

二十一世紀に入ってから日本でも多くの外国人ソプラノが《蝶々夫人》を演じるようになり、聴衆も批評家もことさらに「日本的な」蝶々さんを求めることはなくなった。しかし七〇年代ではまだ、蝶々さんという役はあくまでも日本的であらねばならず、ましてや抽象的な衣装や装置による《蝶々夫人》の公演など考えられもしなかった。康子の蝶々さんが西洋的だと言う評価は当時としては当たり前のことだったかも知れないが、ヨーロッパでの評価は、日本舞踊的な所作など一切排除して西洋風に演じてもなお、日本人以外のソプラノでは決して演じ得ない日本的な蝶々さんだというものであったことをここに明記しておきたい。

日本で歌えた幸せを胸に抱きしめながら康子は東京を後にし、再び世界を駆け巡る生活に戻っていった。

一九八二年

■日本オペラ界に衝撃

藤原歌劇団《アンナ・ボレーナ》

欧米での活躍が続くなか、ベルリン・ドイツ・オペラでの《蝶々夫人》を終えた八二年の夏、康子は日本オペラ界に衝撃とも言うべき公演を実現する。六年前の「マダム・バタフライ世界コンクール」の主催による記念公演で《蝶々夫人》に出演して以来の日本公演である。今回は、日本の音楽界で評価され得るプロダクションでの出演である。藤原歌劇団のドニゼッティ《アンナ・ボレーナ》であった。

ベルカント・プリマドンナオペラの最高峰ともいうべき《アンナ・ボレーナ》は、一九五七年にスカラ座でマリア・カラスが、ガヴァッツェーニの指揮、ルキーノ・ヴィスコンティの演出のもとで、二十世紀に蘇演して大成功を収めた名作である。この名作はドニゼッティの出世作であると同時に、不世出のプリマドンナ、ジュディッタ・パスタの初演によってオペラ史に輝かしい名前を刻んではいたが、戦後のオペラファンの前にその全貌が明らかにされたのは、このスカラ座でのカラスの演唱によってであった。ベルカントオペラをレパートリーにするソプラノにとって、この役は究極ともいうべきものであり目標でもあった。康子は八〇年にニースでこのオペラのデビューを実現させていた。彼女自身、日本の聴衆に自分への評価を問うためには《蝶々夫人》ではなく、最も大切にしているベルカントオペラで挑まなければいけないと考えていた。しかし日本のオペラ界がその機会を与えてくれるだろうか、あるいは十九世紀前半のベルカントオペラが日本で受け入れられるような土壌ができているかは疑問であった。おそらく主催した藤原歌劇団にとっても大きな賭けであったことと想像される。

藤原歌劇団の英断

英断を下したのは当時の藤原歌劇団総監督の下八川共祐であった。公演の実現には今は亡き評論家の黒田恭一氏、当時の康子の個人マネージャー椿照子氏、ＮＨＫの泉征郎氏らの尽力があったという。康子自身もまた出演者というだけでなく、望むべくベルカントオペラの実現のために、指揮者や共演者を自分が選ぶという条件のもと、出演者への交渉や衣装の調達などに奮闘した。指揮者にニースの《アンナ・ボレーナ》で共演したフィリップ・ベンデルを迎え、共演者には旧知のジャンフランコ・パスティネ、マリア・ルイーザ・ナーヴェ、そして夫のジャンニコラ・ピリウッチが揃い、演出は栗国安彦で開幕した。

この公演は康子の演唱も含めて、大変見事な出来映えを示した。それを知るのには当時の批評を引用するのが最適である。

「《アンナ・ボレーナ》は上演至難なイタリア歌劇のひとつといえる。今世紀に入ってマリア・カラスによって復活上演されたのだが、その難曲中の難曲を我らの同胞のソプラノ林康子が主演して東京で初演をして、見事に成功を収めたのだから賛嘆のほかなきところである。

林は今回のこの至難な上演に備えるために、特に原語上演の必要性から、主役級にわざわざイタリアから三人を同行させ、さらに指揮者を従えてきたのである。（中略）わたしはあたかもイタリアの本場で見物しているのと同じような印象を受けたのである。殊に感銘深かったのは、日本人ソプラノがイタリア人歌手よりも大きな重荷を背負わされている女主人公をよくもあそこまで演り果たせたと言ってよいと思ったほどだ。褒めてばかりいても仕方ないから少し批判めいたことをいうと、完璧だといえないところもある。しかし、輝かしい成果を挙げた林康子には惜しみない拍手を送らざるを得ないのだ」

（「音楽の友」一九八二年九月号）

「藤原歌劇団により《アンナ・ボレーナ》の日本初演が行われた。配役に飛び切りの名歌手を揃えなければならない至難の作品だけにどこでもそう頻繁に上演されるわけではない。なかんずくタイトルロールにマリア・カラス、ジョーン・サザーランド級のソプラノを必要とすることは、過去の上演の歴史が教える通り。今回の日本公演は林康子をその役に得て、初めて実現可能となった。彼女は一昨年、ニース歌劇場でこの役を歌っている。（中略）出演者は飛び切りの名歌手揃いと言えるかどうかはともかく、ベルカントオペラの醍醐味を喫するにはまず不足のない出来映えと称せよう。このオペラの初演が成功したと認めるになんら躊躇をおぼえるものではない。

成功の最大の原因がプリマドンナ林康子の確かな存在にあったことは、衆目の一致するところだろう。プリマドンナの存在感というのは、単に声質に恵まれ発声技術に優れ、主要なアリアを誤りなくこなし動きも手落ちがない、というだけではまだ足りないので、その上さらに、彼女の、一挙手一投足、たとえ歌っていない時でもその時の眼の輝き、呼吸の仕方、彼女のすべてに亘って、彼女が舞台にその事実が、聴衆観客にもオペラティックな空気を感じさせる、そういった種類の放射能を身に備え、それをわれわれがいたいほどに知覚するということである。林康子は、このプリマドンナの必要条件を持つ、日本では出会うことのなかなか難しい貴重な歌手である」

（「音楽芸術」一九八二年九月号）

「藤原歌劇団の《アンナ・ボレーナ》だが、全くの日本初演で、NHKイタリア歌劇でも遂に上演されなかった演目。この実現が、タイトルロールを歌った林康子の多年の夢を満たすべく、藤原歌劇団の下八川共祐、上村伴次郎の両氏の決断によって果たされた。スカラ座やコヴェント・ガーデン、ハンブルク等々で主役級に活躍する国際歌手でありながら、なぜか日本のオペラでは迎え入れられなかった林康子の不幸も、これでやっと陽の目を見たわけだ。

彼女の希望によって、指揮には一昨年ニース歌劇場で共演したフィリップ・ベンデル。全体としてこの公演は成功した。その両輪を作ったのが、林康子のアンナの見事な歌唱と、粟國安彦の演出だった。（中略）タイトルロールの歌手は、自分で王妃の悲劇のヒロインの性格づくりを徹底的にリードしていく必要があり、林康子がそれのできる歌手であったことが公演を成功に導いている」

（「テアトロ」一九八二年九月号）

「ドニゼッティの《アンナ・ボレーナ》が、藤原歌劇団によって日本初演された。このオペラは、第二次世界大戦後に今は亡きマリア・カラスがミラノ・スカラ座で復活上演するまで、長い間、歌劇場のレパートリーから姿を消していた。主役のアンナ・ボレーナはいうまでもないが、主要登場人物に、声楽の高度の技巧、高度の演技が要求されるからである。そういうオペラがわが国で上演される運びになったことに、ある種の感慨があった。日本オペラがよくもここまで到達した、という驚きの思いである。しかも、難役のアンナ・ボレーナをイタリア人歌手ではなく林康子が演じたため、私の感慨はいっそう深く、切実になった。林康子は貫禄と余裕を感じさせる出来映えで、こんなソプラノが日本から生まれたのが、ちょっと信じられない…」

（毎日新聞一九八二年七月十日）

「海外の活躍が華々しい林康子が日本で初めてオペラの舞台に立つことで評判になった《アンナ・ボレーナ》は、まず成功の日本初演となっていた。アンナを歌った林は、第二幕に入ると精彩を放って、ドラマチックな強さとリリックな優しさを歌い分けてさすがである。声はよくころがり、かつ迫力にも欠けないあたり、やはりずば抜けた才能といえよう」

（朝日新聞一九八二年七月十日）

「《アンナ・ボレーナ》が藤原歌劇団によって上演された。主役に極めて高度な歌唱技術が要求されるために、滅多に上演されないオペラであるが、今回、今や欧米の第一線で活躍中の林康子をタイトルロールに迎えて実現したものである。いわゆるベルカントオペラのなかでも、プリマドンナの力量に成否の大半が賭けられているこの作品を手がけて、画期的な成功を収めた今度の上演の立役者林康子に対して心から「ブラーヴァ！」の賛辞をささげよう。

現在の林康子の声は、リリックな甘さを持つ透明な音色に磨き上げられており、確実な支えを土台による自在な発声の力によって、本来の持ち味である軽い装飾的な声の技巧を発揮させる分野から、強烈でドラマティックな迫力を聞かせる領域まで、極めて広い範囲の表現をカバーできる状態にある。王妃の地位を手にした喜びも束の間で、専横な国王に見捨てられた悲しみ、呪い、寛容、激しく変貌を示すアンナの大役を品格正しく歌い、かつ表情豊かに演じきって見事だった」

（読売新聞一九八二年七月九日）

これらの評を読んで改めて驚くのは、七六年に同じ東京文化会館で歌った「マダム・バタフライ世界コンクール」主催の《蝶々夫人》で、新聞評などでもあれほど取り上げられたにもかかわらず、日本の音楽界では、この《蝶々夫人》の公演自体は、どうやら本格的オペラ上演として正当に評価されていなかったのではないかと感じられることである。当時はまだ現在のように海外のオペラハウスが引越公演をすることもなく、ＮＨＫ招聘の「イタリア歌劇団」と二期会、藤原歌劇団の公演のみが「本格的な」オペラ上演として認識されていたのである。また演目が《アンナ・ボレーナ》であったことから、殊更にマリア・カラスを引用したり、あるいは評価を下す際に比較されたりといったことが目立っていたようである。世界的な超一流歌手と比較して「粗探し」をするという傾向は、今でも評論界に根強く残っているのが残念であるが、今回の《アンナ・ボレーナ》ではおおむねそのようなこともなく、正当な評価がくだされていたといえるだろう。

妊娠七か月の身重の中での成功

多大な成功を手にした康子であったが、実はこの時妊娠七か月の身重であった。しかし周囲の誰一人としてそのことに気づかなかった。公演の数か月前から、共演する歌手や指揮者との交渉、イタリアから衣装を運ぶ手配など、それまで経験したことがない苦労を背負った公演であったが、この公演の成功はかけがえもないほど大きな喜びをもたらしてくれた。

この公演に関しては、康子にとって決して愉快ではない後日譚がある。ミラノに戻ってかなり経った頃、ミラノにいる数人の日本人の間で「この前の《アンナ・ボレーナ》が大成功したというけれども、実際にはかなりひどいできで、それがイタリアには伝わっていない」と噂されたことが康子の耳に入ったのである。ミラノには戦前から伊藤敦子という大ベテランのソプラノが暮らしていた。藤原歌劇団の創立公演で藤原義江を相手に《ラ・ボエーム》のミミを歌った人物であり、その後ミラノに留学し、四十代にはヨーロッパ各地で《蝶々夫人》を歌っていた名歌手であった。ちなみに大テノール、マリオ・デル・モナコが一九四一年にミラノ（スカラ座ではない）で《蝶々夫人》のピンカートンを歌ってオペラ界にデビューしたときのソプラノが、この伊藤敦子であったことを書き添えておこう。八〇年代当時、伊藤敦子はミラノに留学する日本人歌手たちにとって、敬愛される母親のような存在であった。その伊藤敦子に、どうやら康子に対して敵意を持つ日本人歌手が、このような悪意のある噂を伝え広まったらしい。この時はやがて正しいニュースが伊藤敦子の耳に入り、根も葉もない誹謗中傷であったことが明らかになった。しかしこの後も、康子はしばしば同胞から、いわれのない悪意を受けることがあったという。

［回想］

東京での《アンナ・ボレーナ》は本当に幸せな公演でした。私が最もやりたかったベルカントオペラでの出演でしたから。初日のオペラ終演後のカーテンコールでは聴衆の皆様の暖かく長い拍手と歓声に、感極まって涙が止まりませんでした。日本の皆様からあんなに温かく迎え入れていただいたことで、公演前の苦労も吹き飛びました。現在でこそ衣装や舞台装置をヨーロッパから運ぶのはよくあることになりましたが、当時はまだ一般的でなく、法律的な手続きがとても煩雑だったのです。今では考えられないことですが、私たち出演者は各自でそれぞれがイタリアの貸衣装でサイズを合わせて、トランクに詰め込んで自分の荷物として持って来たのです。でもそれも今となっては楽しい思い出となりました。友情のために、そうは高くないギャラで出演してくれた実力派の友人たちに感謝するばかりです、ベルカントものを得意とする同僚たちがまわりを囲んでくれたからこそ、私も力を発揮できたのだと思います。

演出の栗國先生のもとで舞台をつとめられたことも非常に幸せでした。こちらの意見にもよく耳を傾けてくださり、決して独りよがりの解釈などなさらない方でした。この公演中に妊娠していたことは、周りの誰にも言っておりませんでした。後で栗國先生がそのことをお知りになって「それがわかっていれば、舞台であんな倒れ方を要求しなかったのに」とおっしゃっていたそうです。栗國先生とはその後も《マリア・ストゥアルダ》《蝶々夫人》《アイーダ》とご一緒させていただきました。いつもイタリアオペラのオーソドックスな伝統を生かしつつ独自の視点を取り入れた演出で、日本のオペラをレベルアップされた方でした。残念なことに一九九〇年、演出家としてこれから増々の活躍をされる時期にお亡くなりになられてしまいました。日本のオペラ界の大損失で、本当に惜しいことです。

舞台美術監督の川口直次先生も、少ない予算のなかで本場と変わらない立派で豪華な舞台を作っていただきました。また、及川貢先生指揮によるコーラスは、リハーサルが進む中で、一日一日と発声や音色が成長し、本番ではヨーロッパの劇場にも劣らない素晴らしいものでした。日本のオペラの水準に、イタリアから出演してくれた歌手陣も驚いていました。

「毎日芸術賞」と「ウィンナーワールド・オペラ大賞」

《アンナ・ボレーナ》の公演で、「毎日芸術賞」の栄誉をいただきました。でも表彰式にはすでに公演の契約があって帰国できず、香川から今は亡き父が上京して授賞式に代理出席してくれました。またこの年「ウィンナーワールド・オペラ大賞」を受賞したことも私に大きな喜びを与えてくれました。

［南條年章の回想］

林さんの東京での《アンナ・ボレーナ》に合わせて私も一時帰国しました、七六年の《蝶々夫人》の時は一時帰国することができず、本格的に日本の舞台に立つのを見ることができなかったことを、後々まで悔やんでいたからです。

この公演は本当に素晴らしいものでした。イタリアの劇場で本場のオペラに接しているといっても、いつも感心させられるような舞台に巡り会うわけではありません。スカラ座でさえも、です。しかし藤原歌劇団の《アンナ・ボレーナ》は、世界中のどこのオペラハウスで上演しても大成功を収めること間違いなしの公演でした。

四十歳を迎える前の林さんは、最も良い時期にこのチャンスを捉えたと思います。この後ますます音楽と表現は円熟味を増していくのですが、声の新鮮さという点では、四十歳前後が最も輝いていたと思います。初日、アンナの最初の登場では、舞台奥に林さんが姿を現した途端、会場から盛大な拍手が起きました。現在のオペラハウスの公演では想像もつかないことです。このような形で日本の聴衆に迎え入れられたことは、私の胸を感激でいっぱいにしました。まだオペラ界に「スター」という存在が成立していた良き時代だったと振り返っています。

一九八四年

■藤原歌劇団《マリア・ストゥアルダ》

スカラ座でガヴァッツェーニとの《イ・ロンバルディ》を終えた六月、康子は帰国する。藤原歌劇団で上演されるドニゼッティの《マリア・ストゥアルダ》のためである。

かつてシカゴで大成功を収めた得意のオペラを携えての帰国であった。二年前の《アンナ・ボレーナ》で日本での地位を確立した康子にとって、同じドニゼッティのベルカントオペラに出演できることは大きな喜びであり、前回の時のような上演に関しての困難も解消され、大好きな仲間たちとの共同作業に精魂を傾けた。

アルマンド・ガット指揮による真摯で品格のある音楽と粟国安彦の適切かつ丁寧な演出のもとで、マリア・ルイーザ・ナーヴェのエリザベッタ、オッターヴィオ・ガラヴェンタのレスターに加え、夫であるジャンニコラがタルボット役で出演したのも心強いことであった。

《マリア・ストゥアルダ》は文句無しの大成功を収めた。公演前は《アンナ・ボレーナ》よりも知名度がない作品であるということから客の入りも心配されていたようであったが、ふたを開けてみればシングルキャストによる三公演の全てが全席完売という状況となった。日本でベルカントオペラが真の存在価値を示した公演であり、ようやく十九世紀前半のイタリアオペラが日本に根づいた意義ある公演でもあった。

翌年、康子は藤原歌劇団の《マノン・レスコー》に出演することになるが、この時の公演プログラムに作家のなかにし礼氏が、康子の《マリア・ストゥアルダ》について言及している。

「林康子の声に初めて触れたのは一九八二年夏のことである。ドニゼッティの《アンナ・ボレーナ》。彼女のいわば凱旋公演であった。藤原の舞台作りは美しく、日本人の手によるこれほどまでに素晴らしいオペラを観ることができたのかと、えらく日本人的感慨にふけったものだった。

が、ぼくはその日の林康子そのものには余り感動しなかった。理由はよくわからないのだが、林康子自身が完全燃焼していなかったのではないかとぼくは勝手に考えている。彼女のイライラがぼくには伝わってきた。彼女の自分自身にたいする不満が見えた…あの日、会場は割れんばかりの大拍手であったが、ぼくはちょっと不満を抱いて外へ出た。

が、一九八四年、ぼくはもう一度、林康子を聴きにいった。ドニゼッティの《マリア・ストゥアルダ》。これは良かった。素晴らしかった。林康子の声は完成品だと思った。作曲家が楽譜に音符を書きながら夢想した以上にこまやかに、高らかに、より音楽的に、と自在に歌ってみせるベルカントの圧倒的な声の魅力にぼくは陶酔したのだった。この日ぼくはカーテンコールの最後の最後まで拍手を送り続けた。（中略）

日本の上野の文化会館で聴いているだけでは、本当の林康子の偉大さはわからない。外国の地で外国の音楽をやり、外国の人々を感動させている日本人の姿を見ることの誇らかな興奮。などというと時代おくれだとか、音楽に国境はないという人がいるが、そんなに世界は甘くなくて、時代はちっとも進んでいないし、国境はちゃんとあるのである。だから、喜びはひとしおなのである。だから林康子は偉いのである」

なかにし礼氏が記しているとおり、康子の勝利であった。最良の姿を日本の聴衆の前に示した公演であった。

［南條年章の回想］

東京での《マリア・ストゥアルダ》は本当に楽しみでした。この《マリア・ストゥアルダ》に合わせて一時帰国しました。指揮のガット先生の通訳を私的につとめていたので、リハーサルにもすべて立ち合いました。ドニゼッティのオペラに関していえば、私個人の好みからいうと、大傑作《アンナ・ボレーナ》よりも好きなオペラだったからです。マリア・カラスがスカラ座での《アンナ・ボレーナ》で大成功を収めた後、続いて名歌手シミオナートと組んで《マリア・ストゥアルダ》を取り上げてくれていたら、きっとこのオペラの知名度は、考えられないくらいに上がっていたでしょう。カラスの実力を持ってしたら、第二幕の罵り合いの場から終幕フィナーレの見事な出来映えが熱狂の渦を巻き起こしていたことだろうと思います。

しかし私はカバリエのスカラ座での演奏、マルティーナ・フランカでの林さんの舞台と、このオペラには恵まれています。東京での林さんのマリア・ストゥアルダは文句無しの出来映えでした。彼女が目指している「ベルカントオペラ」がどんなものか、如実に見せてくれた公演だったと思います。この後日本では《ノルマ》で登場するまで、十九世紀前半のベルカントオペラでの登場はなくなるわけですが、ドラマティックなレパートリーを加えていく前のこの時期に、ロッシーニ、ドニゼッティ、ベッリーニをもっともっと聴きたかったと思っています。

■藤原歌劇団への移籍

この時期の康子は、まだ二期会に所属していた。藤原歌劇団では以前から、必要とあればフリーの日本人歌手や二期会所属の歌手を起用することにやぶさかではなかったし、現在でもその姿勢は変わっていないようである。康子はこの《マリア・ストゥアルダ》出演後に、藤原歌劇団五十周年を迎えるに当たり、下八川共祐総監督からの要請で、藤原歌劇団に移籍した。

二期会から藤原歌劇団へのスムーズな移籍に際しては、当時の二期会会長であった恩師、柴田睦陸の愛弟子に対する愛情と尽力があった。このことに関して、それまで康子を起用してオペラ公演を持たなかった二期会を非難することは正しくない。二期会はあくまでも研究団体としての存在を第一義にしていたため、康子がいかに国際的評価を受けていようと、二期会の舞台に起用するにあたって特別扱いはできなかったと思われる。となると康子が二期会のオペラに出演するためには、渡航費や滞在費など全てを自費で賄わなければならず、当時の康子がそのような条件を受け入れることはできようもなく、また二期会としても国際歌手としての評価を得ていた康子に、他の歌手たちと同様の扱いを求めることは無理だったと推察される。二期会としても苦悩を抱えていたのではないだろうか。

一九八五年

■藤原歌劇団《マノン・レスコー》

この年の夏マチェラータ音楽祭で《アイーダ》にデビューした康子は、十一月、藤原歌劇団での第三作目となるオペラが実現した。正式な藤原歌劇団員となっての出演である。前二作がドニゼッティであったのに対し、今回はプッチーニの《マノン・レスコー》である。これは八五年に、藤原歌劇団総監督に就任した五十嵐喜芳の決断であった。このオペラは七九年にパレルモで歌っていたが、プッチーニの諸作品の中でも、《蝶々夫人》や《ラ・ボエーム》にも増して康子が「最も自分の声に合っている」と感じているオペラである。日本でも大きな期待が寄せられていた。

指揮は老練なアントン・グアダーニョ、演出に当たったのはこの七月にマチェラータ音楽祭の《アイーダ》で一緒に仕事をしたフラヴィオ・トレヴィザンである。三回のシングルキャストによる上演で、今回もまた全席売り切れの盛況で、康子にとっては最も油の乗り切った時期での嬉しい公演となった。恋人デ・グリューと兄レスコーには、イタリアからテノールのガエターノ・スカーノとバリトンのジュリオ・バルディが呼ばれたが、バルディがいささか不調で、結果的にタイトルロールを歌う康子の独壇場となった公演であった。新聞評などでも圧倒的に康子の好演が語られたのは当然のことであろう。

それまで十九世紀前半のベルカントオペラで実力の程を見せた康子であったが、今回はプッチーニのコケティッシュでありながらドラマティックという両面を備えたヴェリズモオペラのヒロインを演じて、王妃役とはひと味もふた味も違う魅力を見せることに成功した。

「今回、林康子が演じた役柄は、以前のドニゼッティの二作におけるような、抑圧された貴婦人の悲劇を意志的な強さと共に表現するのとは違って、典型的な娼婦型の女性をいわば世話物風に扱っているという点で、彼女のまた別の一面に触れられる期待が大きかった。ツヤのある美声でひたむきな気持ちを表現する林の歌は、哀切さに胸がつかれる思いがする」

（読売新聞一九八五年十一月六日）

「《アンナ・ボレーナ（一九八二）》、《マリア・ストゥアルダ（一九八四）》で圧倒的な名演を日本に残した林康子が、ドニゼッティの前二作と全く肌合いの異なり、ヴェリズモへの傾斜を見せながら、『私はイタリア人として、死に物狂いの情熱をもって（プッチーニ）作曲した《マノン・レスコー》』をひっさげての公演である。第一幕の羞らいの中のコケットリー、

第二幕の優雅さの中の退廃にはもう一歩という感は残るが、第三幕から終幕にかけての林の痛切な歌唱、演技には息を呑ませるものがあり、前回に聴くことのできなかった声の陰翳の襞が、彼女の円熟を物語っていた」

（朝日新聞一九八五年十一月六日）

公演に先がけてのマスコミの取材も、例えば歌舞伎の坂東玉三郎との雑誌対談をはじめ、テレビ朝日の「徹子の部屋」への出演（ちなみに「徹子の部屋」へは二回招かれている）と、今までとは比較にならないくらい多く、康子にとっては決して楽な日本滞在ではなかったけれども、大成功を手にした満足感に満ちた公演となった。それに加えこの時康子には、キャリアの頂点を極めることになるであろう重要な次の公演（十二月、スカラ座での「アサリ・バタフライ」への出演）への準備と期待で、かつてないほどの高揚感に溢れた日本の秋でもあった。

［南條年章の回想］

藤原歌劇団の林さんによる《マノン・レスコー》は、私にとっても、とても思い出深い公演でした。私的なことになりますが、この前年イタリアから帰国した私は、この《マノン・レスコー》で、通訳兼演出助手として参加していたからです。

林さんが歌うプッチーニのオペラは、《蝶々夫人》を除けば、実際に生で聴くのは実はこの《マノン・レスコー》が初めてでした。それまでも《ラ・ボエーム》や《つばめ》は、ジャンニさんが劇場で録音したものを頂いたりして聴いていましたが、

《トゥーランドット》さえも、実際に聴く機会に恵まれなかったのです。結果としては嬉しい驚きでした。

プッチーニやヴェルディの歌唱が素晴らしいのは文句なく認めるところでしたが、それまではやはりベルカントオペラの方が圧倒的に優れていると思い込んでいたからです。しかし、それはとんでもない思い込みでした。私が体験した一か月間にわたる稽古中に聴くことのできた林さんの《マノン・レスコー》は、大袈裟ではなく非の打ちどころのないものに感じたのです。職業柄でしょうか、どんな歌でもまず声のテクニックを聴いてしまうのですが、林さんの歌を毎日のように聴いて、テクニックを超越した表現というものがどのようなものか、身体で感知できたのです。とても貴重な経験でした。そして公演も大成功に終わり、心から嬉しく思ったことを覚えています。

一九八七年

■藤原歌劇団《イル・トロヴァトーレ》

十月、エジプト・カイロで、ピラミッド前の特設舞台の《アイーダ》を終えて、康子は東京に戻った。藤原歌劇団の《イル・トロヴァトーレ》に出演するためである。

今回の公演の呼び物はアズチェーナにフィオレンツァ・コッソットがキャスティングされていたことであった。アルベルト・ヴェントゥーラの指揮に粟國安彦の演出、康子とコッソット、至難なマンリーコ役にジョルジョ・ランベルティ、ルーナ伯爵にマウロ・アウグスティーニ、フェランドにイーヴォ・ヴィンコという国際的キャストが組まれた。この公演は康子の実力を遺憾なく発揮したものであったが、批評の中には第一級の名演と絶賛されたコッソットと対比を感じさせるものが多くあった。康子が受けた客席からの大喝采は、コッソットのそれに勝るとも劣らないものであったし、感想は人それぞれとはいえ、何故ここまで、まるで申し合わせたように、一律に「風邪気味で不調だった」との批評になってしまったのか、いささか疑問である。それらの評を見てみることにしよう。

「(中略) 邦人出演者の中では、レオノーラの林康子が豊かな表情や声のコントロールのうまさで申し分のない配役。コッソットに対抗する公演だった」

(サンケイ新聞一九八七年十月十六日)

「林康子は風邪による不調を訴えていたが、健闘をたたえるべきだろう」

(毎日新聞一九八七年十月十四日)

「林康子(レオノーラ)は声の不調をこまやかな旋律の陰影づけでカバーしていたが、コッソットの強烈な印象の前にいささかかすんでしまった」

(読売新聞一九八七年十月十五日)

「期待の林康子(レオノーラ)も、確かに綿密に歌いこなしてはいるし、役柄の違いということもあるのだが、歌唱で訴える力という点では及びもつかない。もっともこの日はカゼで不調だったということで、そんなとき、本来ならば同等の力量を持った歌い手にすみやかに交替できるシステムが必要なのだろうが、まだまだそこまでは望めないのが、日本の現状だ」

（「音楽芸術」一九八七年十二月号）

「第2場で主役レオノーラを歌う林康子が、私が聴いた十五日はやや不調。聞けば初日以来の風邪とのことで、真に残念だ」

（「音楽の友」一九八七年十二月号）

三回の公演のうち最終日の公演録画をＮＨＫがテレビ放送している。それを聴く限り康子の演奏に不調は感じられない。批評のほとんどに「風邪気味」という言葉が使われていることを考えると、何らかの形で事前にあらぬ情報が流布されていたとしか思えないし、批評家諸氏もそれにかなり影響されていたように思われる。今回の公演ではいずれの受け取り方も、康子の演奏そのものよりもコッソットの存在の大きさに度肝を抜かれ、康子はいささか割を喰ったというところであろう。

しかしこの《イル・トロヴァトーレ》の公演では、観客からの大声援以上に、康子のその後の日本での活動に多大な影響を与えることになる、大いなるファンが現れた。ＴＢＳ出版社長である松田賢司である。初日に康子の演奏を聴いた松田は、日本人歌手でこれだけの声と演奏を聴かせる国際的歌手ヤスコ・ハヤシに驚愕した。松田の動きは速かった。これ以降、康子の日本での活動のすべてに、私利私欲のない応援をするのである。後に実現する二枚のＣＤ（「プッチーニアリア集」「ヴェルディアリア集」）の制作や豪華な写真集は、松田の尽力によって初めて世に出たのである。康子の芸術に惚れ込んだ松田賢司という人物が存在

1987年 東京文化会館《イル・トロヴァトーレ》共演：ジョルジョ・ランベルティ

しなければ、康子の世界的な舞台での活躍を知ることはできなかった。しかし残念ながら松田は一九九三年に若くして惜しまれながらこの世を去っている。

〔回想〕

東京で大好きな《イル・トロヴァトーレ》を歌えたのは大きな喜びでした。皆さんからもとても褒めていただき、私としては会心のできと言ってもいい公演だったと思っています。コンディションは絶好調とも感じられるほどでしたし、私自身本当に良く歌えたのではないかと自負していますます。実は、批評家の皆さんが一様に「風邪気味」と書かれていることを今回初めて知りました。聴いてくださった方がどのような感想をお持ちになっても、それはそれぞれ尊重すべきことですが、もし風邪だという噂を耳にされていたのかと思うと、残念に思いました。

松田賢司さんとの出会いは、本当に幸運としかいえません。松田さんが私の歌をお聴きになられたのは、実はこの時が初めてでした。その後のレコード録音や写真集など、松田さんのご尽力あってのことで、どれほど感謝しても感謝しきれない思いです。一九九三年に突然お亡くなりになった時には本当に悲しみました。その翌年の一九九四年九月、私を真に育ててくださったといえる柴田睦陸先生、リア・グアリーニ先生、そして松田賢司さんへの感謝をこめて、サントリーの大ホールでリサイタルを開きました（458頁）。そして、その時松田さんが作って下さった写真集「世界を駆けた二十年、オペラ・ディーヴァ林康子」をおいで下さった皆様方に贈呈いたしました。私の尽きぬ感謝の思いが、きっといまでも天国から応援してくださっているであろうお三方に届いたことを願っています。

一九八八年

■東京、倉敷、高松、神戸

《蝶々夫人》の巡回公演

十一月、ウィーンでの《マリア・ストゥアルダ》でアグネス・バルツァとの共演（397頁）を終えて日本に戻った。《蝶々夫人》の巡回公演に出演するためである。これは藤原歌劇団の公演で、二組のキャスティングのもとに、東京での本公演の後、東北各地と西日本各地を廻るという大規模な巡演を組んだものであった。康子は西日本公演を担当した。

十一月十一日、新宿文化センターでの公演は、康子の久しぶりの《蝶々夫人》ということもあって大盛況を呈し、満場の聴衆は世界に誇る「ヤスコ・ハヤシのバタフライ」を満喫した。指揮はこれが日本でのデビューとなった菊池彦典、演出は粟國安彦で、ピンカートンにブルーノ・セバスティアンをイタリアから招き、シャープレスを田島好一、スズキをイタリア在住の吉井久美子が歌った。菊池彦典はヨーロッパのオペラハウスで活躍し、ベルリン・ドイツ・オペラで《ルチア》を日本人指揮者として始めて振って評判になった後、スカラ座での「アサリ・バタフライ」の再演時にはイタリアオペラの殿堂にもデビューし、康子とはすでに共演していた。この後康子は菊池の指揮で多くの舞台を共にすることになっていく。

東京公演の後、倉敷、高松、神戸での公演が行われた。いずれも大好評で、特に高松にはまさに「故郷に錦を飾る」公演となり、家族や久しぶりに会う古くからの友人たちは我がことのように喜んでくれ、康子は大きな喜びに包まれた。

■サントリー音楽賞受賞

この《蝶々夫人》によって、康子は翌八九年、栄誉ある「サントリー音楽賞」を受賞した。授賞式では、サントリー社長、佐治敬三氏が我がことのように喜んでくれ、温かな心のこもったメッセージを贈ってくれたことは、今でも忘れられない記憶となった。

［回想］

郷里での《蝶々夫人》

郷里高松での《蝶々夫人》は、今でも思い出すと感激が甦って来る公演でした。新築された香川県民ホールの柿落しとして企画されたもので、郷里で私の本格的なオペラ公演が実現するのは、これが初めてのことだったのです。小・中学校の同級生が大勢集まってくれました。当時国鉄に勤めていた中学校の同窓生の松本亮太郎さんの特別なはからいで、おそらく大変に難しかったことと思いますが、国鉄の許可を得て、この公演の観客だけのために「林康子蝶々夫人列車」を運行してくれたのです。引田駅から私の育った三本松を通り高松駅まで、約一時間、私の舞台姿を見るために多くの人たちが乗り込みました。後になってこの時の帰りの車中の様子をビデオで見る機会があり、大きな垂れ幕を貼った「林康子蝶々夫人列車」の中で、これほど多くのお友達や知り合いの方々が喜んでくださり、お酒も入って話が盛り上がる光景を目にすることができました。ほとんどの方がオペラの舞台に接するのは、これが初めてのことだったのです。初めてのオペラで皆さんが感激してくれた様子に、私は思わず泣き出してしまいました。また、高松高校での親友、三宅（旧姓大林）加代子さんが代表を務めてくれている高松高校のファンクラブの皆さんの大応援も感激でした。

そして、何よりも両親にとっては、娘がやっていることをようやく地元の人たちに知ってもらうことができ、どんなに喜んでくれたことだろうと思いました。ホールのロビーには、多くの方々からのお花のスタンドが溢れんばかりに飾られ、私にとっては感激いっぱいの、地元でのオペラデビューとなりました。郷里の皆さんへの感謝は、どんな言葉をもってしても表せません。

「サントリー音楽賞」

授賞式では、それまで私を支え、応援し続けてくださった多くの方に喜んでいただけたのが最も大きな喜びでした。演出の粟國安彦先生は授賞パーティーで愛情溢れたスピーチをしてくださいました。しかし、その僅か一年後に肺癌でお亡くなりになられたことはかえすがえすも残念です。《アンナ・ボレーナ》以来、数多くの日本での公演で演出をしてくださり、伝統的でかつ独創性にも溢れたこのような演出家が日本のオペラ界で活躍されていたことは決して忘れてはいけません。粟國先生がどれだけ私を助けてくださったことか、お亡くなりになられたことを聞いた時の悲しみは、今でも言葉に表すことができません。

1989 年・サントリー音楽賞授賞式にて、サントリー社長 佐治敬三氏と

一九八九年

■藤原歌劇団《ドン・カルロ》

五月、昨年の十一月に続いて帰国する。今回は藤原歌劇団の《ドン・カルロ》への出演である。

康子にとって《ドン・カルロ》は、八七年のボンでの公演に次いで二度目の挑戦である。オペラとしてのスケールの大きさもさることながら、ヒロイン、エリザベッタには声や技術と共に風格が求められる難役である。八〇年代後半の康子には、この風格が見事に備わっていた。揺れ動くような心情の表出という意味では、ヴェルディの諸作品の中でも屈指の役柄といえるだろう。

期待の若手ドナート・レンツェッティの指揮、粟國安彦の演出に、ニコライ・ギュゼレフ、ピエロ・カプッチッリという当代屈指の男性陣を揃え、タイトルロールにはテノールのジョルジョ・ランベルティ、エボリ公女には吉井久美子が扮した。康子のエリザベッタは、大ベテラン、ギュゼレフとカプッチッリに伍しても引けを取らないもので、まさに康子のキャリアでの絶頂期を形作る演奏であった。この度は《イル・トロヴァトーレ》の時のような、いささか公正さを欠くのではないかと思われる批評が、ひとつも出なかったのは喜ばしい。

「王妃エリザベッタに扮した林康子も、第一幕『泣かないで、友よ』あたりから、国際歌手としての力を見せ、過去何回かの帰国公演の中でも最上のでき」

（「音楽の友」一九八九年七月号）

「それにしても林康子＝エリザベッタ（初日）の貫禄はさすが。彼女はアリア『世のむなしさを知る神よ』で、王妃としての責任とドン・カルロへの変わらぬ愛の板ばさみになった心情を余すところなく吐露し、幕切れに向けて白熱した高揚を体験させてくれる」

（読売新聞一九八九年六月一日）

この公演は東京に次いで横浜の神奈川県民ホールでも上演され、いずれも非常に高い評価を受けて終了した。

［回想］

大歌手ピエロ・カプッチッリさん

日本での《ドン・カルロ》は本当に思い出に残る素晴らしい公演となりました。中でもピエロ・カプッチッリさんのことは忘れることができません。カプッチッリさんとは一九七九年にスカラ座でヴェルディの《二人のフォスカリ》で共演して以来でした。まさか日本で共演することになろうとは思ってもいませんでした。いつでも共演は胸がワクワクするほど刺激的でした。

カプッチッリさんを初めて聴いたのは、留学して間もない頃、スカラ座で上演されたヴェルディの《シチリア島の夕べの祈り》でした。一九七〇年のことだったと記憶しています。その舞台に出演していた当時世界最高のバス歌手、ニコライ・ギャウロフさんが驚くべき声の持ち主であることは知っていましたし、実際聴いて、こんな声量の持ち主がいるのだと驚きましたが、その後に登場したカプッチッリさんにはもっと驚かされたのです。スカラ座の大舞台の奥から耳を貫いて聞こえてきた声は劇場内を満たし、それはギャウロフさん以上だったのです。大スカラ座を満たした声という点では私が知る限りでは断トツでしたし、誰にも何も言わせぬ実力の持ち主でした。このような声は一世紀に数人しか出現しないということです。

また、イタリアの歌い手には珍しく、大学の経済学部を卒業したインテリでした。歌い手としてのキャリアを始めてからしばらくはなかなか大きな役に恵まれず、声量も大したことはなかったということですが、遅まきながら発声の転機を摑み、一挙にスターダムにかけあがったのです。声の輝かしい美しさ、声量、長いフレージングは他の追随を許さないものがありました。

余談ですがスカラ座で《オテッロ》が上演された折り、指揮のカルロス・クライバー先生がイヤーゴ役はどうしてもカプッチッリさんでなければと言って、ほぼ決まっていたレナート・ブルゾンさんを交代させたことがありました。納得できなかったブルゾンさんは新聞紙上でスカラ座を相手に派手な争いをしたこともありました。

《ドン・カルロ》のロドリーゴ役はカプッチッリさんの十八番でしたが、ロドリーゴが死ぬ前に歌うアリア『私は喜んで死んでいくが』を歌う時には、誰も真似ができない三つのフレーズを一息で歌うという奇跡的な技を示すことで有名でした。ところが東京での稽古中にどうしてもそれがうまくいかず、「マエストロ、もう一度やらせて下さい」と幾度もくり返したのです。そして見事にワンフレーズで歌うことに成功し、自信を取り戻したように、本番でお歌いになりました。当時六十三歳でした。練習中でも声を抜かないで歌うことでも有名でしたし、どんな時でも徹底的に努力し研究を怠らないのがモットーであり、それによって天賦の才が花開いたのだろうと思います。

スカラ座の《二人のフォスカリ》の時、暇さえあれば舞台袖で腕立て伏せをする姿がありました。歌のためにどんなスポーツをされているのかとお尋ねすると「僕はヨットほど全身の機能を使えるスポーツはないと思うよ」と。なるほど彼は背こそ小柄でしたが全身筋肉のような素晴らしい身体の持ち主でした。

そのような努力の賜物なのでしょう、日本でのロドリーゴ役は「さすが天下のカプッチッリ！」とうならせるような見事なもので、日本のオペラ上演史に刻まれるべきほどの出来映えだったと思っています。

［南條年章の回想］

この頃の私は日本での自分自身の生活に追われ、イタリアであれほど親しくしていた林さんとの交流は、いささか疎遠なものとなっていました。しかし林さんのオペラ公演は欠かさず出かけています。八九年の《ドン・カルロ》は、ドラマティックな役柄を歌った中での白眉ともいえる舞台だったのではないかと思います。いままでもその歌唱で私をうならせてきた林さんですが、《ドン・カルロ》のエリザベッタでは、歌唱そのものを乗り越えて、王妃という役柄の内面を余すところなく歌い尽くした歌唱だったと言ってもいいでしょう。ヴェルディのヒロインを歌うのに必要な「風格」が感じられ、最高のロドリーゴを歌ったカプッチッリと比較しても、全く劣るところがありませんでした。八〇年代前半の時期が林さんの最も素晴らしい時期だと思っていた私は、正直なところドラマティックなレパートリーに移行しつつある林さんの活動に、少しばかりの心配をしていたのです。しかし今回のエリザベッタは私を驚かせ、そして非常に嬉しい気持ちを抱かせてくれるものだったのです。林さんがもうひとつの高みに到達したことを示す演唱であったことは疑いがありません。やはり大したものだと唸るしかありませんでした。

■藤原歌劇団《アイーダ》

十一月、この年二度目の帰国をした康子は、藤原歌劇団公演《アイーダ》のリハーサルに入る。今回の公演はアルベルト・ヴェントゥーラの指揮、粟國安彦の演出、フィオレンツァ・

1989 年 東京文化会館《アイーダ》公演を訪れたピエロ・カプッチッリと

コッソットに加え、テノールにジュゼッペ・ジャコミーニ、バスにイーヴォ・ヴィンコがイタリアから参加、アモナスロ役には小嶋健二が出演した。

　この公演は上野の東京文化会館での二公演（十一月二四・二六日）と、横浜の神奈川県民ホールでの二公演（十二月一・三日）という全四回公演がシングルキャストで組まれていた。結果的には東京公演でジャコミーニが風邪のために不調を極め、横浜公演で盛り返したものの幾分低調な公演となってしまったのは残念である。コッソットが出色の出来映えで満場の喝采をさらったのは当然であるが、康子の存在もそれに劣るものではなかった。しかし先の《ドン・カルロ》が余りにも素晴らしかったこともあって、期待が大きかったことも原因したのか、《ドン・カルロ》の絶賛からすると評価は幾分おとなしいものであった。

《アイーダ》の公演の後、康子は神楽坂の音楽の友ホールで村上尊志のピアノ伴奏によるリサイタルを開催してこの年の活動を終わった。良く知られた古典アリアやベッリーニの歌曲、そしてプッチーニとヴェルディのアリアを並べたこのリサイタルは、康子にとっては小さすぎるホールでの演奏会であったが、《アイーダ》でのいささかの不満を吹き飛ばすほどの大喝采のうちに終了した。

一九九〇年

■サントリー音楽賞受賞記念コンサート

二月、前年に受賞したサントリー音楽賞の受賞記念コンサートを、赤坂のサントリーホールや大阪、名古屋でも開催した。サントリーホールでの演奏はＮＨＫで放映された。

■愛知芸術劇場《蝶々夫人》

四月、スペイン・ラス・パルマスで初役《ノルマ》への挑戦を終えて帰国した康子は、徳島新聞社主催によるリサイタル（徳島県郷土文化会館）出演後に、愛知芸術劇場での《蝶々夫人》に臨んだ。この公演は「名古屋国際音楽祭」として名古屋市と中部日本放送によって企画されたもので、実は五年前に同じ音楽祭で康子はリサイタルを開いている。今回は本領のオペラの舞台で名古屋のオペラファンたちの前に姿を現わしたのである。指揮がベテランのカルロ・フランチ、演出が粟國安彦、共演はピンカートンがエツィオ・ディ・チェーザレ、シャープレスがシルヴァーノ・カローリであった。

そして、大好評のうちに終えた一週間後、東京・津田ホールでリサイタルを開催した。イタリア古典と共に、《蝶々夫人》《ラ・ボエーム》《アイーダ》《エルナーニ》のアリアなどで、満員の聴衆を魅了するものであった。

■藤原歌劇団《ドン・ジョヴァンニ》

十一月に再び帰国。今回は藤原歌劇団が珍しくモーツァルトを取り上げた機会に《ドン・ジョヴァンニ》で得意のドンナ・アンナを歌うことになっていたからである。ブルーノ・アプレアの指揮、パオロ・トレヴィージの演出に、タイトルロールにアントニオ・サルヴァドーリがイタリアから招かれた。しかしサルヴァドーリよりも、康子を始めとする日本人キャスト、塚田京子、斉田正子、持木弘、小嶋健二、妻屋秀和らの方が高い評価を受けた。

一九九二年

■藤原歌劇団《ノルマ》

正月、NHKの「ニューイヤー・オペラ・コンサート」に出演後、一月は藤原歌劇団公演ベッリーニの《ノルマ》の準備に費やした。

海外で回を重ねてきたこの役柄は、康子が日本で歌いたかったものであり、《マノン・レスコー》以来、康子が演じたいと思うオペラを選び続けてきた藤原歌劇団総監督五十嵐喜芳の決断によるものであった。康子の実力を認めていた五十嵐喜芳にとっても、康子の《ノルマ》を実現するという目標を果たしたのである。アントン・グアダーニョの指揮、アントネッロ・マダウ・ディアツ演出による舞台で、ジュゼッペ・ジャコミーニのポッリオーネ、マリア・ルイーザ・ナーヴェのアダルジーザ、カルロ・コロンバーラのオロヴェーゾという強力な歌手たちが康子のノルマを彩った。この公演はNHKで放映され、現在でもユーチューブなどで見ることができる。康子はこの放送を見て、あともう一歩か二歩で自分が納得できるような完成度に近づけるのではないかと思ったと語っている。

《ノルマ》の公演を終えた後、サントリーホールでのヴェルディ《レクイエム》に出演し、福岡、松山、高松でリサイタルを開催し、イタリアに戻った。

一九九三年

■広島《蝶々夫人》

この夏は「ひろしまオペラルネッサンス」として、広島オペラ推進委員会によって企画されたアステールプラザでの《蝶々夫人》に出演。菊池彦典を指揮に迎え、持木弘、小嶋健二、森山京子らの共演であった。

■藤原歌劇団《ラ・ボエーム》

秋はオーチャードホールでの藤原歌劇団の《ラ・ボエーム》にテノールの市原多朗と共に出演。日本でこのオペラを歌うのは初めてであったが、市原共々非常に高評価の公演となってオペラファンを喜ばせた。

一九九四年

■よこすか芸術劇場オープニング公演《蝶々夫人》

二月、よこすか芸術劇場のオープニング公演を飾った。アンジェロ・カンポリの指揮に井田邦明の新演出によるもので、続いて上野の東京文化会館でも行われた。ピンカートンにジョルジョ・ランベルティ、シャープレスはジョヴァンニ・デ・アンジェリスであった。この公演はＮＨＫで放映された。

■記念碑的コンサート

九月、サントリーホールで記念碑的コンサートを開いた。

それは「心からの感謝をこめて─柴田睦陸先生、リア・グアリーニ先生、松田賢司氏に捧げる」と題されたもので、康子を育て、支援してくれた三人の恩人を偲ぶものであった。

柴田睦陸は東京藝術大学時代の恩師、リア・グアリーニはミラノでの恩師、そして松田賢司は康子が世界での活躍と実績が日本ではまだほんの少ししか知られていないことを心から残念に思い、日本での活動に惜しみない尽力を尽くしてくれた恩人であった。この夜大ホールを埋めた満員の聴衆の前に現れた康子は、感無量であったと思われる。

この演奏会を紹介する新聞記事の中で非常に興味深いものが残されている。

「…最近は端役でも『スカラ座のプリマ』と書くパブリシティ（売り出し）が横行しているが、林は真に主役を張る大歌手の力をみせてくれるはず…」

（日本経済新聞「文化往来」一九九四年九月一日）

オペラには疎い一般の人々にとっては、康子の名前は決して広く知られているわけではない。それに比べてマスコミの力によって名前を広めた歌手の方がずっと一般的には周知されているのが現状である。小さな記事ではあったがコマーシャリズムに流されている現状を憂う真のオペラファンや関係者にとっては、心の中で喝采を叫びたいコラムであった。

この公演では、松田賢司氏の尽力で刊行された『林康子オペラ・フォト・グラフィック─

世界を駆けた二十年』が、聴衆の全員にプレゼントされたことも記しておこう。

［回想］

私の人生にとってかけがえのない方が三人おられます。私に初めて本格的な正しい基本となる声楽の指導をして下さった柴田睦陸先生、真のベルカント唱法を教えてくださったうえ国際的なキャリアへと導いて下さったリア・グアリーニ先生、そして日本での活動に多大のご尽力をして下さった松田賢司さんです。御三人のことはすでに述べていますが、あらためて、感謝の意をこめて記したいと思います。

柴田睦陸先生

柴田先生との初めての出会いは、藝大入試の数か月前でした。試験準備のために先生のレッスンを受けたのです。私の歌をお聴きになった先生がまずおっしゃったことは「あんたは現役で入らんほうがいいね」というものでした。でも幸運にも試験に合格して柴田クラスで勉強できるようになったのです。「あんたは人より何年も遅れているのだから、他の人のやっていることを真似てはいけない。僕の言うことだけをマイペースで勉強しなさい」と言われ、三年生になるまでの二年間「コンコーネ五十番」（音楽初歩の教則本）だけを教えて下さいました。私を正しく育てるための先生の深いご配慮だったのです。学部四年間とその後の大学院オペラ科と都合七年間もお世話になりました。イタリアに留学した後も、柴田クラスでは後輩に私のことを耳が痛くなるほどお話になっておられたとか。帰国する度にご報告のためご自宅に伺い、いろいろなことをご相談させていただきました。先生は「東京の音楽の父」でした。一九八八年に亡くなられ、私は大きな支えを失った思いでした。

二〇一三年六月二十三日、上野の東京文化会館小ホールで柴田先生の生誕百年の記念の√S《ルートエス》（柴田先生ご夫妻のクラスの教え子達の団体）公演があり、ノルマのアリアを歌わせていただき、感謝の気持ちを新たにしたところです。

リア・グアリーニ先生

リア・グアリーニ先生のことは、この本の中ですでに何度も述べられていると思います。本当に素晴らしい方でした。先生に巡り会っていなければ、今のヤスコ・ハヤシはなかったのですから。先生は歌以外にも多くの私の困難を解決して下さいました。外国人には大変面倒なコンクール申込書の書き方、イタリア人との接し方、スカラ座の養成所の存在やそのオーディションや、いろいろな重要なコンクールへの挑戦など、さまざまなお力添えをして下さいました。一九九二年にお亡くなりになった時は、とても一口には語れないほどのショックを受けました。私にとっては「ミラノの母」と呼ばせていただいたほど長く、二十二年にもわたって親しくご指導いただいたお付き合いでしたから。先生あってこその私だったのです。今は遠いところに旅立ってしまわれましたが、私の頭上で美しい大きな目をしたエンジェルがいつも見守って下さっ

1994 年 サントリーホール「心からの感謝をこめてコンサート」／後方の写真：左から柴田／リア・グリアーニ／松田

ているに違いありません。

松田賢司さん

前述のように、松田賢司さんとは、八七年の藤原歌劇団の《イル・トロヴァトーレ》からのお付き合いでした。もともと松田さんはシンフォニーに造詣が深く、オペラはお好きではなかったらしいのですが、たまたま五十嵐直代夫人にすすめられて聴いた私のレオノーラの声に、何か別の世界に連れて行かれる自分を感じたのだそうです。それが松田さんとオペラの、そして松田さんとオペラ歌手林康子との邂逅でした。それからの彼は、私の日本での活動に惜しみない尽力をしてくださったのです。大変な経費と労力を費やし、「プッチーニ」と「ヴェルディ」のアリア集、そして『林康子オペラ・フォト・グラフィック—世界を駆けた二十年』という写真集を刊行してくださいました。一九九三年、わずか五十六歳という若さでの突然の心臓病による急死は、信じられないものでした。死とはこれほどみじんの予期もしていない時期に訪れるものかと、悲しく、そしていらだち、取り乱してしまったほどです。ふたつのCDと写真集が、松田さんの遺品のようになってしまいました。

サントリーホールで開催したコンサートは、私に取ってかけがえのないこの三人の恩人への心からの感謝を表したものだったのです。

「林康子オペラ・フォト・グラフィック」の表紙

一九九六年

■藤原歌劇団《トスカ》

二月、藤原歌劇団公演でプッチーニの《トスカ》に出演。菊池彦典の指揮、ピエール・フランチェスコ・マエストリーニの演出、共演は市原多朗、直野資、三浦克次、山田祥雄。実力者が揃ったこの公演は、妹尾河童による素晴らしい舞台美術もあって大成功を収めた。ドラマティックな味わいを増した康子の歌唱は見事なもので、円熟したその演唱は多くの賞賛を浴びた。「世界のヤスコ」は健在であった。

このエディションは東京藝術大学着任後の十月にも神奈川県民ホールで再演された。

2014 年香川県「アルファあなぶき」ホールにオープンした「林康子顕彰資料室」

TEATRO ALLA SCALA

第4章
新たな出発

◆一九九六年四月

■東京藝術大学着任

一九六九年のイタリア留学以来、ミラノに拠点を置き、イタリア国内は言うに及ばず、欧米での活動を中心にしながら、日本でのオペラ出演を続けていたが、一九九六年四月、康子は人生の新たなスタートを切ることになった。母校である東京藝術大学に招聘され教鞭をとることになった。当初は助教授としての帰還であったが、後に教授に昇進した。二〇〇八年まで十一年間続くことになる。これは康子の人生にとって大転換点となった。

これ以降、日本に拠点をおき、「後進の教育」に邁進するかたわら新国立劇場でのオペラ出演や数多くのコンサート活動を始めることになったのである。

［回想］

母校で教えることになったのには、その三年前に当時の東京藝術大学の音楽学部長であった原田茂生先生とのおもわぬ出会いでした。一九九三年、高松高校百年祭に、原田先生とともに招かれ、ジョイント・コンサートに出演しました。原田先生は高知県のご出身なのですが、お父上の転勤によって高松高校で過ごされたのでした。コンサートが終わると「あなたが藝大に来てくれたら、学生たちがよくなると思うんだ。そのつもりになってくれないかな！」と仰っていただいたのです。

それから、ミラノに戻り、考え、悩むことになりました。日本に拠点を移すことは、築き上げてきたヨーロッパでのオペラ歌手としての活動の場を捨てることであり、二度と国際歌手として戻れないことであり、「決別」を意味していたからです。また留学以来二十七年の長いイタリア生活から、何の準備もなくいきなり日本の生活を始めること、新しい人生を始めることに他ならないことだったからです。

また、国際的歌手として、毎回が勝負であり、歌手として歌うためだけに専念してきた人間が、五十三歳になって若い人を教えるという、これまでとは異質な仕事にゼロから挑戦しなければならないことに躊躇がありました。私はそれが出来るだろうかという不安よりも、そのことに喜びを見つけることができるかどうかが心配でした。私にとっては、歌手生活の中で努力することは喜びに満ち溢れることであったからです。

実は一九八五年、東京文化会館での《マノン・レスコー》に出演の折り、公演前の楽屋で、恩師の柴田先生から「藝大に戻って来ないか」とお誘いを受けました。しかし、公演後に「ヤッコはまだ成長しているね。藝大のことはまたにしよう」と仰ったのです。私はまだ四十を過ぎたばかりで、全くその気持ちがなかったこともあり、その話はそのままに終わりました。柴田先生はお亡くなりになり、その機会は二度とないことと思っていたところに、原田先生との出会いによってあの時のお話が再燃したのです。

今回は、十年前とは違い、そろそろ第一線を退いてもよいのではという感じと、まだまだ頑張りたいという気持ちのある時期でもありました。このチャンスを逃がしたら二度と日本に戻ることがなくなるのではないか、しかし娘はまだ十四歳で家族はミラノに住んでいる……毎日毎日、自問自答する日が続きました。そのような中で藝大から正式なオファーがあり、四月までの数か月間、悩みに悩み続けました。

ふと、ローマ在住で、かつては日本の大学での経験もあり当時はナポリの東洋大学で教えておられた坂本鉄男先生と栄子夫人に相談することを思いつきました。栄子夫人は藝大の柴田先生のお弟子で一回り上の大先輩です。坂本先生は学生時代に「Piccolo Dizionario Italiano（イタリア語小辞典）」という便利な辞書を作られた方です。「ともかく、まず行ってみて、それから考えてもいいのではないの」とのご助言に、気が楽になりました。こうして、一九九六年の四月、母校の門を、今度は教える立場としてくぐったのでした。

新しい出発の不安と喜びの中、日本での本格的な生活が始まりました。

教えることは想像以上の大変さであることに驚き、続けていけるのかどうか心配になりました。全く知らない、初めて出会う学生達の身体能力や表現能力を向上させることは、よく知りつくしている自分自身を向上させることとは異なるものでした。しかも専門なのに一週間に一回のみの、四〇分から四五分の授業で、最初の二〇分は発声、残りの時間で発音、音楽的表現の仕方を指導し、結果を出さねばならないのです。

機械的にならないように、恩師の柴田先生のように人間的で、優しくあろうと努力しました。しかし、指導する学生が増えていくにつれ、あまりの緊張で身体がカチカチになり、マッサージとジムに行きながら克服していました。

自分の体験から何よりもオペラの実践を教えたいと思っていたのですが、それはなりませんでした。結果的には原田先生が私に望まれた「ソプラノの学生達の声をいくばくか良くする」ことに終わったのではないかと思います。

このような中での演奏活動は残念ながら、自分が満足できるものではありませんでした。人一倍不器用な私は、一つのことしか出来ない人間だと覚り、そのことに納得して、自分をとりもどすため定年よりも前に自主退職したのです。

アスリートであった人間が、教師のような大変な仕事をしながらまだアスリートであろうとしていたようなもので、私にはとうてい無理なことであったのだと思います。

◆教育活動の中でのオペラ出演

■ベルリン国立歌劇場《蝶々夫人》／一九九七年

一月、日本に活動拠点を移し、まだ藝大の生活に慣れていない康子のもとにベルリン国立歌劇場から招聘が届いた。《蝶々夫人》である。これが康子の最後の海外出演となった（415頁）。

■新国立劇場開場公演《建《タケル》》／一九九七年

一九九七年十月、日本のオペラ界は新たな第一歩を歩み出した。新国立劇場の開場である。何十年もの間、日本のオペラに携わるすべての人たちの悲願であった劇場が、とうとう完成したのである。新宿駅の南西約一・五キロほど、渋谷区初台の元東京工業試験場跡地に、最新設備を誇る国立のオペラハウスが出来上がった。隣接して、立派なコンサート・ホールを完備した民間の「東京オペラシティ」も建てられ、東京のクラシック音楽のメッカとも呼べる一画が始動したのである。

そして、十月十日、天皇・皇后両陛下をお迎えして新国立劇場のオープニングを迎えた。オープニングの演目には、團伊玖磨による新作《建》が上演された。康子は古事記を題材にしたこのオペラのヒロイン弟橘姫《オトタチバナヒメ》を柿落し公演の初日で歌った。康子の歩んできた道と海外での評価を考えれば、この起用は当然のことであったといえるだろう。

体調不良のため降板を余儀なくされた團伊玖磨に代わった星出豊の指揮によって初演されたこのオペラは、作品自体は決して全面的な好評を博したわけではない。しかし康子を始めとした歌手陣の奮闘と、何にも増して新たな日本のオペラ界の第一歩に寄せるスタッフの思い、オペラファンたちの期待によって大成功を収めた。ダブルキャストが組まれた四回の公演は、いずれも満杯の盛況を呈した。

康子にとっては初めての「日本オペラ」出演であった。この現代的な作曲のオペラをしかも日本語で歌うには大変な努力を要した。慣れない日本語での演奏はイタリアオペラを歌うときには感じたことのない不燃焼を感じたようである。また、海外の舞台に慣れ親しんでいた康子にはその運営や交流にいささかの違和感もあった。

〔回想〕

新国立劇場の柿落し公演で歌わせていただいたことはとても光栄でした。團先生が、直前になって体調を崩されたのはなんとも残念なことでした。このオペラを何度も何度も書き直しされ、書き直す度にどんどん長くなってしまい、随分カットせざるを得なかったのだそうです。私は初めての「日本オペラ」でしたが稽古中にお褒めの言葉をいただきやり

1997 年 新国立劇場《建》の楽屋にて：團伊玖磨氏と

通す自信になりました。團先生にとってこのオペラが遺作となってしまったことは残念でなりません。ようやく新国立劇場ができて先進国として恥じない文化国と胸を張っていこうという矢先にお亡くなりになってしまわれたのです。

そしてその後、藤原歌劇団総監督として、新国立劇場の芸術監督として多くのオペラに呼んでいただいた五十嵐喜芳先生（二〇一一年）、初代の新国立劇場監督でもあり長年にわたって温かく見守っていただいた畑中良輔先生（二〇一二年）もお亡くなりになり、日本オペラ界の大きな支柱を失ってしまいました。オペラ界にとっては言うまでもなく、私にとっても大きな悲しみです。

■千葉県文化会館《蝶々夫人》／一九九七年

新国立劇場オープニング公演を無事に務めた康子は、その翌月、千葉県文化会館で《蝶々夫人》に出演。今回は福森湘による指揮、持木弘、牧野正人、永田直美、松浦健という実力ある日本人キャストのみによる舞台であった。

■愛知県芸術劇場《ルイーザ・ミラー》／一九九八年

二月、名古屋の愛知県芸術劇場大ホールで、ヴェルディの《ルイーザ・ミラー》に出演。このオペラは康子が初めてヴェルディに取り組んだ思い出のオペラで、日本での上演を強く願っていたものであった。

若杉弘の指揮、栗山昌良の演出、共演は市原多朗と直野資という布陣で、二回の公演は売り切れとなった。初めてエクス・アン・プロヴァンスでこのオペラを歌ってからほぼ四半世紀、ようやく日本で望みが叶えられた。康子は好きな作品を日本で歌う喜びを心から感じた。

■新国立劇場《蝶々夫人》／一九九八年

四月、名古屋での《ルイーザ・ミラー》の二か月後、新国立劇場に出演する。康子にとって二つ目の演目《蝶々夫人》である。菊池彦典の指揮、栗山昌良による新演出の舞台で、スズキに郡愛子、ピンカートンにアルフレード・ポルティーヤ、シャープレスにデヴィッド・オーカランドというキャストで、この公演も満席の盛況を見せた。康子はこのとき、新国立劇場の最新鋭の動く舞台を体験したという。

「この公演の中心は、文字通り、タイトル・ロールの林康子。殊に第二幕、『ある晴れた日に』以降の圧倒的な表現力は、技術論などの表層を遥かに超えて、幾多の舞台を踏んできた彼女の存在自体が、蝶々さんそのものであることを改めて印象付けた」

（朝日新聞一九九八年四月十四日）

しかし、必ずしも好意的な評ばかりではなかったことも付け加えておこう。十五日付けの読売新聞での評では菊池彦典の見事な指揮振りを記した後「…舞台上の歌い手は笛吹けど踊

新国立劇場芸術監督 五十嵐喜芳氏と

らず、蝶々さん（林康子）とピンカートン（アルフレード・ポルティーヤ）の二重唱などは、どこかにカンタービレ（歌心）を置き忘れてきたかのよう」と、康子の歌唱からしたら考えられないような評価が述べられている。しかし続いて「林康子の重たい声と演技は第一幕の少女ではなく、むしろ第二幕の子供を産んだ母としての蝶々さんにふさわしい」と記し、「それが証拠にシャープレスとからむ第二幕「手紙の場」以降では、ドラマが大きな盛り上がりをみせていた」と、康子の歌唱の本質を突いた言葉で結んでいる。

このとき初めてオペラを経験したという若い恋人同士が「泣けて泣けて、涙がとまらなかった」という会話を交わしながら帰路につく姿があったことを記しておこう。

■長崎ブリックホール《蝶々夫人》／一九九八年

新国立劇場での《蝶々夫人》を終えた康子は、十月、長崎に新しく建設されたブリックホールの柿落し公演として上演された《蝶々夫人》に招かれた。菊池彦典の指揮、五十嵐喜芳の演出による舞台で、共演はアルベルト・クピード、折江忠道というキャストが組まれた。この公演は藤原歌劇団の制作協力によるもので、蝶々さんの舞台ともなっている長崎での《蝶々夫人》公演は地元の人々をおおいに喜ばせ大喝采を博した。

■びわ湖ホール《群盗》／一九九九年

十一月、滋賀県びわ湖ホールの《群盗》に出演する。びわ湖ホールは、九八年、芸術監督若杉弘によってヴェルディの五幕版《ドン・カルロ》で開場した。そして二年目には同じフリードリッヒ・シラーの原作であるヴェルディの《群盗》を取り上げ、ボローニャ歌劇場の協力を得て、鈴木敬介演出による見事な舞台を作り上げた。

前年名古屋で若杉と《ルイーザ・ミラー》で初仕事をした康子であったが、今回の出演はその若杉からのオファーであった。前期ヴェルディの隠れた傑作とも呼ばれるこのオペラは、ドラマティックな表現とコロラトゥーラのような細かなパッセージを要求されるベルカントスタイルの難曲である。このようなレパートリーはすでにスカラ座で《二人のフォスカリ》、《イ・ロンバルディ》で経験している康子に最も相応しいものであった。康子の声自体は軽やかさからかなり重めになってはいたが、初役ながらヴェルディの描いたヒロイン、アマーリア像を描き尽くすことに成功した。こうして、五十も半ば過ぎた時期に、ヴェルディのレパートリーが一つ加わった。

■新国立劇場《トスカ》／二〇〇〇年

九月、新国立劇場で三作目となる《トスカ》に出演した。結論から先に述べてしまうと、この公演での康子には今までになかったほどの賛否両論が浴びせられたのである。

遠慮のない言い方をしてしまえば、今回の康子は決して本調子ではなかったのが事実である。マルチェッロ・ヴィオッティ指揮、アントネッロ・マダウ・ディアツ演出によるこの舞台は、美しく豪華なものであった。変則的なダブルキャストが組まれ、康子はアルベルト・クピードと佐野成宏のカヴァラドッシ、ホアン・ポンスと直野資のスカルピアと共演している。

康子の歌唱は演技共々ヴェリズモに傾きがちなもので、特に第一幕では声のコントロールがきかなかった。第二幕以降はさすがにベテランらしい風格を示した表現力で圧倒したものの、多くのオペラファンや評論家たちの耳を満足させるものではなかった。新聞評などでも「酷評」と言っても過言ではないほどのものが見られたほどである。康子にとっては初めての経験であっただろう。

しかし酷評も好評も聴く人によってかなり違うのも事実で、女優の冨士眞奈美氏による産經新聞への寄稿をご紹介しておくのも公平なことだろう。

「…タイトルロールを歌う林康子さんが素晴らしかった。以前、市原多朗さんと共演の《トスカ》も聴いたが、今回の方がずっと声も芝居ものびやかだった。二幕三幕とドラマが進行するにつれ、どんどんよくなった。声も姿も年々イタリア人化しているみたいだ、と思った。（中略）林康子さんには、けれん味のない可愛らしさがあってぴったり。悠揚迫らぬトスカである」

決して満足のいく出来映えではなかったのは康子自身のコンディションもあったであろうが、外国人キャスト優先に組まれたリハーサルの中で、十分な稽古ができなかった精神的なストレスもあったようである。

まもなく、六十歳を迎えようという康子のオペラ活動は、今回の《トスカ》で終止符が打たれたと思われた。

〔回想〕

今回の《トスカ》出演は苦悩の連続でした。失礼ながらさほど有名でもない外国人歌手とのダブルキャストで、しかも二番手として並べられたこともショックでした。また、リハーサルでは外国人歌手達を優先する指揮者や演出家との口論の中での練習でした。私たち日本人歌手には本番に向かっていくための十分な稽古の時間も与えられなかったのです。何度抗議しても彼らの態度は変わらず、日本人歌手を見下したような態度にデビュー以来感じたことのない屈辱感を味わわさせられました。もし、このようなことが海外の劇場であったなら、恐らく私はキャンセルしたことでしょう。しかし、ここは日本の新国立劇場です。屈辱感のなかで本番を迎えることになったのです。

この体験は、私の中に新国立劇場の組織や運営について大きな疑問をもたらすものともなりました。新国立劇場が、多くの先輩方の夢であった日本人のための真のオペラハウスとして発展していくのを切に願うばかりです。

■ヤスコ・ハヤシの復活《ノルマ》／二〇〇七年

二〇〇七年、康子は驚くべき偉業を我々の前に見せつけてくれた。

東京、大田区で毎年開催されている「大田区民オペラ」に特別出演として康子が登場したのである。市民オペラレヴェルの公演に康子が出演するのは初めてのことであった。「大田区民オペラ」は当然のことながら、康子が今まで出演してきた藤原歌劇団や新国立劇場等の大きなプロダクションとは比較にならない低予算での公演である。しかし「大田区民オペラ」は各地に存在する多くの市民・区民オペラの中では一頭地を抜いたレヴェルを誇っている。

演目はベッリーニの《ノルマ》。森口真司指揮、演出三浦安浩による本格的公演である。プロダクションの性格上康子以外に有名な歌手は、夫ジャンニコラしかいなかった。二〇〇〇年の新国立劇場の《トスカ》以来、誰もが康子のオペラ活動はすでに終わったものと思っていたことだろう。もしかしたら康子自身もそう考えていたかもしれない。年齢もすでに六十四歳になっていた。

十月二十八日、大田区民アプリコ大ホールの舞台に姿を現した康子は、声のコントロールはかつての全盛期を彷彿とさせるもので、一時期重く力任せの表現が勝っていた頃の歌唱とは一線を画すものであった。声と演技のコントロールを自分のものとして取り戻した康子の《ノルマ》は円熟の極みと評してもよいもので、その圧倒的な歌唱は満場の聴衆を虜にした。当然のことながら熱狂的ともいえる拍手喝采を浴びることになった。まさに奇跡である。終わったかに思われたオペラ歌手ヤスコ・ハヤシは見事に復活した。このときの公演はＤＶＤとして発売された。

2007 年大田区民オペラ《ノルマ》の DVD

二〇〇八年

■東京藝術大学退官

教授に昇進した康子は、学部、大学院で指導する学生も増えて忙しくなった。授業ではイタリア式の基本を教えようとする康子の理想と既存のあり方との板挟みになり、大きなストレスを感じるようになっていた。振り返って、藝大での声楽教育のあり方にいささか落胆を感じたとも語っている。若い歌い手を育てる喜びと、専門的な声楽のレッスンが一週間に一回、四十分という制限の中では思うように発声さえ教えられず、強大な組織の中でオペラ教育に十分に貢献できないことの狭間で悩むことも多かったという。しかし学生たちからの信頼は厚く、三十年にわたるヨーロッパやアメリカの一流劇場での経験をふまえた指導は少なからずの実りをもたらした。幾度となく途中で辞めることも考えたというが、逆に学生たちから与えられる勇気が康子を奮い立たせていた。しかし、二〇〇八年三月、定年よりも五年早く、十一年間務めた母校を退官することにした。

そして、東京文化会館小ホールで「退官記念コンサート」を開催した。チケットはすぐに完売してしまった。村上尊志のピアノと藝大大学院卒業生のソリスト及び合唱を加え、ドニゼッティの《アンナ・ボレーナ》、ベッリーニの《海賊》、そして《蝶々夫人》からの場面を抜粋して歌った。

■最後の《蝶々夫人》／二〇〇八年

藝大退官後の十一月、郷里の高松のアルファ穴吹香川県民ホールで、菊池彦典の指揮、岡田尚之、永井和子、多田羅迪夫との共演で《蝶々夫人》に出演。実はこの公演は康子の発案で、出演者をオーディションで選ぶというものであった。これは、本舞台では照明を務めた、当時の同ホールの館長であった水谷正裕氏の尽力で実現したものであった。

康子自身にとっては一九八八年香川県民ホール柿落し公演《蝶々夫人》以来、二度目の故郷での《蝶々夫人》であった。そして、これが世界で数えきれないほど歌ってきた《蝶々夫人》の最後の舞台となった。一九六九年、未だ海のものとも山のものとわからない時に、盛大にイタリア留学への見送りを受けてからおよそ四十年、長い長い道のりであった。

■初役《マクベス》に挑戦／二〇一〇年

二〇一〇年九月、再び「大田区民オペラ」に参加する。今回は初役であるヴェルディの《マクベス》である。マクベス夫人はドラマティックソプラノのレパートリーであり、自分のレパートリーになるなどとは想像もしていなかった作品であった。六七歳にして、康子はまだ健在であった。ドラマティックソプラノの役柄ではあったけれども、ベルカントスタイルで作曲されたこのオペラは、新たな康子を示し得る格好のオペラでもあった。康子はこの公演に招聘してくれた「大田区民オペラ」を主催する山口悠起子氏と山口利彦氏、そしてスタッフ、合唱メンバーへの感謝を忘れていない。このときの公演はＤＶＤとして発売された。

■教育活動の中でのコンサート

東京藝術大学での後進の指導に邁進する中で、オペラ出演を重ねるとともにコンサート活動も続けた。それらの中からいくつか紹介しておくことにしたい。

●「林康子恋を歌う」コンサート

一九九九年～二〇〇〇年にかけて、「林康子恋を歌う」と題するリサイタルをつくばノバホール、愛知県芸術劇場、大阪シンフォニーホール、サントリーホールで開催した。

このコンサートは、もともと日本コロムビアからライブ録音によるCDを出すという荒家正伸氏、山本秀男氏の企画から始まったものであった。曲目を選ぶにあたって、康子は一曲ずつを詳細に吟味し、作曲家がその曲を作曲する際に「恋」を感じているかを想像しながら厳選することに留意したものであった。イタリア語、フランス語、ロシア語、日本語を網羅したプログラムで、中にはピアノ曲として作曲されたものに林望の新たな歌詞をつけた曲も

CD：2000年「林康子恋を歌う」

CD：2003年『ミラノ・スカラ座デビュー30周年記念』

含まれ、まことに面白い企画であり興味深い仕上がりとなった。これら各地のコンサートでの録音を記録した演奏は「林康子恋を歌う」と題してCD化されている。

●畑中良輔と林康子の夕べ

二〇〇三年にはサントリーホールで「畑中良輔と林康子の夕べ」と題したコンサートに出演。これはITOカルチャー渡辺かつよ氏主催によるもので、オペラアリアと日本歌曲からなるプログラムであった。そして、このコンサートから抜粋したCD「林康子ミラノ・スカラ座デビュー三〇周年記念」が発売された。

■現在、そしてこれから

二〇〇六年、紫綬褒章。
二〇一一年、旭日小綬章。
二〇一五年、東京藝術大学名誉教授。
七十二歳になった今、康子はまだまだ歌への情熱を失っていない。意気軒昂である。

あとがき

感謝をこめて

「林さんの活動記録をまとめた本を作りたいものですね」という話から始まってからもう十年以上になってしまいました。ダンボールの中に雑然として保管されていた多くの資料の整理と、何回にもわたるインタビュー内容を、どのような形でまとめるか暗中模索が続き、若いころの私の海外での公演を数多く聴いてくださっていた南條年章氏に書いていただくことになって、軌道が定まりました。

しかしながら、ミラノと往来する生活や東京藝術大学での教鞭をとる中で思うように、公演記録の整理や内容の確認作業が進まず、また、書きたいことが後から後から出てきて、遅れに遅れました。南條氏やフリースペースの岩切氏、関係者の方々には大変なご迷惑をかけてしまいました。

残念ながら数多いリサイタルは正確な記録が不備であったり、また頁数の関係から割愛せざるをえませんでしたが、オペラ出演についてはほぼ網羅できたと思います（資料の不備から抜けているものも若干あるようです）。この本が、オペラ歌手を目指しておられる、特に世界のオペラ界に飛び出そうとされる若い方々にお役に立つことができることを願っています。

本書の中で触れていますように、実に多くの先生方、名だたる指揮者や仲間の歌手、そして友人、ファンの皆様の温かいご指導やご支援があって、今日まで歩いてくることができました。心から感謝申し上げます。

若さと愛情をくれた学生たち、そして最後に両親にも感謝を捧げたいと思います。

二〇一五年秋

林　康子

追記

僭越ですが、私の意思で、若き日の勉強中やリハーサル中の様子をカセットに録音したものから、数曲をＣＤにしてプレゼントさせていただきました。多少の雑音があることをご了解いただきたいと思います。

1998

2月 ●日本／愛知／愛知県芸術劇場
ヴェルディ《ルイーザ・ミラー》ルイーザ　指揮：若杉弘　演出：栗山昌良　共演：市原多朗／小鉄和広／直野資／秋葉京子／白土理香／松浦健

4月 ●日本／東京／新国立劇場
プッチーニ《蝶々夫人》蝶々夫人　指揮：菊池彦典　演出：栗山昌良　共演：アルフレード・ポルティーヤ／デヴィッド・オーカランド／郡愛子／松浦健／島村武夫／山田祥雄／永田直美

10月 ●日本／長崎／長崎ブリックホール
プッチーニ《蝶々夫人》蝶々夫人　指揮：菊池彦典／演出：五十嵐喜芳　共演：アルベルト・クピード／折江忠道

1999

11月 ●日本／滋賀・大津／びわ湖ホール
ヴェルディ《群盗》アマーリア　指揮：若杉弘　演出：鈴木敬介　共演：福井敬／福島明也／小鉄和広／松浦健

12月 ●日本／つくば・名古屋・大阪
「林康子恋を歌う」コンサート

2000

1月 ●日本／東京・サントリーホール
「林康子恋を歌う」コンサート

9月 ●日本／東京／新国立劇場
プッチーニ《トスカ》トスカ　指揮：マルチェッロ・ヴィオッティ　演出：アントネッロ・マダウ・ディアツ　共演：アルベルト・クピード／佐野成宏／ホアン・ポンス／直野資／長谷川顯／池本和憲

2007

10月 ●日本／東京／大田区民オペラ
ベッリーニ《ノルマ》ノルマ　指揮：森口真司　演出：三浦安浩　共演：石上朋美／ニコライ・ドロシキン／ジャンニコラ・ピリウッチ／横井香奈／大川信之

2008

3月 **●東京藝術大学退官**

11月 ●日本／高松／香川県民ホール
プッチーニ《蝶々夫人》蝶々夫人　指揮：菊池彦典　共演：岡田尚之／永井和子／多田羅迪夫／小宮一浩／小田桐貴樹／小迫良成／黒田正雄／谷原めぐみ

2010

9月 ●日本／東京／大田区民オペラ
ヴェルディ《マクベス》マクベス夫人　指揮：菊池彦典／演出：今井伸昭　共演：折江忠道／ジャンニコラ・ピリウッチ／又吉秀樹／新海康仁／岡田昌子／ジョン・ハオ

●日本／東京／オーチャードホール
プッチーニ《ラ・ボエーム》ミミ　指揮：フィリッポ・ジガンテ　演出：松本重孝　共演：市原多朗／牧野正人／山荷雅子／中村清／岡山広幸／三浦克次／松浦健

12月 ●イタリア／モデナ／モデナ市立劇場
プッチーニ《蝶々夫人》蝶々夫人

1994

2月 ●日本／神奈川・横須賀／よこすか芸術劇場　●東京／東京文化会館
プッチーニ《蝶々夫人》蝶々夫人　指揮：アンジェロ・カンポリ／演出：井田邦明　共演：ジョルジョ・ランベルティ／ジョヴァンニ・デ・アンジェリス／吉井久美子／松浦健／櫻井直樹／岡山広幸　＊NHKで放映

8月 ●イタリア／バッサーノ・デル・グラッパ
プッチーニ《蝶々夫人》蝶々夫人

9月 ●日本／東京／サントリーホール
「心からの感謝をこめてコンサート」　ピアノ：呉恵珠　共演：ジャンニコラ・ピリウッチ

1995

2月 ●イタリア／アンコーナ　＊ガラ・コンサート
指揮：ジュゼッペ・ガルバリーノ　共演：オッターヴィオ・ガラヴェンタ／ジャンニコラ・ピリウッチ

1996

2月 ●日本／東京／東京文化会館
プッチーニ《トスカ》トスカ　指揮：菊池彦典　演出：ピエール・フランチェスコ・マエストリーニ　共演：市原多朗／直野資／三浦克次／山田祥雄／

- - - - - - - - - - - - - - - - - - - -

4月 **●東京藝術大学着任**

10月 ●日本／神奈川・横浜／神奈川県民ホール
プッチーニ《トスカ》トスカ　指揮：菊池彦典　演出：ピエール・フランチェスコ・マエストリーニ　共演：市原多朗／直野資／三浦克次／山田祥雄

1997

1月 ●ドイツ／ベルリン／ベルリン国立歌劇場（旧東ベルリン）
プッチーニ《蝶々夫人》蝶々夫人

10月 ●日本／東京／新国立劇場（柿落し公演初日）
團伊玖磨《建》弟橘姫　指揮：星出豊　演出：西澤敬一　共演：福島明也／山口俊彦／小林一男／坂本朱／松浦健／木村俊光／島村武男／塩田美奈子／澤畑恵美／市川和彦

●日本／香川・高松／香川県県民ホール　＊ガラ・コンサート
指揮：菊池彦典　共演：五十嵐喜芳／五十嵐麻利江／高橋薫子

11月 ●日本／千葉／千葉県文化会館
プッチーニ《蝶々夫人》蝶々夫人　指揮：福森湘　演出：粟國安彦　共演：持木弘／牧野正人／永田直美／松浦健／三浦克次／山田祥雄

1991 ——————————————

1 月　●イタリア／ローマ／ローマ歌劇場
オルフ《カルミナ・ブラーナ》 指揮：アルベルト・ヴェントゥーラ

●イタリア／パレルモ／マッシモ歌劇場（ポリテアーマ劇場）
ドニゼッティ《ルクレツィア・ボルジア》ルクレツィア・ボルジア　指揮：ジャナンドレア・ガヴァッツェーニ　共演：サルヴァトーレ・フィジィケッラ／エレナ・ジーリオ

3 月　●アメリカ／パーム・ビーチ／パーム・ビーチオペラ
プッチーニ《蝶々夫人》蝶々夫人　指揮：アントン・グアダーニョ　共演：ブルーノ・セバスチャン

6 月　●イギリス／ロンドン／ヘンリー・ウッド・ホール
CD「ある晴れた日に〜プッチーニのヒロインたち」レコーディング　指揮：アントン・グアダーニョ　＊ロンドン交響楽団

7 月　●イタリア／マチェラータ／マチェラータ野外劇場　＊マチェラータ音楽祭
プッチーニ《蝶々夫人》蝶々夫人　指揮：エリザベッタ・マスキオ　演出：マリオ・ボロニーニ　共演：マリオ・マラニーニ／ロベルト・セルヴィッレ

11 月　●イタリア／コモ／ソチアーレ歌劇場
プッチーニ《蝶々夫人》蝶々夫人

12 月　●イタリア／カリアリ／リリコ・ディ・カリアリ歌劇場
プッチーニ《マノン・レスコー》マノン・レスコー　指揮：ニーノ・ボナヴェロンタ　共演：ロレンツォ・サッコマーニ／ニコラ・マルティヌッチ

1992 ——————————————

2 月　●日本／東京／東京文化会館
ベッリーニ《ノルマ》ノルマ　指揮:アントン・グアダーニョ　演出:アントネッロ・マダウ・ディアツ　共演：ジュゼッペ・ジャコミーニ／カルロ・コロンバーラ／マリア・ルイーザ・ナーヴェ／角田和弘／永田直美　＊NHKで放映

●日本／東京／サントリーホール
ヴェルディ《レクイエム》 指揮：井上道雄　共演：ドメニコ・トリマルキ

7 月　●イタリア／トラーパニ／ヴィラ・マルゲリータ劇場
プッチーニ《蝶々夫人》蝶々夫人

●イギリス／ロンドン／ヘンリー・ウッド・ホール
CD「ヴェルディ・オペラ・アリア集」レコーディング　指揮：アントン・グアダーニョ　＊ロイヤル・フィルハーモニー管弦楽団

1993 ——————————————

4 月　●イタリア／マルサーラ　＊ジョイント・コンサート
共演：ニコラ・マルティヌッチ／アンドレア・ボッチェッリ

8 月　●日本／広島／アステールプラザ大ホール
プッチーニ《蝶々夫人》蝶々夫人　指揮：菊池彦典　演出：粟國安彦　共演：持木弘／小嶋健二／森山京子

10 月　●スペイン／マリョルカ島　＊演奏会形式
ベッリーニ《ノルマ》ノルマ　指揮：フランチェス・ボニン　共演：エミーリオ・ノーリ／シルヴィア・コルバーチョ

9月 ●イタリア／アドリア／アドリア市立歌劇場
プッチーニ《蝶々夫人》蝶々夫人　指揮：ジョヴァンニ・ヴェーネリ　共演：オッターヴィオ・ガラヴェンタ／ジョヴァンニ・アンジュリス／エウジェニア・ドランデューヴァ

10月 ●日本／東京／サントリーホール　サントリーホール3周年記念ガラコンサート

11月 ●日本／東京／渋谷公会堂　＊ジョイントリサイタル
共演：ジャンニコラ・ピリウッチ

●日本／東京／東京文化会館　●神奈川・横浜／神奈川県民ホール
ヴェルディ《アイーダ》アイーダ　指揮：アルベルト・ヴェントゥーラ　演出：栗國安彦　共演：フィオレンツァ・コッソット／ジュゼッペ・ジャコミーニ／小嶋健二／イーヴォ・ヴィンコ

12月 ●日本／東京／音楽の友ホール　＊リサイタル　ピアノ：村上尊志

1990

2月 ●オーストリア／ウィーン／ウィーン国立歌劇場
プッチーニ《蝶々夫人》蝶々夫人

●日本／東京／サントリーホール　●大阪　●名古屋
サントリー音楽賞受賞記念コンサート
指揮：アントン・グアダーニョ　＊NHKで放映

3月 ●イタリア／ローマ／日本文化会館
＊リサイタル　バイオリン：大谷康子

4月 ●スペイン／ラス・パルマス／ペレツ・ガルドス歌劇場
ベッリーニ《ノルマ》ノルマ　指揮：エンリーコ・デ・モーリ　演出：コスタンティ・ノーフリ　共演：ジルベール・ピイ／ボナルド・ジャイオッティ／ラケル・ピエロッティ

5月 ●日本／愛知・名古屋／愛知芸術劇場
プッチーニ《蝶々夫人》蝶々夫人　指揮：カルロ・フランチ　演出：栗國安彦
共演：エツィオ・ディ・チェザーレ／シルヴァーノ・カローリ／田島好一／郡愛子

6月 ●イタリア／ナポリ／サン・カルロ歌劇場
プッチーニ《蝶々夫人》蝶々夫人　指揮：フィリッポ・ジガンテ　演出：マリオ・ボロニーニ　共演：ナザレーノ・アンティノーリ

11月 ●日本／東京／瑞穂ビューパーク・スカイホール
プッチーニ《蝶々夫人》蝶々夫人　指揮：ブルーノ・アプレア　演出：栗國安彦　共演：持木弘／小島健二

●日本／東京／新宿文化センター
モーツァルト《ドン・ジョヴァンニ》ドンナ・アンナ　指揮：ブルーノ・アプレア　演出：パオロ・トレヴィージ　共演：アントニオ・サルヴァドーリ／塚田京子／持木弘／小嶋健二／妻屋秀和／斉田正子／三浦克次

12月 ●イタリア／ピアチェンツァ／ムニチパーレ歌劇場
プッチーニ《蝶々夫人》蝶々夫人　共演：ナザレーノ・アンティノーリ／ジョヴァンニ・デ・アンジュリス

プッチーニ《蝶々夫人》蝶々夫人　指揮：パオロ・ペローゾ　共演：エツィオ・ディ・チェーザレ

5月　●スペイン／マラガ／セルバンテス劇場
プッチーニ《蝶々夫人》蝶々夫人

●スペイン／バレンシア／バレンシア音楽堂
プッチーニ《蝶々夫人》蝶々夫人

●ドイツ／マンハイム／マンハイム国立劇場
プッチーニ《蝶々夫人》蝶々夫人　指揮：ユリウス・ルーデル　共演：アルベルト・リナルディ／ヴァジーレ・モルドァヌ

6月　●イタリア／ノヴァーラ／ノヴァーラ野外劇場
ベッリーニ《ノルマ》ノルマ　指揮：マルチェッロ・ヴィオッティ　共演：オッターヴィオ・ガラヴェンタ

7月　●イタリア／カリアリ／アンフィ・テアトロ・ロマーノ
プッチーニ《トスカ》トスカ　指揮：ニーノ・ボナヴォロンタ　演出：マリア・エイラ・ドノーフリオ　共演：イングヴァル・ヴィクセル／ランド・バルトリーニ

9月〜10月　●イタリア／ベルガモ／ドニゼッティ歌劇場　＊ＲＡＩ共催
ドニゼッティ《ルクレツィア・ボルジア》ルクレツィア・ボルジア　指揮：ロベルト・アッバード　演出：ジャンカルロ・デ・ボージオ　共演：ヴィンチェンツォ・ラ・スコーラ／ミケーレ・ペルトゥージ

10月　●オーストリア／ウィーン／ウィーン国立歌劇場
ドニゼッティ《マリア・ストゥアルダ》マリア・ストゥアルダ　共演：アグネス・バルツァ

11月　●日本／東京／新宿文化センター　●岡山・倉敷／倉敷市民会館　●香川・高松／香川県民ホール　●兵庫・神戸／神戸文化ホール
プッチーニ《蝶々夫人》蝶々夫人　指揮：菊池彦典　演出：粟國安彦　共演：ブルーノ・セバスティアン／田島好一／吉井久美子／平良栄一／櫻井直樹／永田直美

12月　●イタリア／パルマ／テアトロ・ヴェルディ　＊コンサート

1989 ――――――――――――――――――――――――――――――――

5月　●日本／東京／東京文化会館　●神奈川・横浜／神奈川県民ホール
ヴェルディ《ドン・カルロ》エリザベッタ　指揮：ドナート・レンツェッティ　演出：粟國安彦　共演：ピエロ・カプッチッリ／ジョルジョ・ランベルティ／ニコライ・ギュゼレフ／吉井久美子／斉田正子／岡山広幸／山田祥雄／田代誠／角田和弘／足立さおり

7月　●イタリア／ヴェローナ／ヴェローナ野外劇場
ヴェルディ《アイーダ》アイーダ　指揮：マウリツィオ・アレーナ　演出：ジャンカルロ・デ・ボージオ　共演：フィオレンツァ・コッソット／フランコ・ボニゾッリ／シルヴァーノ・カッロリ／イーヴォ・ヴィンコ

8月　●フランス／アヴィニョン／アレーナ・ド・ミーム（古代劇場跡）
ヴェルディ《イル・トロヴァトーレ》レオノーラ　指揮：フランチェスコ・コルティ　共演：アントニオ・サルヴァドーリ／ニコラ・マルティヌッチ／ミルナ・ペーチレ

5月 ●イタリア／ミラノ／スカラ座
プッチーニ《蝶々夫人》蝶々夫人　指揮：ガルシア・ナヴァッロ　演出：浅利慶太　共演：ブルーノ・ベッカリーア／アントニオ・サルヴァドーリ／キム・ハクナム／アリーチェ・ピリウッチ

●ドイツ／ドレスデン／ゼンパー歌劇場
プッチーニ《蝶々夫人》蝶々夫人　＊ローマ歌劇場引越公演

7月 ●イタリア／トラーパニ／ヴィラ・マルゲリータ劇場　＊トラーパニ音楽祭
ヴェルディ《椿姫》ヴィオレッタ　指揮：アントン・グアダーニョ　共演：エツィオ・ディ・チェーザレ／アレッサンドロ・カッシス

8月 ●イタリア／ルーゴ／ルーゴ野外劇場
プッチーニ《マノン・レスコー》マノン・レスコー　指揮：ミゲル・ゴメス・マルティネス　演出：アッテリォ・コロンネッロ　共演：カルロ・デル・ボリトリ／マウリツィオ・フルゾーニ／アンジェロ・ロメーロ

●イタリア／ヴェローナ／ヴェローナ野外劇場
プッチーニ《蝶々夫人》蝶々夫人　指揮：菊池彦典／演出：レナータ・スコット

9月 ●イタリア／ベルガモ／ドニゼッティ歌劇場　＊ＲＡＩ主催・演奏会形式
ドニゼッティ《ファウスタ》ファウスタ　指揮：ヤン・ラタン・ケーニヒ　共演：セルジョ・ベルトッキ／リチニオ・モンテフスコ／カルロ・デル・ボスコ

●エジプト／カイロ／ギザのピラミッド
ヴェルディ《アイーダ》アイーダ　指揮：カルロ・フランチ　共演：ニコラ・マルティヌッチ／ジョルジョ・ザンカナーロ／ロベルト・スカンディウッツィ

10月 ●日本／東京／東京文化会館
ヴェルディ《イル・トロヴァトーレ》レオノーラ　指揮：アルベルト・ヴェントゥーラ　演出：粟國安彦　共演：フィオレンツァ・コッソット／マウロ・アウグスティーニ／ジョルジョ・ランベルティ／イーヴォ・ヴィンコ／持木文子／持木弘／山田祥雄／市川和彦

11月 ●ドイツ／ボン／ボン歌劇場
ヴェルディ《ドン・カルロ》エリザベッタ　指揮：ゴメス・マルティネス　共演：ジョルジョ・ザンカナーロ／ジョルジョ・ランベルティ／アグネス・バルツァ／マルッティ・タルヴェーラ／エッレロ・ダルテンニャ／寺谷千恵子　＊1988年も数回出演

12月 ●ドイツ／ベルリン／ベルリン・ドイツ・オペラ
モーツァルト《ドン・ジョヴァンニ》ドンナ・アンナ

1988

1月 ●イタリア／ラ・スペーツィア　＊ジョンイトコンサート
指揮：ジュゼッペ・ガルバリーノ　共演：オッターヴィオ・ガラヴェンタ／ジャンニコラ・ピリウッチ

2月 ●イタリア／ジェノヴァ／カルロ・フェリーチェ歌劇場（テアトロ・マルゲリータ）
プッチーニ《蝶々夫人》蝶々夫人　指揮：ダニエル・オーレン　演出：ステーファノ・ヴィツィオーリ　共演：ジュリアーノ・チャンネッラ／アレッサンドロ・カッシス

3月 ●イタリア／レッチェ／レッチェ市立歌劇場　●メッシーナ／ヴィットーリオ・エマヌエーレ歌劇場　●レッジョ・ディ・カラブリア／ソチャーレ歌劇場

5〜6月 ●イタリア／カリアリ／アンフィ・テアトロ・ロマーノ　●サルデーニャ島連続公演：アルギエーロ／ボーザ／サンタ・テレーザ・ディ・ガッルーラ／オルビア／ヌオーロ／オリスターノ
プッチーニ《蝶々夫人》蝶々夫人　指揮：ニーノ・ボナヴォロンタ　演出：ジャンカルロ・デル・モナコ　共演：ヴィンチェンツォ・ベッロ／ジャンフランコ・パスティネ／アウグスト・ペドローニ／エレオノーラ・ヤンコヴィッチ／ロレンツォ・サッコマーニ／グイード・マッツィーニ／アッティーリオ・ドラーツィ／アンナ・ディ・スタジオ／アリーチェ・ピリウッチ

7月 ●イタリア／マチェラータ／マチェラータ音楽祭
ヴェルディ《イル・トロヴァトーレ》レオノーラ 指揮：アントン・グアダーニョ 演出：シャルル・デヴロー　共演：フィオレンツァ・コッソット／ジョルジョ・ザンカナーロ／イーヴォ・ヴィンコ／ランド・バルトリーニ

9月 ●スイス／ヴェンゲン／ヴェンゲン・ユンクフラウ音楽祭
リサイタル　ピアノ：ウォルター・バラッキ

●スイス／ジュネーブ／ジュネーブ大劇場　ユニセフ慈善コンサート
指揮：ロリン・マゼール　共演：ウラディミール・アシュケナージ／アイザック・パールマン／ジーナ・ロロブリジーダ／カトリーヌ・ドヌーヴ

10月 ●フランス／アヴィニョン／アヴィニョン市立歌劇場
ヴェルディ《アイーダ》アイーダ　指揮：ミケランジェロ・ヴェルトリ　演出：ジャック・カルボ　共演：ブルーナ・バリオーニ／ウォルター・ドナーティ

●イタリア／マッサ／グリエルミ歌劇場
ジョイントコンサート　ピアノ：ウォルター・バラッキ　共演：ジャンニコラ・ピリウッチ

11月 ●イタリア／トレヴィーゾ／トレヴィーゾ歌劇場
プッチーニ《蝶々夫人》蝶々夫人

12月 ●アメリカ／パーム・ビーチ／パーム・ビーチオペラ
プッチーニ《マノン・レスコー》マノン・レスコー　指揮：アントン・グアダーニョ　演出：スティーブン・トーマス　共演：ブルーノ・セバスティアン

12月 ●ドイツ／ベルリン／ドイツ・ベルリン・オペラ
モーツァルト《ドン・ジョヴァンニ》ドンナ・アンナ　指揮：レオポルド・ハーガー　演出：フランコ・ゼッフィレッリ　共演：ヘルマル・プライ

1987

1月 ●イタリア／カターニャ／マッシモ・ベッリーニ歌劇場
ヴェルディ《エルナーニ》エルヴィーラ　指揮：アラン・ロンバール　演出：マリア・フランチェスカ・シチリアーニ

3〜4月 ●イタリア／バーリ／ペトゥルッツェッリ劇場　●メッシーナ／ヴィットーリオ・エマヌエーレ歌劇場　●コゼンツァ／レンダーノ歌劇場
プッチーニ《蝶々夫人》蝶々夫人　指揮：セイモア・リプキン　演出：ホルヘ・ラヴェッリ　共演：ジャンフランコ・パスティネ／アルベルト・ノーリ

4月 ●フランス／トゥーロン／トゥーロン歌劇場
モーツァルト《ドン・ジョヴァンニ》ドンナ・アンナ　指揮：アントワーヌ・セルヴァ　演出：マルゲリータ・ヴァルマン　共演：エンリコ・フィッソーレ／サルヴァドーレ・アガーケ

●ドイツ／ハンブルク／ハンブルク国立歌劇場
プッチーニ《蝶々夫人》蝶々夫人　指揮：シュテファン・ゾルテツ　演出：ウリッヒ・ヴェンク　共演：ピエロ・ヴィスコンティ／ロランド・パネライ／エリザベート・シュタイナー

4月 ●イタリア／トリノ／RAI アウディトーリウム　＊アカデミア・ステファノ・テンピア主催「ベルカント作曲家の夕べ」ピアノ：シルバーノ・デ・フランチェスコ

5月 ●ドイツ／ベルリン／ベルリン・ドイツ・オペラ
ヴェルディ《イル・トロヴァトーレ》レオノーラ

6月 ●イタリア／カターニャ／マッシモ・ベッリーニ歌劇場
プッチーニ《蝶々夫人》蝶々夫人　共演：サルヴァトーレ・フィジケッラ

7月 ●イタリア／マチェラータ／マチェラータ野外劇場　＊マチェラータ音楽祭
ヴェルディ《アイーダ》アイーダ　指揮：ホセ・コッラード　演出：フラヴィオ・トレヴィザン　共演：フィオレンツァ・コッソット／イーヴォ・ヴィンコ／ベニート・ディ・ベッロ／ニコラ・マルティヌッチ

8月 ●イタリア／ルーゴ／ルーゴ野外劇場
ヴェルディ《アイーダ》アイーダ　指揮：ホセ・コッラード　演出：フラヴィオ・トレヴィザン　共演：フィオレンツァ・コッソット／イーヴォ・ヴィンコ／ベニート・ディ・ベッロ／ニコラ・マルティヌッチ

11月 ●日本／東京／東京文化会館
プッチーニ《マノン・レスコー》マノン・レスコー　指揮：アントン・グアダーニョ　演出：フラヴィオ・トレヴィザン　共演：ジュリオ・バルディ／ガエターノ・スカーノ／岡山広幸／入江進／五十嵐喜芳

12月・1月 ●イタリア／ミラノ／スカラ座
プッチーニ《蝶々夫人》蝶々夫人　指揮：ロリン・マゼール／演出：浅利慶太／照明：吉井澄夫／衣裳：森英恵／舞台装置：高田一郎　共演：ペーター・ドヴォルスキー／ホアン・ポンス／キム・ハクナム／アンナ・カテリーナ・アントナッチ／ジョルジョ・ザンカナーロ（DVD 録画時）

1986

2月 ●イタリア／ミラノ／スカラ座
ヴェルディ《イ・ロンバルディ》ジゼルダ　指揮：トーマス・フルトン　共演：パータ・ブルチュラーゼ／エッツィオ・ディ・チェーザレ／アルベルト・クピード

3月 ●ドイツ／ベルリン／ドイツ・ベルリン・オペラ
プッチーニ《蝶々夫人》蝶々夫人　指揮：ミヒャエル・ハイゼ　共演：フランコ・タリアヴィーニ／野村陽子

4月 ●イタリア／モデナ／モデナ市立劇場
プッチーニ《蝶々夫人》蝶々夫人

●イタリア／ミラノ／スカラ座
ヴェルディ《アイーダ》アイーダ　指揮：ジュゼッペ・パタネ　演出：ルイージ・ロンコーニ　共演：ニコラ・マルティヌッチ／リュドミラ・セムチュック

3月　●イタリア／ピアチェンツァ／ムニチパーレ歌劇場　●ラベンナ／ダンテ・アリギェーリ歌劇場　●レッジョ・エミリーア／ローモ・ヴェルリ歌劇場　●モデナ／モデナ市立歌劇場
ヴェルディ《イル・トロヴァトーレ》レオノーラ　指揮：ミケランジェロ・ヴェルトリ　共演：フィオレンツァ・コッソット／イーヴォ・ヴィンコ／アレッサンドロ・カッシス／ウンベルト・グリッリ

5月　●イタリア／ミラノ／スカラ座
ヴェルディ《イ・ロンバルディ》ジゼルダ　指揮：ジャナンドレア・ガヴァッツェーニ　演出：ガブリエーレ・ラヴィーア　共演：シルヴァーノ・カッロリ／ウォルター・ドナーティ／カルロ・デル・ボスコ

●ドイツ／ヴィースバーデン／ヘッセン州立劇場
プッチーニ《蝶々夫人》蝶々夫人

6月　●日本／東京／東京文化会館
ドニゼッティ《マリア・ストゥアルダ》マリア・ストゥアルダ　指揮：アルマンド・ガット　演出：粟国安彦　共演：マリア・ルイーザ・ナーヴェ／オッターヴィオ・ガラヴェンタ／ジャンニコラ・ピリウッチ

8月　●アルゼンチン／ブエノスアイレス／コロン歌劇場
プッチーニ《蝶々夫人》蝶々夫人　指揮：マリオ・ペルッソ　演出：ロベルト・オズワルド　共演：ジャンフランコ・パスティネ／ニーノ・ビアンキ

9月　●ドイツ／ベルリン／ベルリン・ドイツ・オペラ
プッチーニ《蝶々夫人》蝶々夫人

●ドイツ／ベルリン／ベルリン・ドイツ・オペラ
モーツァルト《ドン・ジョヴァンニ》ドンナ・アンナ　指揮：テオドール・ブルームフィールド 共演：レーヌス・カルルソン／クリスティーヌ・ヴァイディンゲル／マンフレード・レール

10月　●ベルギー／ブリュッセル／モネ劇場
モーツァルト《ドン・ジョヴァンニ》ドンナ・アンナ　共演：ジョゼ・ファン・ダン

11月　●ドイツ／シュトゥットガルト／シュトゥットガルト州立劇場
モーツァルト《ドン・ジョヴァンニ》ドンナ・アンナ　共演：ヴォルフガング・シェーネ／リュディンガー・ウォーラス　＊1985年も数回出演

12月　●フランス／カンヌ／クラウド・ドビュッシーホール
オケ伴リサイタル　指揮：フィリップ・ベンデル

1985

1月　●イタリア／ジェノヴァ／カルロ・フェリーチェ歌劇場　＊ＲＡＩ共催CD録音
ドニゼッティ《世界の洪水》セラ　指揮：ヤン・ラタン・ケーニッヒ　演出：ルチアーノ・ダミアーニ　共演：ジョセ・ファン・ダン／オッターヴィオ・ガラヴェンタ／ボナルド・ジャイオッティ／マルティーヌ・デュピュイ

3月　●イタリア／ボローニャ／ボローニャ市立歌劇場
プッチーニ《蝶々夫人》蝶々夫人　指揮：ティツィアーノ・セヴェリーニ　演出：アルド・トリオンフォ　衣装：ジャンカルロ・ビニャルディ　共演：アンナ・カテリーナ・アントナッチ／ジュゼッペ・モレージ／エレオノーラ・ヤンコヴィッチ

4月　●イタリア／ジェノヴァ／カルロ・フェリーチェ歌劇場（テアトロ・マルゲリータ）
モーツァルト《コシ・ファン・トゥッテ》フィオルディリージ　指揮：ジョン・マテソン／演出：マリア・フランチェスカ・シチリアーニ　共演：ウィリアム・マテウッツィ

5月　●イタリア／ミラノ／スカラ座
モーツァルト《コシ・ファン・トゥッテ》フィオルディリージ　指揮：リッカルド・ムーティ

7〜8月　●イタリア／ヴェローナ／ヴェローナ野外劇場
プッチーニ《蝶々夫人》蝶々夫人　指揮：マウリツィオ・アレーナ　演出：ジュリオ・シャザレット　共演：ベニアミーノ・プリオール／フローラ・ラファネッリ／ロレンツォ・サッコマーニ／ロランド・パネライ

9月　●イタリア／ベルガモ／ドニゼッティ歌劇場　＊ＲＡＩミラノ
ロッシーニ《スターバト・マーテル》　ドニゼッティ《ミゼレーレ》　指揮：ジャナンドレア・ガヴァッツェーニ

●イタリア／ベルガモ／ドニゼッティ歌劇場
ドニゼッティ《アンナ・ボレーナ》アンナ・ボレーナ　指揮：マウリツィオ・アレーナ　共演：マリオ・リナウド／マリア・ルイーザ・ナーヴェ／オッターヴィオ・ガラヴェンタ

●イタリア／サルソ・マッジョーレ
オルフェオ（金の射手座）表彰式コンサート　共演：ジョルジョ・メリーギ／ジャンフランコ・チェッケレ／オッターヴィオ・ガラヴェンタ／マリア・キアーラ

10月　●イタリア／ブレーシァ／グランデ歌劇場
ドニゼッティ《アンナ・ボレーナ》アンナ・ボレーナ　指揮：マウリツィオ・アレーナ　共演：オッターヴィオ・ガラヴェンタ／マリオ・リナウド／マリア・ルイーザ・ナーヴェ

11月　●スイス／ルガーノ／パラッツオ・ディ・コングレッソ
ヴェルディ《イル・トロヴァトーレ》レオノーラ　指揮：ルイージ・カンパニーノ　演出：カルロ・チェーシェ　共演：フィオレンツァ・コッソット／イーヴォ・ヴィンコ／アントニオ・サルヴァドーリ／カルロ・ビーニ　＊ヴェローナ音楽祭引越公演

11〜12月　●イタリア／トレヴィーゾ／トレヴィーゾ歌劇場　●ロヴィーゴ／ソチアーレ歌劇場
ヴェルディ《ルイーザ・ミラー》ルイーザ　指揮：ブルーノ・マルティノッティ　演出：フリッポ・クリヴェッリ　共演：ヴィンチェンツォ・ベッロ／マリオ・リナウド

1984

1月　●ドイツ／ベルリン／ベルリン・ドイツ・オペラ
モーツァルト《ドン・ジョヴァンニ》ドンナ・アンナ

●イタリア／ボローニャ／ボローニャ市立歌劇場
モーツァルト《ドン・ジョヴァンニ》ドンナ・アンナ　指揮：ゾルタン・ペシュコ　演出：ロベルト・デ・シモーネ　共演：カルロ・カーヴァ／アデリーナ・スカラベッリ／ヴォルフガング・シェーネ／アルド・ベルトーロ

2月　●ドイツ／ベルリン／ベルリン・ドイツ・オペラ
モーツァルト《ドン・ジョヴァンニ》ドンナ・アンナ

3月　●スペイン／バルセロナ／リセオ大劇場
プッチーニ《蝶々夫人》蝶々夫人　指揮：ジャンフランコ・リーヴォリ　演出：ファウスト・コゼンティーノ　共演：ピエロ・ヴィスコンティ／ヴィンセンテ・サルディネーロ／斉藤裕子／ピエロ・デ・パルマ

●アメリカ／ニュージャージ／ニューアーク・シンフォニーホール
プッチーニ《蝶々夫人》蝶々夫人　指揮：アルフレード・シリピーニ

4月　●イタリア／ボローニャ／ボローニャ市立歌劇場
モーツァルト《ドン・ジョヴァンニ》ドンナ・アンナ　指揮：ゾルタン・ペシュコ　演出：ロベルト・ディ・シモーネ　共演：アルド・ベルトーロ／ヴォルフガング・シェーネ／レッラ・クーベルリ／アデリーナ・スカラベッリ

5月　●ドイツ／ベルリン／ベルリン・ドイツ・オペラ
ヴェルディ《イル・トロヴァトーレ》レオノーラ　指揮：ミゲル・ゴメス・マルティネス　共演：ブルーノ・ルーフォ／ジョージ・フォーチューン／レオ・ヌッチ

●ドイツ／ベルリン／ベルリン・ドイツ・オペラ
プッチーニ《蝶々夫人》蝶々夫人　指揮：ミゲル・ゴメス・マルティネス　共演：野村陽子／エルネスト・ヴェロネッリ

7月　●日本／東京／東京文化会館
ドニゼッティ《アンナ・ボレーナ》アンナ・ボレーナ
指揮：フィリップ・ベンデル　演出：粟國安彦　共演：ジャンフランコ・パスティネ／マリア・ルイーザ・ナーヴェ／ジャンニコラ・ピリウッチ

8月　●チリ／サンティアゴ／サンティアゴ国立劇場
プッチーニ《ラ・ボエーム》ミミ　指揮：ホアン・パブロ・イズクイエルド　演出：ニコラ・ベノア　共演：ルイス・リーマ／ヴィンセンテ・サルディネーロ

10月　●長女誕生

11月　●イタリア／ヴェネツィア・フェニーチェ歌劇場／メストレ・トニオーロ劇場
マーラー《交響曲第2番（復活）》指揮：エリアフ・インバル　共演：エレオノーラ・ヤンコヴィッチ

●ドイツ／ライプツィヒ／ライプツィヒ国立歌劇場　●ドレスデン／ドレスデン・ゼンパー歌劇場
ヴェルディ《イル・トロヴァトーレ》レオノーラ　指揮：ペーター・マーク
*フェニーチェ歌劇場引越公演

12月　●スイス／ローザンヌ／ローザンヌ歌劇場
プッチーニ《蝶々夫人》蝶々夫人　指揮：ニーノ・ボナヴォロンタ
*カリアリ歌劇場引越公演

1983

1月　●イタリア／カターニャ／マッシモ・ベッリーニ歌劇場
ドニゼッティ《マリア・ストゥアルダ》マリア・ストゥアルダ　指揮：アルマンド・ガット　演出：フィリッポ・クリヴェッリ　共演：ジャンフランコ・パスティネ／マリア・ルイーザ・ナーヴェ／ジャンニコラ・ピリウッチ

2～4月　●南アフリカ／プレトーリア／ヨハネスブルク
プッチーニ《蝶々夫人》蝶々夫人　指揮：クェイル　演出：ハンセン　共演：ヴィチェンツォ・ベッロ

5月 ●チェコスロヴァキア／プラハ／プラハ国立歌劇場　＊プラハの春音楽祭
モーツァルト《ドン・ジョヴァンニ》ドンナ・アンナ　指揮：ヨゼフ・クヒンカ　共演：シェリル・ミルンズ

●ドイツ／ベルリン／ベルリン・ドイツ・オペラ
モーツァルト《ドン・ジョヴァンニ》ドンナ・アンナ　指揮：ホルスト・シュタイン　演出：ヴァーツラフ・カシュリクン　共演：ピラール・ローレンガー／カルロ・マローネ

●ドイツ／ベルリン／ベルリン・ドイツ・オペラ
プッチーニ《蝶々夫人》蝶々夫人　共演：野村陽子

6月 ●イスラエル／エルサレム／メリル・ハッセンフィールド野外劇場
ヴェルディ《イル・トロヴァトーレ》レオノーラ　指揮：カルロ・フランチ　共演：フランコ・ボルドーニ／マリア・ガブリエッラ・オネスティ／オッターヴィオ・ガラヴェンタ／マリア・ルイーザ・ナーヴェ／マリオ・グッジャ／ヴィンチェンツォ・ベッロ　＊ジェノヴァ歌劇場の引越公演

●イスラエル／テルアビブ・チェーザレ／テルアビブ野外劇場
プッチーニ《蝶々夫人》蝶々夫人　指揮：アルジェオ・クワドリ　共演：ジャンフランコ・パスティネ　＊ジェノヴァ歌劇場の引越公演

8月 ●イタリア／ベルガモ／ドニゼッティ歌劇場
ヴェルディ《イル・トロヴァトーレ》レオノーラ　指揮：アルフレード・カンポリ　共演：オッターヴィオ・ガラヴェンタ

9月 ●スペイン／オビエド／カンポアモール歌劇場
プッチーニ《蝶々夫人》蝶々夫人　指揮：ジャンフランコ・リーヴォリ　共演：ヴィンセンテ・サルディネーロ／ダーノ・ラッファンティ／ニーノ・カルタ

●イタリア／ブレーシァ／グランデ歌劇場
ヴェルディ《イル・トロヴァトーレ》レオノーラ　指揮：アンジェロ・カンポリ　共演：オッターヴィオ・ガラベンタ

10月 ●イタリア／ローマ／サンタ・チェチーリア音楽院
ボッテジーニ《レクイエム》　指揮：ピエルルイージ・ウルビーニ　共演：アンジェロ・モーリ／イーダ・ボルミダ／カルロ・デ・ボルトリ

11月 ●ドイツ／ボン／ボン市立歌劇場
モーツァルト《コシ・ファン・トゥッテ》フィオルディリージ　演出：ニコラウス・レーンホフ　共演：ロランド・パネライ／シルヴィア・リンデンストランド／ジャネット・スコヴォッティ

11月 ●日本／東京／昭和女子大学人見記念講堂
朝日ベルサロン特別記念公演　指揮：ピエロ・フラベック・ルイジ／日本フィルハーモニー

1982

1月 ●イタリア／ローマ／ＲＡＩアウディトーリアム　＊レコード録音
ボッテジーニ《レクイエム》指揮：ピエルルイージ・ウルビーニ

2月 ●アメリカ／フィラデルフィア／アカデミー・オブ・ミュージック
ヴェルディ《イル・トロヴァトーレ》レオノーラ　指揮：クルト・ヘルベルト・アドラー　演出：ロナルド・アドラー　共演：マリアナ・パウノーヴァ／ヴォルフガング・ブレンデル／ミハイル・スヴェトレフ

●ドイツ／シュトゥッガルト／シュトゥッガルト州立歌劇場
プッチーニ《蝶々夫人》蝶々夫人

8月 ●南アフリカ／プレトーリア／ヨハネスブルク
プッチーニ《蝶々夫人》蝶々夫人　指揮：クェイル　演出：ハンセン

9月 ●イタリア／ミラノ／ミラノ音楽院　＊ミラノＲＡＩ
ボッテジーニ《レクイエム》　指揮：ピエルルイージ・ウルビーニ　共演：アンジェロ・モーリ／イーダ・ボルミダ／カルロ・デ・ボルトリ

●イタリア／パレルモ／マッシモ劇場公演（ポリテアーマ劇場）
ヴェルディ《レクイエム》

10月 ●イタリア／ベルガモ／ドニゼッティ歌劇場
プッチーニ《蝶々夫人》蝶々夫人　共演：ニコラ・マルティヌッチ

●イタリア／ブレーシァ／グランデ歌劇場
プッチーニ《蝶々夫人》蝶々夫人　共演：ニコラ・マルティヌッチ

11月 ●アメリカ／サンフランシスコ／ウォー・メモリアル・オペラハウス
プッチーニ《蝶々夫人》蝶々夫人　指揮：チョン・ミュンフン　共演：ルイス・リーマ／ロレンツォ・サッコマーニ／アラン・モンク

12月 ●アメリカ／シカゴ／リリック・オペラ　＊イタリア大震災支援コンサート
指揮：ブルーノ・バルトレッティ　共演：ルチアーノ・パヴァロッティ／アンナ・トモワ・シントウ／レナータ・スコット／キャスリン・バトル／スタッフォード・ディーン／レオ・ヌッチ

12月 ●イタリア／トレヴィーゾ／トレヴィーゾ歌劇場　●ロヴィーゴ／ソチアーレ歌劇場
ロッシーニ《エジプトのモーゼ》アナイーデ　指揮：アルマンド・ガット　演出：ベッペ・デ・トマージ　共演：ボナルド・ジャイオッティ／ウンベルト・グリッリ／シルヴァーナ・マッツィエーリ／ジャンニコラ・ピリウッチ／アントニオ・ゼルビーニ

1981

1月 ●フランス／ニース／ニース歌劇場
モーツァルト《ドン・ジョヴァンニ》ドンナ・アンナ　共演：ダルマシオ・ゴンザレス

2月 ●イタリア／トリエステ／ジュゼッペ・ヴェルディ市立歌劇場
ヴェルディ《イル・トロヴァトーレ》レオノーラ　指揮：ジャンフランコ・リーヴォリ　演出：アルベルト・ファッシーニ　共演：ジョルジョ・メリーギ／ホアン・ポンス／リンダ・ヴァイナ／ルイージ・ローニ

3月 ●フランス／アヴィニョン／アヴィニョン市立歌劇場
ベートーベン《第九交響曲》　指揮：イヴァン・レナール　共演：ナディーヌ・ドニーズ／ヘルマン・ウィンクラー／ヴィクトール・フォン・ハレム

●スペイン／ラス・パルマス／ペレツ・ガルドス歌劇場
プッチーニ《蝶々夫人》蝶々夫人　共演：斉藤裕子

4月 ●イタリア／ミラノ／ＲＡＩミラノ（ミラノ音楽院）　＊演奏会形式
ヨゼフ・ミスリヴェチェク《アブラハムとイザク（イザクの犠牲）》サラ　指揮：ペーター・マーク　共演：アレッサンドロ・コルベッリ／マリア・ファウスタ・ガッラミーニ

7月 ●イタリア／マルティーナ・フランカ／野外劇場　＊マルティーナ・フランカ音楽祭
ドニゼッティ《マリア・ストゥアルダ》マリア・ストゥアルダ　指揮：アルフレード・シリピーニ　共演：パオロ・バルバチーニ／ヴィオリカ・コルテツ／カルロ・デ・ボリトリ

9月 ●イタリア／ペルージャ／モルラッキ歌劇場　＊ペルージャ音楽祭・演奏会形式
スポンティーニ《オリンピア（フランス語版）》オリンピア　指揮：ジャナンドレア・ガヴァッツェーニ　共演：ウェルナー・ホルヴェーク／アレクサンドリーナ・ミルチェーク　＊ラジオ実況中継

●イタリア／アドリア／アドリア市立歌劇場
プッチーニ《蝶々夫人》蝶々夫人　共演：オッターヴィオ・ガラヴェンタ

10月 ●イタリア／カターニャ／マッシモ・ベッリーニ歌劇場
ドニゼッティ《レクイム》／ケルビーニ《ミサ》　指揮：ジャナンドレア・ガヴァッツェーニ　共演：イーダ・ボルミダ／アゴスティーノ・フェッリン／アレッサンドロ・カッシス

●イタリア／トレヴィーゾ／トレヴィーゾ歌劇場
プッチーニ《蝶々夫人》蝶々夫人　指揮：エットーレ・グラーチス　共演：ヴィンチェンツォ・ベッロ／アレッサンドロ・コルベッリ／クララ・フォーティ

11月 ●イタリア／ロヴィーゴ／ソチアーレ歌劇場
プッチーニ《蝶々夫人》蝶々夫人　指揮：エットーレ・グラーチス　共演：ヴィンチェンツォ・ベッロ／アレッサンドロ・コルベッリ／クララ・フォーティ

12月 ●イタリア／ミラノ／スカラ座
ヴェルディ《二人のフォスカリ》ルクレツィア　指揮：リッカルド・シャイー　共演：ピエロ・カプッチッリ／レオ・ヌッチ／ヴィンセンテ・サルディネーロ

1980

1月 ●イタリア／フィレンツェ／フィレンツェ市立歌劇場
プッチーニ《蝶々夫人》蝶々夫人　指揮：ブルーノ・リガッチ　共演：ジャンフランコ・パスティネ／クララ・フォーティ／ロランド・パネライ

2月 ●スペイン／バルセロナ／リセオ大劇場
プッチーニ《ラ・ボエーム》ミミ　指揮：ルチアーノ・ロサーダ　共演：ヨルディ・ラミーロ／ナンシー・シェイド／フランコ・シオリ／ジャンニコラ・ピリウッチ

●フランス／ニース／ニース歌劇場
ドニゼッティ《アンナ・ボレーナ》アンナ・ボレーナ　指揮：フィリップ・ベンデル／演出：マルゲリータ・ヴァルマン　共演：ヴィオリカ・コルテツ／ボナルド・ジャイオッティ／ウンベルト・グリッリ／ジャンニコラ・ピリウッチ

3月 ●イタリア／ミラノ／スカラ座
ストラヴィンスキー《道楽者のなりゆき（イタリア語）》アン　指揮：ハンス・フォンク　共演：レオ・ゲーク／クラウディオ・デズデーリ／エレオノーラ・ヤンコヴィッチ

5月 ●スペイン／マドリード／国立サルスエラ劇場
プッチーニ《トゥーランドット》リュー　指揮：アルマンド・ガット／演出：ベッペ・デ・トマージ　共演：モンセラート・カバリエ／フランコ・ボニゾッリ／フランコ・リッチャルディ／ピエロ・デ・パルマ／アントニオ・ゼルビーニ

●イタリア／ナポリ／サン・カルロ歌劇場
プッチーニ《蝶々夫人》蝶々夫人　指揮：アントン・グアダーニョ

●イタリア／トリノ／ＲＡＩアウディトーリウム　＊演奏会形式
リムスキー・コルサコフ《プスコフの娘（イワン雷帝）：イタリア語版》オルガ公女　指揮：ユーリ・アロノヴィッチ　共演：ジュリアーノ・チャンネッラ／ニコライ・ギュゼレフ

6〜7月 ●日本／東京／調布グリーンホール　＊ビクター音楽産業によるレコード録音
「イタリア古典歌曲集」　ピアノ：加納悟郎

●日本／東京／入間パブリックホール　＊ビクター音楽産業によるレコード録音
「林康子オペラアリア集」　指揮：ニコラ・ルッチ　共演：田口興輔／東京交響楽団

8月 ●フランス／エクス・アン・プロヴァンス／サン・ソヴェール大聖堂
アレッサンドロ・スカルラッティ「モテット」／ドメニコ・スカルラッティ「サルヴェ・レジーナ」／ヴィヴァルディ「グローリア」／指揮：レイモンド・レッパード　共演：ナディーヌ・ドニーズ

11月 ●アメリカ／シカゴ／リリック・オペラ
プッチーニ《蝶々夫人》蝶々夫人　指揮：リッカルド・シャイー　共演：ジョルジョ・メリーギ／エレナ・ジーリオ

12月 ●フランス／ニース／ニース歌劇場
モーツァルト《フィガロの結婚》伯爵夫人　共演：ヴィンセンテ・サルディネーロ／ヴォルフガング・シェーネ／ビアンカ・マリア・カゾーニ

1979

1月 ●イタリア／トリノ／ＲＡＩアウディトーリウム　＊演奏会形式 CD 録音
ポンキエッリ《イ・リトゥアーニ》アルドーナ　指揮：ジャナンドレア・ガヴァッツェーニ　共演：オッターヴィオ・ガラヴェンタ／アレッサンドロ・カッシス

2月 ●スペイン／バルセロナ／リセオ大劇場
プッチーニ《つばめ》マグダ　指揮：ミケランジェロ・ヴェルトリ　共演：ミケーレ・モレーゼ／エレナ・バッジョーレ／ホセ・ルイス／アルトゥーロ・テスタ

3〜4月 ●イタリア／パレルモ／マッシモ劇場公演（ポリテアーマ劇場）
プッチーニ《マノン・レスコー》マノン　指揮：オリヴィエロ・デ・ファブリティス　共演：ジャンフランコ・チェッケレ／ジョルジョ・ランベルティ

5月 ●イタリア／ミラノ／スカラ座公演（テアトロ・リリコ）
ストラヴィンスキー《道楽者のなりゆき〈英語版〉》アン　指揮：リッカルド・シャイー　＊ロンドン・チャンバーオーケストラ　演出：ジョン・コックス　共演：フィリップ・ラングリッジ／クラウディオ・デズデーリ／エレオノーラ・ヤンコヴィッチ

5〜6月 ●イタリア／パレルモ／マッシモ劇場　●シチリア／シチリア島各地の教会
ドメニコ・バルトルッチ《キリストの昇天》　指揮：ドメニコ・バルトルッチ　共演：ミケーレ・モレーゼ／シルヴァーノ・パリューカ

6月 ●イタリア／クレーマ／クレーマ大聖堂　＊ＲＡＩ公演
ボッテジーニ《レクイエム》　指揮：ピエルルイージ・ウルビーニ　共演：アンジェロ・モーリ／イーダ・ボルミダ／カルロ・デ・ボスコ

●イタリア／パレルモ／マッシモ劇場（ポリテアーマ劇場）
プッチーニ《蝶々夫人》蝶々夫人　指揮：ガエターノ・デローグ　共演：ジュゼッペ・ジャコミーニ／ドメニコ・トレマルキ／アンア・ディ・スタジオ

7月　●日本／東京／渋谷公会堂　ジョイントコンサート
共演：ジャンニコラ・ピリウッチ

8月　●イタリア／ローマ／ＲＡＩアウディトーリウム
ペルゴレージ《スターバト・マーテル》　ケルビーニ《ヘ長調ミサ》　指揮：ジャナンドレア・ガヴァッツェーニ　共演：ルーザ・バルダーニ

9月　●イタリア／ペルージャ／モルラッキ歌劇場　＊ペルージャ音楽祭・演奏会形式
ムソルグスキー《ホヴァンシチーナ》エンマ　指揮：ゲンナン・ロジェストヴィンスキー　共演：ニコライ・ギャウロフ／ニコライ・ギュゼレフ／マーラ・ザンピエーリ／ヴィオリカ・コルテツ

10～11月　●イタリア／モンテジョルジョ／アラレオーナ歌劇場　●イタリア／コゼンツァ／レンダーノ歌劇場　●イエージ／テアトロ・ペルゴレージ
プッチーニ《蝶々夫人》蝶々夫人　指揮：イヴァン・ポリドーリ　共演：ジャンフランコ・パスティネ／ドメニコ・トリマルキ／アニータ・カミナーダ／イヴァン・ポリドーリ／グェルフィ

●アメリカ／オマハ／オマハ歌劇場
プッチーニ《蝶々夫人》蝶々夫人　指揮：ジョン・モーセリ

●スペイン／サンタ・クルス・デ・テネリフェ
プッチーニ《蝶々夫人》蝶々夫人　共演：アルド・プロッティ／田中正子

12月　●オーストリア／ウィーン／ウィーン国立歌劇場
ヴェルディ《椿姫》ヴィオレッタ　指揮：アルベルト・エレーデ　演出：オットー・シェンク　共演：シェリル・ミルンズ

1978

1月　●イタリア／バーリ／ペトゥルツェッリ歌劇場
ヴェルディ《椿姫》ヴィオレッタ　指揮：エットーレ・グラーチス　共演：エツィオ・ディ・チェーザレ／アッティリオ・ドラーツィ

●フランス／ニース／ニース歌劇場　プッチーニ《蝶々夫人》蝶々夫人

2月　●イギリス／ロンドン／コヴェント・ガーデン王立歌劇場
プッチーニ《蝶々夫人》蝶々夫人　指揮：アントン・グアダーニョ　共演：ニール・シコフ／ピーター・グロソップ／アン・ウイルキンス

3月　●イタリア／トリノ／トリノ王立歌劇場
モーツァルト《ドン・ジョヴァンニ》ドンナ・アンナ　指揮：ピエロ・ベルッシ／演出：ピエール・ルイージ・ピッツィ　共演：レイラ・ゲンチャー／フェルッチョ・フルラネット／アントニオ・ゼルビーニ

4月　●イタリア／ミラノ／スカラ座
プッチーニ《蝶々夫人》蝶々夫人　指揮：エドアルド・ミュラー／演出：ホルヘ・ラヴェッリ　共演：ジュゼッペ・モッレージ／アルベルト・ノーリ／ステファニア・マラグー

5月　●イタリア／パレルモ／マッシモ劇場公演（ポリテアーマ劇場）
プッチーニ《トゥーランドット》リュー　共演：ダニカ・マストロヴィッチ／アメーデオ・ザンボン

5月 ●ベネズエラ／カラカス／カラカス歌劇場
ヴェルディ《椿姫》ヴィオレッタ　指揮：ミケランジェロ・ヴェルトリ　共演：ベニアミーノ・プリオール／ジョルジョ・ザンカナーロ

●ベネズエラ／カラカス／カラカス歌劇場
プッチーニ《蝶々夫人》蝶々夫人　指揮：ミケランジェロ・ヴェルトリ　共演：ベニアミーノ・プリオール／ジョルジョ・ザンカナーロ

8月 ●フランス／エクス・アン・プロヴァンス／エクス・アン・プロヴァンス音楽祭
モーツァルト《ドン・ジョヴァンニ》ドンナ・アンナ　指揮：ヘスス・ロペス・コボス　共演：スタッフォード・ディーン／リチャード・スティルウェル／ロバート・ロイド

9月 ●イタリア／ペルージャ／モルラッキ歌劇場　＊ペルージャ音楽祭・演奏会形式
ヘンデル《ヘラクレス》ディアネイラ　指揮：グスタフ・クーン　共演：ウェルナー・ホルヴェーグ／サイモン・エステス

10月 ●フランス／ナンシー／ナンシー国立歌劇場　モーツァルト《ドン・ジョヴァンニ》ドンナ・アンナ　共演：イルヴァ・リガブーエ／ルッジェーロ・ライモンディ

11月 ●ドイツ／ミュンヘン／バイエルン国立歌劇場
ヴェルディ《椿姫》ヴィオレッタ　指揮：カルロス・クライバー　共演：アルフレード・ブレンデル／イーロ・スラーフィ

●フランス／ボルドー／ボルドー歌劇場
プッチーニ《蝶々夫人》蝶々夫人　共演：ジョルジョ・メリーギ／ガブリエーレ・バキエ

12月 ●イギリス／ロンドン／コヴェント・ガーデン王立歌劇場
プッチーニ《ラ・ボエーム》ミミ　指揮：マーク・エルダー　演出：ジョン・コプリー　共演：ホセ・カレーラス／ピーター・グロソップ

1977

1月 ●フランス／トゥルーズ／トゥルーズ市立歌劇場
プッチーニ《蝶々夫人》蝶々夫人　指揮：アンリ・ガロア　共演：ジョルジョ・メリーギ

2月 ●アメリカ／ワシントン／ケネディセンター／ワシントンオペラ
プッチーニ《蝶々夫人》蝶々夫人　指揮：イムレ・パーロシュ　演出：フランシス・リッツオ　共演：アンドレ・ロルティ／エルマンノ・マウロ　＊カーター大統領の突然の来場

●ドイツ／ハンブルク・ハンブルク国立歌劇場
プッチーニ《ラ・ボエーム》ミミ　指揮：ジュゼッペ・パタネ　共演：ルイス・リーマ

3月 ●イギリス／ロンドン／コヴェント・ガーデン王立歌劇場
モーツァルト《ドン・ジョヴァンニ》ドンナ・アンナ　指揮：ベルナルド・ハイティンク　共演：サー・ゲラント・エヴァンス／マイケル・ダヴリン／エリザベス・ヴォーギャン

4月 ●イタリア／ミラノ／スカラ座　プッチーニ《ラ・ボエーム》ミミ
指揮：エドアルド・ミュラー　共演：オッターヴィオ・ガラヴェンタ／マルゲリータ・グリエルミ

9月 ●イタリア／ルッカ／デル・ジーリオ歌劇場
プッチーニ《蝶々夫人》蝶々夫人　指揮：ブルーノ・バルトレッティ　共演：オッターヴィオ・ガラヴェンタ

10月 ●ブラジル／サンパウロ／サンパウロ歌劇場
プッチーニ《蝶々夫人》蝶々夫人　指揮：ジョルジョ・カンパニーノ　共演：ベニアミーノ・プリオール

●オーストリア／ウィーン／コンツェルトハウス　＊演奏会形式
ボーイト《メフィストーフェレ》エレナ　指揮：アルジェオ・クワドリ　共演：ニコライ・ギャウロフ／マリア・キアーラ　＊ラジオで実況放送

12月 ●イギリス／ロンドン／サドラーズ・ウェルズ劇場
＊ＢＢＣクリスマス・ガラ・コンサート　指揮：エドワード・ドゥネス　共演：ジョルジョ・メリーギ／ルドルフ・ヌレエフ（バレエダンサー）

1975

1月 ●イギリス／ロンドン／コヴェント・ガーデン王立歌劇場
プッチーニ《蝶々夫人》蝶々夫人　指揮：マーク・エルダー　共演：ホセ・カレーラス

2月 ●イタリア／ミラノ／ＲＡＩアウディトーリウム
ロッシーニ《小荘厳ミサ》　指揮：ジュリオ・ベルトラ　共演：ローヴァリー・ヴォルフ

4月 ●長男誕生

7月 ●イタリア／ヴェローナ／ヴェローナ野外劇場
プッチーニ《トゥーランドット》リュー　指揮：ジュゼッペ・パタネ　共演：ペドロ・ラヴィルヘン／ハナ・ヤンク／グイード・マッツィーニ

12月 ●イギリス／ロンドン／コヴェント・ガーデン王立歌劇場 ＊ガラ・パフォーマンス
ドニゼッティ《愛の妙薬》アディーナ　指揮：ジョン・プリッチャード　演出：ジョン・コプリー　共演：ホセ・カレーラス／トーマス・アレン／サー・ゲラント・エヴァンス／リリアン・ワトソン　＊ラジオで実況放送　＊CD

1976

1月 ●イタリア／バーリ／ペトゥルツェッリ歌劇場
プッチーニ《蝶々夫人》蝶々夫人　指揮：ナポレオーネ・アンノヴァッツィ

3月 ●イタリア／ローマ／ローマ歌劇場
プッチーニ《ラ・ボエーム》ミミ　指揮：アルベルト・レオーネ　共演：ルチアーノ・サルダーリ／ヴァルテル・アルベルティ

4月 ●日本／東京／東京文化会館　＊マダム・バタフライ世界コンクール
プッチーニ《蝶々夫人》蝶々夫人　指揮：アルベルト・ヴェントゥーラ／演出：大谷洌子　共演：エミール・ゲアマン／浦野りせ子／田島好一／及川貢

●イタリア／トリノ／ＲＡＩアウディトーリウム　＊演奏会形式
ベッリーニ《ビアンカとフェルナンド》ビアンカ　指揮：ガブリエーレ・フェッロ　共演：エンリーコ・フィツソーレ／アントニオ・サヴァスターノ　＊CD

6月　●イタリア／ミラノ／ＲＡＩアウディトーリウム
ＲＡＩシンフォニー・コンサート　指揮：ジュリオ・ベルトラ　共演：ラファエル・アリエ

●結婚

7月　●イタリア／ヴェネツィア／フェニーチェ歌劇場
ドビュッシー《聖セバスティアンの殉教》　指揮：ジョルジュ・プレートル　共演：ルチア・ヴァレンティーニ・テッラーニ／マリアーナ・ニコレスク

●イタリア／ヴェネツィア／フェニーチェ歌劇場
モーツァルト《皇帝ティトゥスの慈悲》セルヴィリア　指揮：チャールズ・マッケラス　共演：ジャネット・コスタ／ウェルナー・ホルヴェーグ／ビヴァリー・ヴォルフ

10月　●アメリカ／シカゴ／リリック・オペラ
ドニゼッティ《マリア・ストゥアルダ》マリア・ストゥアルダ　指揮：ブルーノ・バルトレッティ　演出：ジョルジョ・デ・ルッロ　共演：ヴィオリカ・コルテツ／フランコ・タリアヴィーニ

11月　●イタリア／ローマ／ローマ歌劇場
ロッシーニ《泥棒かささぎ》ニネッタ　指揮：アルベルト・ゼッダ　共演：ピエトロ・ボッタッツォ／カルロ・カーヴァ／ルチア・ヴァレンティーニ・テラーニ／スピロ・マラス／アルベルト・リナルディ

12月　●イタリア／ローマ／ＲＡＩアウディトーリウム
ロッシーニ《アルジェのイタリア女（１幕）》エルヴィーラ　共演：ルチア・ヴァレンティーニ・テラーニ／エルネスト・パラシオ／ジョルジョ・ガッティ
＊ロッシーニコンクール優勝者による録画、TV 放映

1974

2月　●イタリア／トリノ／トリノ王立歌劇場
ロッシーニ《エジプトのモーゼ》シナイーデ　指揮：フランチェスコ・モリナーリ・プラデッリ　共演：オッターヴィオ・ガラヴェンタ／ボナルド・ジャイオッティ

3月　●イタリア／ヴェネツィア／フェニーチェ歌劇場
プッチーニ《蝶々夫人》蝶々夫人　指揮：オリヴィエロ・デ・ファブリティス
共演：フランコ・ボニゾッリ／フローラ・ラファネッリ

5月　●イギリス／ロンドン／コヴェント・ガーデン王立歌劇場
モーツァルト《ドン・ジョヴァンニ》ドンナ・アンナ　指揮：ジョン・マトソン
演出：ジョン・コプリー　共演：ピーター・グロソップ／スチュアート・バロウズ／エリザベス・ハーウッド／ロバート・ロイド／リチャード・ヴァン・アラン

7月　●フランス／エクス・アン・プロヴァンス／エクス・アン・プロヴァンス音楽祭
ヴェルディ《ルイーザ・ミラー》ルイーザ　指揮：アラン・ロンバール　演出：ニコラウス・レーンホフ　共演：オッターヴィオ・ガラヴェンタ／ジャック・マルス／ナディーヌ・ドニーズ

8月　●イタリア／シエーナ／アカデミア・キジャーナ歌劇場
プッチーニ《蝶々夫人》蝶々夫人　指揮：ブルーノ・バルトレッティ　共演：オッターヴィオ・ガラヴェンタ

3月 ●イタリア／ミラノ／スカラ座　＊スカラ座デビュー
プッチーニ《蝶々夫人》蝶々夫人　指揮：ニーノ・ヴェルキ／舞台美術：藤田嗣治　共演：ジャンニ・ライモンディ／フローラ・ラファネッリ／アルトゥーロ・テスタ

6月 ●イタリア／ミラノ／ＲＡＩアウディトーリウム
ＲＡＩロッシーニコンクール　一次予選　指揮：ラ・ローザ・パローディ
＊審査員：ジュリエッタ・シミオナート／ニコラ・ロッシ・レメーニ／マファルダ・ファーヴェロ／ルチアーノ・シャイー（二次予選，本選も同様）

●スイス／ルガーノ／スイス・イタリアラジオ局
チマローザ《秘密の結婚》指揮：ダンテ・マッツォーラ

7月 ●スペイン／エルダ／エルダ野外劇場
プッチーニ《蝶々夫人》蝶々夫人　共演：ホアン・ポンス

8月 ●イタリア／ミラノ／ＲＡＩアウディトーリウム
ロッシーニコンクール　二次予選　指揮：ラ・ローザ・パローディ

●イタリア／レッチェ／ポリテアーマ・グレーコ劇場
プッチーニ《蝶々夫人》蝶々夫人　指揮：ナポレオーネ・アンノヴァッツィ

10月 ●イタリア／ミラノ／ＲＡＩアウディトーリウム
ロッシーニコンクール本選　指揮：ラ・ローザ・パローディ
＊ソプラノ部門1位　＊人気投票1位

12月 ●スペイン／バルセロナ／リセオ大劇場
プッチーニ《蝶々夫人》蝶々夫人　指揮：ミケランジェロ・ヴェルトリ
共演：ジャコモ・アラガル／ホアン・ポンス

●スペイン／バルセロナ／リセオ大劇場
プッチーニ《蝶々夫人(第2幕)》蝶々夫人　指揮：アントン・グアダーニョ
＊プッチーニ三部作代替として

12～1月 ●イタリア／ミラノ　ＲＡＩ・ロッシーニコンクール一次・二次予選・本選が5週にわたり、ＴＶにてイタリア全土に放映され、一躍有名になる

1973

1月 ●イタリア／フィレンツェ／フィレンツェ市立歌劇場
ストラヴィンスキー《道楽者のなりゆき(イタリア語版)》アン　指揮：ブルーノ・バルトレッティ　共演：マウリツィオ・フルゾーニ／ジャンニコラ・ピリウッチ

3月 ●イタリア／ミラノ／ＲＡＩアウディトーリウム　＊演奏会形式
ドビュッシー《放蕩息子》指揮：トーマス・シッパーズ　共演：クライネット・ソロ

●イタリア／ナポリ／ＲＡＩアウディトーリウム　＊演奏会形式
チマローザ《ロッカアッズッラの二人の男爵》

●イギリス／ロンドン／ロイヤル・フェスティヴァル・ホール　＊演奏会形式
アレヴィ《ユダヤの女》ラシェル　指揮：アントン・グアダーニョ　共演：リチャード・タッカー／ミシェル・ル・ブリ／ディヴィッド・グアイン　＊BBCにて放送

5月 ●イタリア／ローマ／ＲＡＩアウディトーリウム
ダストルガ《スターバト・マーテル》

5月 ●イタリア／モンテキアーリ　モンテキアーリ国際コンクール1位（1971年も1位）
＊審査員：エットレ・カンポカッリアーニ　他

6月 ●イタリア／ロヴィーゴ　ロヴィーゴ国際コンクール1位（1971年にも1位）
＊審査員：エットレ・カンポカッリアーニ　他

●イタリア／ブッセート　ブッセート・ヴェルディ国際コンクール2位
＊審査員：ジリアーニ／中川牧三　他

●イタリア／エンナ　エンナ国際コンクール1位
＊審査員：タリアビーニ／ヴェルトリ／コンファロニエリ／エットレ・カンポガッリアーニ　他

●イタリア／ミラノ　スカラ座養成所2年間コースのオーデイションに合格

7月 ●イタリア　サン・ヴァンサンの音楽のヴァカンス（1か月マスターコース獲得）
＊来賓：マグダ・オリヴィエロ

9月 ●イタリア／トリノ　トリノ王立歌劇場主催「若い歌手たちのためのコンサート」
指揮：グワルニェリ　＊カティア・リッチャレッリらも合格

10月 ●イタリア／ヴェルチェッリ　ヴィオッティ国際コンクール2位
＊審査員：コンファロニエリ／マルチェッロ・デル・モナコ　他

●イタリア／パルマ　パルマ国際コンクール1位（カティア・リッチャレッリと1位をわける）

●イタリア／ミラノ　スカラ座養成所入学

1971

1月 ●デンマーク／コペンハーゲン／ティーボリ劇場
オケ伴ソロリサイタル　指揮：ハンセン

●デンマーク／コペンハーゲン／日本文化会館　ソロリサイタル

4月 ●イタリア／ミラノ／ピッコラ・スカラ座
ブリテン《ノアの方船》セム夫人　指揮：ジャンフランコ・リーヴォリ　＊スカラ座養成所の研修生による子供たちのための公演

●イタリア／ミラノ／スカラ座
プッチーニ《蝶々夫人（第2幕）》蝶々夫人　＊スカラ座養成所の公開試験公演

5月 ●イタリア／ローマ／日本文化会館　ソロリサイタル　＊ディ・ステファノ来場

6月 ●イタリア／ミラノ／ピッコラ・スカラ座
モーツァルト《偽の女庭師》セルペッタ　指揮：ゾルタン・ペシュコ　共演：ダニエラ・マッツカート

7月 ●イタリア／サンレモ　＊ジョイントリサイタル
指揮：ロマーノ・ガンドルフィ　＊マリア・カラス＆ディ・ステファノ来場

9月 ●日本／東京／第一生命ホール　＊ソロリサイタル
ピアノ／中野俊也　＊藤原義江／柴田睦陸来場

1972

2月 ●イタリア／ミラノ／ピッコラ・スカラ座
チマローザ《秘密の結婚》カロリーナ　指揮：ニーノ・サンツォーニョ　共演：ルイージ・アルヴァ

林康子公演記録（年代順）

1962

4月 ●日本／東京藝術大学入学

1965

12月 ●日本／東京／日比谷公会堂・東京文化会館　＊東京藝術大学公演
ヘンデル《メサイア》 指揮：金子登　共演：三輪敦子／江口正之／移川澄也

1966

※ ●日本／東京／日比谷公会堂　＊東京藝術大学公演
モーツァルト《ドン・ジョヴァンニ》 ドンナ・アンナ 指揮：ニコラ・ルッチ
共演：宮崎博子／吉江忠男

1967

※ ●日本／東京／イイノホール　＊第３６回日本音楽コンクール３位

7月 ●日本／東京／東京文化会館　＊二期会公演
ワーグナー《パルジファル》 合唱の一員　指揮：若杉弘

12月 ●日本／東京／東京文化会館　＊東京藝術大学公演
ヘンデル《メサイア》

1968

5月 ●日本／東京／東京文化会館
モーツァルト《コシ・ファン・トゥッテ》 フィオルディリージ
指揮：小澤征爾　共演：中村健／木村宏子／平野忠彦 ＊演奏会形式（日本フィル）

※ ●日本／東京　＊第5回日伊声楽コンコルソ優勝

※ ●日本／東京／日比谷公会堂　＊東京藝術大学公演
チマローザ《秘密の結婚》 エリゼッタ　指揮：ニコラ・ルッチ　共演：佐藤征一郎／金森静子／森敬恵／竹沢嘉昭

1969

1月 ●日本／東京／東京文化会館
ワーグナー《ラインの黄金》 ヴェルグンデ　指揮：若杉弘　＊二期会公演

5月 ●日本／東京／日本青年館ホール　民音（東京国際音楽祭） コンクール２位

9月 ●日本／宮崎・都城（その他２か所）
プッチーニ《蝶々夫人》 蝶々夫人　指揮：山岡重信　演出：栗山昌良　共演：浅野久子／下野昇／石井幸子／吉江忠男　＊民音公演 ※日本語による公演

10月 ●イタリア／ミラノ　イタリア政府留学生としてミラノ音楽院（ヴェルディ音楽院）入学　エットレ・カンポガッリアーニに師事

12月 ●イタリア／ミラノ　リア・グアリーニに師事

1970

4月 ●イタリア／マッシモ　テアトロ・マッシモ奨学金オーデション合格

ボルドーニ／フランコ（バリトン）
ポンス／ホアン（バリトン）
マテウッツィ／ウィリアム（テノール）
マラニーニ／マリオ（テノール）
マルティヌッチ／ニコラ（テノール）
ミルンズ／シェリル（バリトン）
メリーギ／ジョルジョ（テノール）
ヤンク／ハナ（ソプラノ）
ヤンコーヴィッチ／エレオノーラ（メゾソプラノ）
ラ・スコーラ／ヴィンチェンツォ（テノール）
ライモンディ／ジャンニ（テノール）
ライモンディ／ルッジェーロ（バス）
ラヴィルヘン／ペードゥ（テノール）
ランベルティ／ジョルジョ（テノール）
リーマ／ルイス（テノール）
リナウド／マリオ（バス）
リナルディ／アルベルト（バリトン）
ロイド／ロバート（バス）
ローレンガー／ピラール（ソプラノ）
市原多朗（テノール）
折江忠道（バリトン）
直野　資（バリトン）

ジャコミーニ／ジュゼッペ（テノール）
シントウ・トモワ／アンナ（ソプラノ）
スカーノ／ガエターノ（テノール）
スコット／レナータ（ソプラノ）
セバスティアン／ブルーノ
ゼルビーニ／アントニオ（バス）
タッカー／リチャード（テノール）
タリアヴィーニ／フランコ
タルヴェーラ／マルッティ（バス）
チェッケレ／ジャンフランコ（テノール）
デ・パルマ／ピエロ（テノール）
ディ・チェーザレ／エツィオ（テノール）
ドヴォルスキー／ペーター（テノール）
ドナーティ／ウォルター（テノール）
ドニーズ／ナディーヌ（メゾ・ソプラノ）
トリマルキ／ドメニコ（バリトン）
ナーヴェ／マリア・ルイーザ（メゾソプラノ）
ヌッチ／レオ（バリトン）
ハーウッド／エリザベス（ソプラノ）
パヴァロッティ／ルチアーノ（テノール）
バキエ／ガブリエーレ（バリトン）
ハクナム／キム（メゾ・ソプラノ）
パスティネ／ジャンフランコ（テノール）
パネライ／ロランド（バリトン）
バリオーニ／ブルーナ（ソプラノ）
バルツァ／アグネス（メゾソプラノ）
バルトリーニ／ランド（テノール）
バルバチーニ／パオロ（テノール）
バロウズ／スチュアート（テノール）
ピリウッチ／ジャンニコラ（バス）
フィジケッラ／サルヴァトーレ（テノール）
フェッリン／アゴスティーノ（バス）
プライ／ヘルマン（バリトン）
プリオール／ベニアミーノ（テノール）
ブルチュラーゼ／パータ（バス）
フルラネット／フェルッチョ（バス）
ブレンデル／ヴォルフガング・（バリトン）
プロッティ／アルド（バリトン）
ベッロ／ヴィンチェンツォ（テノール）
ペルトゥージ／ミケーレ（バス）
ボッチェッリ／アンドレア（テノール）
ボニゾッリ／フランコ（テノール）
ホルヴェーク／ウェルナー（テノール）

レーンホフ／ニコラウス
ロンコーニ／ルイージ
粟國安彦
浅利慶太
井田邦明
大谷冽子
栗山昌良
鈴木敬介
西澤敬一

■歌手

アラガル／ジャコモ（テノール）
アリエ／ラファエル（バス）
アレン／トーマス（バリトン）
アントナッチ／アンナ・カテリーナ（メゾソプラノ）
ヴァレンティーニ・テラーニ／ルチア（メゾソプラノ）
ヴィクセル／イングヴァル（バリトン）
ヴィンコ／イーヴォ（バス）
エヴァンス／サー・ゲラント（バリトン）
カゾーニ／ビアンカ・マリア（メゾソプラノ）
カッシス／アレッサンドロ（バリトン）
カバリエ／モンセラート（ソプラノ）
カプッチッリ／ピエロ（バリトン）
ガラヴェンタ／オッターヴィオ（テノール）
カレーラス／ホセ（テノール）
キアーラ／マリア（ソプラノ）
ギャウロフ／ニコライ（バス）
ギュゼレフ／ニコライ（バリトン）
クーベルリ／レッラ（ソプラノ）
グエルフィ（バリトン）
クピード／アルベルト（テノール）
グリッリ／ウンベルト（テノール）
グロソップ／ピーター（バリトン）
ゲンチャー／レイラ（ソプラノ）
コッソット／フィオレンツァ（メゾソプラノ）
コルテツ／ヴィオリカ（メゾソプラノ）
コロンバーラ／カルロ（バス）
サッコマーニ／ロレンツォ（バリトン）
サルヴァドーリ／アントニオ（バス）
サルディネーロ／ヴィンセンテ（バリトン）
ザンカナーロ／ジョルジョ（バリトン）
シェイド／ナンシー（ソプラノ）
シェーネ／ヴォルフガング（バリトン）
シコフ／ニール（テノール）
ジャイオッティ／ボナルド（バス）

ミュンフン／チョン
ムーティ／リッカルド
モリナーリ・プラデッリ／フランチェスコ
リーヴォリ／ジャンフランコ
ルッチ／ニコラ
レオーネ／アルベルト
レッパード／レイモンド
レンツェッティ／ドナート
ロジェストヴィンスキー／ゲンナン
ロペス・コボス／ヘスス
ロンバール／アラン
小澤征爾
菊池彦典
星出　豊
森口真司
若杉弘

■演出家

ヴァルマン／マルゲリータ
クリヴェッリ／フィリッポ
コゼンティーノ／ファウスト
コックス／ジョン
コプリー／ジョン
コロンネッロ／アッティッリオ
シェンク／オットー
シチリアーニ・フランチェスカ／マリア
シャザレット／ジュリオ
スコット／レナータ
ダミアーニ／ルチアーノ
デ・シモーネ／ロベルト
デ・トマージ／ベッペ
デ・ボージオ／ジャンカルロ
デ・ルッロ／ジョルジョ
トレヴィザン／フラヴィオ
ピッツイ／ピエール・ルイージ
ファッシーニ／アルベルト
ベノア／ニコラ
ポエーケル／ヴィルジーニオ
ボロニーニ／マリオ
マエストリーニ／ピエール・フランチェスコ
マダウ・ディアツ／アントネッロ
ラヴィーア／ガブリエーレ
ラヴェッリ／ホルヘ
リッツオ／フランシス

クライバー／カルロス
グラチス／エットーレ
クワドリ／アルジェオ
ケーニッヒ／ヤン・ラタン
コッラード／ホセ
ゴメス・マルティネス／ミゲル
サンヅォーニョ／ニーノ
ジガンテ／フィリッポ
シッパーズ／トーマス
シャイー／リッカルド
シュタイン／ホルスト
ゾルテツ／シュテファン
ゼッダ／アルベルト
セルヴァ／アントワーヌ
デ・ファブリティス／オリヴィエロ
デ・ファランチェスコ／シルヴァーノ（ピアノ）
デ・モーリ／エンリーコ
デローグ／ガエターノ
ナヴァッロ／ガルシア
ハイティンク／ベルナルド
パタネ／ジュゼッペ
バルトルッチ／ドメニコ
バルトレッティ／ブルーノ
パローザ／デ・ローザ
フェッロ／ガブリエーレ
フランチ／カルロ
プリッチャード／ジョン
プレートル／ジョルジョ
ペシュコ／ゾルタン
ベルッシ／ピエロ
ベルトラ／ジューリオ
ペローゾ／パオロ
ベンデル／フィリップ
ボナヴォロンタ／ニーノ
ポリドーリ／イヴァン
マーク／ペーター
マスキオ／エリザベッタ
マゼール／ロリン
マッケラス／チャールズ
マッツォーラ／ダンテ
マテソン／ジョン
マトソン／ジョン
マルティネス／ゴメス
マルティノッティ・ブルーノ
ミュラー／エドアルド

●千葉／千葉県文化会館
蝶々夫人　1997
●愛知／名古屋・愛知県芸術劇場
蝶々夫人　1990
ルイーザ・ミラー　1998
●滋賀／大津・びわ湖ホール
群盗　1999
●兵庫／神戸・神戸文化ホール
蝶々夫人　1988
●広島／アステールプラザ大ホール
蝶々夫人　1993
●岡山／倉敷市民会館
蝶々夫人　1988
●香川／高松・香川県民ホール
蝶々夫人　1988、2008
●長崎／長崎ブリックホール
蝶々夫人　1998
●宮崎／都城
蝶々夫人　1969

■おもな共演者（五十音順）

■指揮者

アンノヴァッツィ／ナポレオーネ
アッバード／ロベルト
アドラー／クルト・ヘルベルト
アプレア／ブルーノ
アレーナ／マウリツィオ
アロノヴィッチ／ユーリ
インバル／エリアフ
ヴィオッティ／マルチェッロ
ヴェルトリ／ミケランジェロ
ヴェントゥーラ／アルベルト
ウルビーニ／ピエルルイージ
エルダー／マーク
エレーデ／アルベルト
オーレン／ダニエル
ガヴァッツェーニ／ジャナンドレア
ガット／アルマンド
ガンドルフィ／ロマーノ
カンポリ／アンジェロ
グアダーニョ／アントン
クーン／グスタフ

■ベネズエラ
●カラカス／カラカス歌劇場
椿姫　1976
蝶々夫人　1976
■ベルギー
●ブリュッセル／モネ劇場
ドン・ジョヴァンニ　1984
■南アフリカ
●プレトーリア
蝶々夫人　1980、1983
●ヨハネスブルク
蝶々夫人　1980、1983
■日本
●東京
東京文化会館
蝶々夫人　1976、1994
アンア・ボレーナ　1982
マリア・ストゥアルダ　1984
マノン・レスコー　1985
イル・トロヴァトーレ　1987
ドン・カルロ　1989
アイーダ　1989
ノルマ　1992
トスカ　1996
新宿文化センター
蝶々夫人　1988
ドン・ジョヴァンニ　1990
瑞穂ビューパーク・スカイホール
蝶々夫人　1990
オーチャードホール
ラ・ボエーム　1993
新国立劇場
建　1997
蝶々夫人　1998
トスカ　2000
大田区民オペラ
ノルマ　2007
マクベス　2010
●神奈川
よこすか芸術劇場
蝶々夫人　1994
神奈川県民ホール
ドン・カルロ　1989
アイーダ　1989
トスカ　1996

●ベルリン
ベルリン・ドイツ・オペラ
ドン・ジョヴァンニ　1981、1984、1986、1987
蝶々夫人　1981、1982、1984、1986
イル・トロヴァトーレ　1982、1985
ベルリン国立歌劇場
蝶々夫人　1997
●ボン／ボン歌劇場
コシ・ファン・トゥッテ　1981
ドン・カルロ　1987
●マンハイム／マンハイム国立歌劇場
蝶々夫人　1988
●ミュンヘン／バイエルン国立歌劇場
椿姫　1976
●ライプツィヒ／ライプツィヒ国立歌劇場
イル・トロヴァトーレ　1982
■ブラジル
●サンパウロ／サンパウロ歌劇場
蝶々夫人　1974
■フランス
●アヴィニョン／アヴィニョン市立歌劇場
ベートーベン「第九交響曲」 1981
アイーダ　1986
イル・トロヴァトーレ　1989（古代劇場跡）
●エクス・アン・プロヴァンス／音楽祭
ルイーザ・ミラー　1974
ドン・ジョヴァンニ　1976
「教会音楽」 1978（サン・ソヴェール大聖堂）
●トゥーロン／トゥーロン歌劇場
ドン・ジョヴァンニ　1987
●トゥルーズ／トゥルーズ市立歌劇場
蝶々夫人　1977
●ナンシー／ナンシー国立歌劇場
ドン・ジョヴァンニ　1976
●ニース／ニース歌劇場
蝶々夫人　1978
フィガロの結婚　1978
アンナ・ボレーナ　1980
ドン・ジョヴァンニ　1981
●ボルドー／ボルドー歌劇場
蝶々夫人　1976

●ローザンヌ／ローザンヌ歌劇場
　　　蝶々夫人　1982
■スペイン
●エルダ／エルダ野外劇場
　　　蝶々夫人　1972
●オビエド／カンポアモール歌劇場
　　　蝶々夫人　1981
●サンタ・クルス・デ・テネリフェ
　　　蝶々夫人　1977
●バルセロナ／リセオ大劇場
　　　蝶々夫人　1972、1982
　　　つばめ　1979
　　　ラ・ボエーム　1980
●バレンシア／バレンシア音楽堂
　　　蝶々夫人　1988
●マドリード／国立サルスエラ劇場
　　　トゥーランドット　1980
●マラガ／セルバンテス劇場
　　　蝶々夫人　1988
●マリョルカ島
　　　ノルマ　1993
●ラス・パルマス／ペレツ・ガルドス劇場
　　　蝶々夫人　1981
　　　ノルマ　1990
■チェコスロヴァキア
●プラハ／プラハ国立歌劇場
　　　ドン・ジョヴァンニ　1981
■チリ
●サンティアゴ／サンティアゴ国立劇場
　　　ラ・ボエーム　1982
■デンマーク
●コペンハーゲン／ティーボリ劇場
　　　オケ伴ソロリサイタル　1971
■ドイツ
●ヴィースバーデン／ヘッセン州立劇場
　　　蝶々夫人　1984
●シュトゥットガルト／シュトゥットガルト州立歌劇場
　　　蝶々夫人　1980
　　　ドン・ジョヴァンニ　1984
●ドレスデン／ドレスデン・ゼンパー歌劇場
　　　イル・トロヴァトーレ　1982
　　　蝶々夫人　1987
●ハンブルク／ハンブルク国立歌劇場
　　　ラ・ボエーム　1977
　　　蝶々夫人　1985

●レッジョ・エミーリア／ローモ・ヴェルリ市立劇場
イル・トロヴァトーレ　1984
●レッチェ
ポリテアーマ・グレーゴ野外劇場
蝶々夫人　1972
レッチェ市立劇場
蝶々夫人　1988
●ロヴィーゴ
ソチアーレ歌劇場
蝶々夫人　1979
エジプトのモーゼ　1980
ルイーザ・ミラー　1983
●ローマ
RAI
ダストルガ「スターバト・マーテル」　1973
アルジェのイタリア女（1幕）録音　1973
ペルゴレージ「スターバト・マーテル」　1977
ケルビーニ「ヘ長調ミサ」　1977
ボッテジーニ「レクイエム」　1982
サンタ・チェチーリア音楽院
ボッテジーニ「レクイエム」　1981
ローマ歌劇場
泥棒かささぎ　1973
ラ・ボエーム　1976
カルミナ・ブラーナ　1991

■エジプト
●カイロ／ギザのピラミッド
アイーダ　1987

■オーストリア
●ウィーン
ウィーン国立歌劇場
椿姫　1977
マリア・ストゥアルダ　1988
蝶々夫人　1990
ドン・ジョヴァンニ　※数回出演しているが年月不明
コンツェルトハウス
メフィストーフェレ　1974

■スイス
●ジュネーブ／ジュネーブ大劇場
ユニセフ慈善コンサート　1986
●ルガーノ
スイス・イタリアラジオ局
秘密の結婚　1972
パラッツオ・ディ・コングレッソ
イル・トロヴァトーレ　1983

アンナ・ボレーナ　1983
ロッシーニ「スターバト・マーテル」／ドニゼッティ「ミゼレーレ」　1983
ファウスタ　1987
ルクレツィア・ボルジア　1988
●ボローニャ／ボローニャ市立歌劇場
ドン・ジョヴァンニ　1982、1984
蝶々夫人　1985
●マチェラータ／マチェラータ野外劇場
アイーダ　1985
イル・トロヴァトーレ　1986
蝶々夫人　1991
●マルティーナ・フランカ／音楽祭
マリア・ストゥアルダ　1979
●ミラノ
ＲＡＩ（アウディトーリウム）
ロッシーニ生誕180年記念コンクール（優勝）　1972
放蕩息子　1973
ロッシーニ「小荘厳ミサ」　1975
ボッテジーニ「レクイエム」　1980
アブラハムとイザク（イザクの犠牲）　1981
スカラ座
蝶々夫人　1972、1978、1985、1986、1987
ラ・ボエーム　1977
道楽者のなりゆき　1979、1980
二人のフォスカリ　1979
コシ・ファン・トゥツテ　1983
イ・ロンバルディ　1984
アイーダ　1986
ピッコラ・スカラ座
ノアの方船　1971
偽の女庭師　1971
秘密の結婚　1972
●メッシーナ／ヴィットーリオ・エマヌエーレ歌劇場
蝶々夫人　1987、1988
●モデナ／モデナ市立歌劇場
イル・トロヴァトーレ　1984
蝶々夫人　1986、1993
●モンテジョルジョ／アラレオーナ劇場
蝶々夫人　1977
●ラベンナ／アリギエーリ歌劇場
イル・トロヴァトーレ　1984
●ルーゴ／ルーゴ野外劇場
マノン・レスコー　1987
●ルッカ／デル・ジーリオ劇場
蝶々夫人　1974

プスコフの娘（イワン雷帝） 1978
イ・リトゥアーニ 1979
トリノ王立歌劇場
エジプトのモーゼ 1974
ドン・ジョヴァンニ 1978
●トレヴィーゾ／トレヴィーゾ歌劇場
蝶々夫人 1979
エジプトのモーゼ 1980
ルイーザ・ミラー 1983
蝶々夫人 1986
●ナポリ
RAI
ロッカアッズッラの二人の男爵 1973
サン・カルロ歌劇場
蝶々夫人 1980、1990
●ノヴァーラ／ノヴァーラ野外劇場
ノルマ 1988
●バーリ／ペトゥルツェッリ歌劇場
蝶々夫人 1976、1987
椿姫 1978
●パレルモ／マッシモ劇場（ポリテアーマ劇場）
蝶々夫人 1977
トゥーランドット 1978
マノン・レスコー 1979
「キリストの昇天」 1979
ヴェルディ「レクイエム」 1980
ルクレツィア・ボルジア 1991
●ピアチェンツア／ムニチバーレ市立歌劇場
イル・トロヴァトーレ 1984
蝶々夫人 1990
●フィレンツェ／フィレンツェ市立歌劇場
道楽者のなりゆき 1973
蝶々夫人 1980
●ブレーシァ／グランデ歌劇場
蝶々夫人 1980
イル・トロヴァトーレ 1981
アンナ・ボレーナ 1983
●ペルージャ／モルラッキ歌劇場（ペルージャ音楽祭）
ヘラクレス 1976
ホヴァンシチーナ 1977
オリンピア 1979
●ベルガモ／ドニゼッティ歌劇場
蝶々夫人 1980
イル・トロヴァトーレ 1981

●ヴェネツィア／フェニーチェ歌劇場
聖セバスティアンの殉教　1973
皇帝ティトゥスの慈悲　1973
蝶々夫人　1974
マーラー交響曲第２（復活）　1982
●ヴェローナ／ヴェローナ野外劇場
トゥーランドット　1975
蝶々夫人　1983、1987
アイーダ　1989
●カターニャ／マッシモ・ベッリーニ歌劇場
ドニゼッティ「レクイエム」、ケルビーニ「ミサ」　1979
マリア・ストゥアルダ　1983
蝶々夫人　1985　※これ以前にも出演しているが年月が不明である。
エルナーニ　1987
●カリアリ
アンフィ・テアトロ・ロマーノ
蝶々夫人　1986
トスカ　1988
リリコ・ディ・カリアリ歌劇場
マノン・レスコー　1991
●サルデーニャ島各地
蝶々夫人　1986
●クレーマ／クレーマ大聖堂
ボッテジーニ「レクイエム」　1979
●コゼンツァ／レンダーノ歌劇場
蝶々夫人　1977、1987
イル・トロヴァトーレ（詳細不明）
●コモ／ソチアーレ歌劇場
蝶々夫人　1991
●シェーナ／アカデミア・キジャーナ歌劇場
蝶々夫人　1974
●ジェノヴァ／カルロ・フェリーチェ歌劇場（マルゲリータ劇場）
コシ・ファン・トゥッテ　1983
世界の洪水　1985
蝶々夫人　1988
●シチリア／シチリア島各地の教会
「キリストの昇天」　1979
●トラーパニ／ヴィラ・マルゲリータ劇場
椿姫　1987
蝶々夫人　1992
●トリエステ／ジュゼッペ・ヴェルディ市立歌劇場
イル・トロヴァトーレ　1981
●トリノ
ＲＡＩ
ビアンカとフェルナンド　1976

出演したおもな劇場と演目

■アメリカ

●オマハ／オマハ劇場

蝶々夫人　1977

●サンフランシスコ／ウォー・メモリアル・オペラハウス

蝶々夫人　1980

●シカゴ／リリック・オペラ

マリア・ストゥアルダ　1973

蝶々夫人　1978

イタリア大震災支援コンサート　1980

●ニュージャージ／ニューアーク・シンフォニーホール

蝶々夫人　1982

●パーム・ビーチ／パーム・ビーチオペラ

マノン・レスコー　1986

蝶々夫人　1991

●ワシントン／ケネディセンター／ワシントンオペラ

蝶々夫人　1977

●フィラデルフィア／アカデミー・オブ・ミュージック

イル・トロヴァトーレ　1982

■アルゼンチン

●ブエノスアイレス／コロン歌劇場

蝶々夫人　1984

■イギリス

●ロンドン

コヴェント・ガーデン王立歌劇場

ドン・ジョヴァンニ　1974、1977

蝶々夫人　1975、1978

愛の妙薬　1975

ラ・ボエーム　1976

サドラーズ・ウェルズ劇場

BBC クリスマス・ガラ・コンサート　1974

ロイヤル・フェスティヴァル・ホール

ユダヤの女　1973

■イスラエル

●エルサレム／メリル・ハッセンフィールド野外劇場

イル・トロヴァトーレ　1981

●テルアビブ・チェーザレ／テルアビブ野外劇場

蝶々夫人　1981

■イタリア

●アドリア／アドリア市立歌劇場

蝶々夫人　1979、1989

●イエージ／テアトロ・ペルゴレージ

蝶々夫人　1977

■出演した作品・宗教曲（作曲家別五十音順／デビュー年）

●ヴィヴァルディ
　グローリア　1978
●ヴェルディ
　レクイエム　1980
●オルフ
　カルミナ・ブラーナ　1991
●ケルビーニ
　ヘ長調ミサ　1977
●スカルラッティ（ドメニコ）
　サルヴェ・レジーナ　1978
●スカルラッティ（アレッサンドロ）
　モテット　1978
●ダストルガ
　スターバト・マーテル　1973
●ドニゼッティ
　レクイエム　1979
　ミゼレーレ　1983
●ドビュッシー
　聖セバスティアンの殉教　1973
●バルトルッチ
　キリストの昇天　1979
●ベートーベン
　第九交響曲　1981
●ペルゴレージ
　スターバト・マーテル　1977
●ヘンデル
　メサイア　1965
●ボッテジーニ
　レクイエム　1979
●マーラー
　交響曲第2（復活）　1982
●ロッシーニ
　小荘厳ミサ　1975
　スターバト・マーテル　1983

トスカ（トスカ） 1988
●ブリテン
ノアの方船（セム夫人） 1971
●ベッリーニ
ビアンカとフェルナンド（ビアンカ） 1976 （演奏会形式）
ノルマ（ノルマ）1988
●ヘンデル
ヘラクレス（ディアネイラ） 1976
●ボーイト
メフィストーフェレ（エレナ） 1974 （演奏会形式）
●ポンキエッリ
イ・リトゥアーニ（アルドーナ） 1979 （演奏会形式）
●ムソルグスキー
ホヴァンシチーナ（エンマ） 1977 （演奏会形式）
●モーツァルト
ドン・ジョヴァンニ（ドンナ・アンナ） 1966 ＊藝大公演
コシ・ファン・トゥッテ（フィオルディリージ） 1968 （演奏会形式）
偽の女庭師（セルペッタ） 1971
皇帝ティトゥスの慈悲（セルヴィリア） 1973
ドン・ジョヴァンニ（ドンナ・アンナ） 1974
フィガロの結婚（伯爵夫人） 1978
コシ・ファン・トゥッテ（フィオルディリージ） 1981
●ミスリヴェチェク
アブラハムとイザク〈イザクの犠牲〉（サラ） 1981 （演奏会形式）
●リムスキー・コルサコフ
プスコフの娘《イワン雷帝》（イタリア語）（オルガ公女） 1978 （演奏会形式）
●ロッシーニ
泥棒かささぎ（ニネッタ） 1973
アルジェのイタリア女（エルヴィーラ） 1973 ＊１幕のみレコード録音
エジプトのモーゼ（シナイーデ） 1974
エジプトのモーゼ（アナイーデ） 1980
●ワーグナー
パルジファル（合唱の一員） 1967
ラインの黄金（ヴェルグンデ） 1969
●團 伊玖磨
建（弟橘姫） 1997

林康子公演記録

■出演したオペラ（作曲家別五十音順／デビュー年）

●アレヴィ

ユダヤの女（ラシェル）　1973　（演奏会形式）

●ヴェルディ

ルイーザ・ミラー（ルイーザ）　1974

椿姫（ヴィオレッタ）　1976

二人のフォスカリ（ルクレツィア）　1979

イル・トロヴァトーレ（レオノーラ）　1981

イ・ロンバルディ〈十字軍のロンバルディア人〉（ジゼルダ）　1984

アイーダ（アイーダ）　1985

エルナーニ（エルヴィーラ）　1987

ドン・カルロ（エリザベッタ）　1987

群盗（アマーリア）　1999

マクベス（マクベス夫人）　2010

●ストラヴィンスキー

道楽者のなりゆき〈イタリア語版〉（アン）　1973

道楽者のなりゆき〈英語版〉（アン）　1979

●スポンティーニ

オリンピア（オリンピア）　1979

●チマローザ

秘密の結婚（エリゼッタ）　1968

秘密の結婚（カロリーナ）　1972

ロッカアッズッラの二人の男爵　1973　（演奏会形式）

●ドニゼッティ

マリア・ストゥアルダ（マリア・ストゥアルダ）　1973

愛の妙薬（アディーナ）　1975

アンナ・ボレーナ（アンナ・ボレーナ）　1980

世界の洪水（セラ）　1985

ファウスタ（ファウスタ）　1987　（演奏会形式）

ルクレツィア・ボルジア（ルクレツィア・ボルジア）　1988

●ドビュッシー

放蕩息子　1973

●プッチーニ

蝶々夫人（蝶々夫人）　1969　＊日本語

蝶々夫人（蝶々夫人）　1972

トゥーランドット（リュー）　1975

ラ・ボエーム（ミミ）　1976

つばめ（マグダ）　1979

マノン・レスコー（マノン・レスコー）　1979

■著者
南條年章

1948 年静岡市出身。バリトン。広島エリザベト音楽大学中退。1868 年渡伊、1984 年までミラノに暮らす。イタリア、ベルギー、オランダ、ドイツ、スペインにて《蝶々夫人》ゴロー役のスペシャリストとして活躍。帰国後はオペラやミュージカルに出演。1990 年より「南條年章オペラ研究室」を主宰し後進の指導に当たっている。訳書に「我が妻マリア・カラス」「スカラ座の人」、著書に「天井桟敷の人々」「プッチーニ」（以上音楽之友社）、「これでオペラがなお面白い」（フリースペース）がある。

スカラ座から世界へ

ISBN978-4-434-21383-0　C0074 ¥4,000E

2015 年 12 月 1 日初版 ©

著者　**南條年章**／林康子
発行人　岩切　謙蔵

発行　**有限会社 フリースペース**
169-0075　東京都新宿区高田馬場 4-22-46
TEL : 03（3360）6473 ／ FAX : 03（3360）6496

発売　株式会社 星雲社
112-0012　東京都文京区大塚 3-21-10
TEL : 03（3947）1021 ／ FAX : 03（3947）1617

印刷・製本　モリモト印刷株式会社

編集協力　河野典子／梶原佐代
カバーデザイン　有限会社 トーラスエイト

＊このＣＤは林康子さんの自主制作によるものです。音源は、レッスンやリハーサル中の様子などをカセットテープに録音されたものです。そのため、ノイズ等が含まれています。ご了承ください。　**［解説：林康子／協力：小村朋代］**

---

⑧ La Traviata “È strano ! Follie ! ...Sempre Libera” Giuseppe Verdi

椿姫より　<ああ、そはかの人か～花から花へ>　ヴェルディ作曲（個人レッスンから）　(6:59)

パリの高級娼婦ヴィオレッタは、いつもの晩餐会でアルフレードに愛を告白される。「おかしいわ！」と始まるこのアリアで、「愛し愛される、この幸せな気持ちは一体何かしら?」と思い浸る。そして「ばかげてるわ！いつも自由に、来る日も来る日も男から男へと渡り生きるの」と自分の本当の気持ちを打ち消そうと歌う。

⑨ Don Giovanni “Or sai chi l'onore” W. A. Mozart

ドン・ジョヴァンニより<分かったでしょう！誰が私を裏切ったのか>　モーツァルト作曲　(2:57)

ドン・ジョヴァンニは、女をものにするには手段を選ばない極悪非道な貴族の男。ドンナ・アンナはある夜、顔を隠した男に犯されそうになったが、父に救われる。しかし父は殺される。喪に服し婚約者と歩いていたところ、ドン・ジョヴァンニに出会う。彼が別れを告げ、去ろうとした瞬間、アンナはその声から彼こそがあの男だと気が付き、婚約者に「あの男こそ、私を犯そうとし、父を殺した男。仇を取ると誓って！」と叫ぶ。

⑩ Don Giovanni “Crudele? Non mi dir, bell'idol mio” W. A. Mozart

ドン・ジョヴァンニより　<残酷ですって？言わないで！私の愛しい人よ>　モーツァルト作曲　(6:37)

ドンナ・アンナは、早く結ばれたいと迫る婚約者オッターヴィオに「こんな大変な時に一体何を言うの」と答える。「何と酷い」と怒る彼に、アンナは「酷いですって？そんな風に仰らないで、愛しい人。きっと天がいつかもう一度私に憐れみを与え、救って下さるでしょう」と歌う。

⑪ L'elisir d'amore “Prendi, per me sei libero” Gaetano Donizetti

愛の妙薬より　<受け取って、あなたは自由よ>　ドニゼッティ作曲　(3:42)

農場主アディーナは、恋の告白も出来ないネモリーノを歯がゆく思っている。そこへ現れた男性から求婚を受けた彼女は、ネモリーノへのあてつけにすぐに結婚しようと言う。愛の妙薬を買ってアディーナを取り戻そうと、ネモリーノはお金目的で軍隊入隊証明書にサインをする。一方、何故か女達にやたらとモテるようになったネモリーノを見て、アディーナはついに恋に目覚めるが「証明書を受け取って、自由になって！あんたの運命もそんなに悪いことばかりではないはずよ。今まで通りの幸せな土地に残って！」と素直に心を打ち明けられないが、愛情を込めて歌う。

⑫ Otello “Canzon del salce - Ave Maria” Giuseppe Verdi

オテロより　<柳の歌―アヴェ・マリア>　ヴェルディ作曲　(15:06)

家来のイヤーゴの計略に落ちたオテロ将軍は、ついに新妻デズデーモナとカッシオの不倫を確信した。デズデーモナは、夫に無実の罪で恐ろしい程責められ、何のことか分からないままでいた。床に着く前、侍女のエミーリアに「母のお付きが‘柳よ！柳！柳！’と歌っていたのよ」と語った。今夜にも殺されるかもしれないと予感しながら、エミーリアに最後の別れを告げ、心を込めて神に祈る。

※ CD のお取り換えはできません。

● CD 収録曲

m io belcanto　～私のベルカント～

Yasuko Hayashi　　林　康子

---

① I Pulitani “Qui la voce sua soave” Vincenzo Bellini

清教徒より　＜あなたの優しい声が＞　ベッリーニ作曲　(6:09)

清教徒革命に揺れるイングランド。結婚式当日、花嫁衣裳をまとったエルヴィラは自分の結婚相手が別の女性と逃げ行くのを見て発狂する。そして愛するアルトゥーロを求め、狂乱したまま「あなたの優しい声が」を歌う。

② Guglielmo Tell “Selva Opaca” Gioachino Rossini

ウィリアム・テルより　＜暗い森＞　ロッシーニ作曲　(7:59)

ウイリアム・テルはスイス独立を目指し反旗を翻した。敵方でありながら、彼の息子を愛す王女マティルデは、暗い森の中でさまよい慄き、彼を独り待ちながら「暗い森よ、荒野の月よ、私を彼のもとへ導いて！」と歌う。

③ Maria Stuarda “O nube che lieve” Gaetano Donizetti

マリア・ストゥアルダより　＜あぁ、雲よ＞　ドニゼッティ作曲　(3:04)

イングランド女王エリザベス一世は、スコットランド女王マリア・ストゥアルダを謀反の罪で何年も牢獄に入れている。久しぶりに外に出されたマリアは「空に漂う雲よ、私を幸せな故郷へ戻しておくれ！」と歌う。

④ Il barbiere di Siviglia “Una voce poco fa” Gioacchino Rossini

セビリアの理髪師より　＜今の声は＞　ロッシーニ作曲　(6:26)

舞台は、ロジーナに執拗に言い寄る後見人バルトロの自宅。窓辺で歌うリンドーロ（実はアルマヴィーヴァ伯爵）に、心惹かれるロジーナが「今の声で私の心はすっかり虜。たとえどんな邪魔が入ろうと、私はこの恋に勝ってみせるから、みていらっしゃい！」とユーモアと才覚を見せるアリア。

⑤ La Juive “Il va venir !” Jacques Fromental Halévy

ユダヤの女より　＜彼が来る！＞　アレヴィ作曲　(5:05)

ユダヤ人の父に育てられたラシェルは、実は父の敵である枢機卿の娘であった。身分と宗教の違う王子とは知らずに恋に落ちたラシェルは、彼との逢瀬を待ちつつ夢見心地で「彼はきっとくるわ！」と歌う。

⑥ Lucia di Lammermoor “Cadenza della pazzia e Spargi d'amaro pianto” Gaetano Donizetti

ランメルモールのルチアより　＜狂乱の場のカデンツ…苦い涙を消し去ってください＞　ドニゼッティ作曲（個人レッスンから）　(4:23)

政略結婚させられた相手を刺し殺したルチアは、有名な「狂乱の場」にて華麗なコロラトゥーラで、恋人エドガルドに焦がれた気持ちを歌う。そして、天上で彼と再び会える幸せを求め歓喜しながら狂い死ぬ。

⑦ Die Lotosblume Robert Alexander Schumann

蓮の花　シューマン作曲（個人レッスンから）　(1:48)

歌曲集「ミルテの花」より。昼は太陽に怯え、夜を夢見るはすの花。はすの花は恋人の月が現れると、喜んで穏やかな顔を見せる。花は咲き香り、愛ゆえに涙を流し揺れる。